北京大学"双一流"建设成果
方李邦琴北京大学人文学科文库出版基金赞助

北京大学人文学科文库 | 北大对外汉语研究丛书

汉语作为外语在美国发展的综合研究

A Comprehensive Study of the Development of Chinese as a Foreign Language in the United States

刘元满　邵明明　林容婵　陈晨　著

图书在版编目(CIP)数据

汉语作为外语在美国发展的综合研究 / 刘元满等著 . —— 北京：北京大学出版社，2024.8
（北京大学人文学科文库 . 北大对外汉语研究丛书）
ISBN 978-7-301-34809-3

Ⅰ . ①汉… Ⅱ . ①刘… Ⅲ . ①汉语 – 对外汉语教学 – 研究 – 美国 Ⅳ . ① H195.3

中国国家版本馆 CIP 数据核字 (2024) 第 030457 号

书　　　名	汉语作为外语在美国发展的综合研究 HANYU ZUOWEI WAIYU ZAI MEIGUO FAZHAN DE ZONGHE YANJIU
著作责任者	刘元满　等 著
责 任 编 辑	唐娟华
标 准 书 号	ISBN 978-7-301-34809-3
出 版 发 行	北京大学出版社
地　　　址	北京市海淀区成府路 205 号　100871
网　　　址	http://www.pup.cn　　新浪微博：@ 北京大学出版社
电 子 邮 箱	zpup@ pup.cn
电　　　话	邮购部 010-62752015　发行部 010-62750672　编辑部 010-62767349
印 刷 者	北京中科印刷有限公司
经 销 者	新华书店
	650 毫米 ×980 毫米　16 开本　17.5 印张　252 千字 2024 年 8 月第 1 版　2024 年 8 月第 1 次印刷
定　　　价	68.00 元

未经许可，不得以任何方式复制或抄袭本书之部分或全部内容。
版权所有，侵权必究
举报电话：010-62752024　电子邮箱：fd@pup.cn
图书如有印装质量问题，请与出版部联系，电话：010-62756370

本书系国家社会科学基金项目"汉语作为外语在美国发展的综合研究"(项目编号:15BYY025)研究成果,同时受"北京大学人文学科文库"的支持,并获方李邦琴出版基金资助。

总　序

袁行霈

　　人文学科是北京大学的传统优势学科。早在京师大学堂建立之初,就设立了经学科、文学科,预科学生必须在5种外语中选修一种。京师大学堂于1912年改为现名,1917年,蔡元培先生出任北京大学校长,他"循思想自由原则,取兼容并包主义",促进了思想解放和学术繁荣。1921年北大成立了四个全校性的研究所,下设自然科学、社会科学、国学和外国文学四门,人文学科仍然居于重要地位,广受社会的关注。这个传统一直沿袭下来,中华人民共和国成立后,1952年北京大学与清华大学、燕京大学三校的文、理科合并为现在的北京大学,大师云集,人文荟萃,成果斐然。改革开放后,北京大学的历史翻开了新的一页。

　　近十几年来,人文学科在学科建设、人才培养、师资队伍建设、教学科研等各方面改善了条件,取得了显著成绩。北大的人文学科门类齐全,在国内整体上居于优势地位,在世界上也占有引人瞩目的地位,相继出版了《中华文明史》《世界文明史》《世界现代化历程》《中国儒学史》《中国美学通史》《欧洲文学史》等高水平的著作,并主持了许多重大的考古项目,这些成果发挥着引领学术前进的作用。目前北大还承担着《儒藏》《中华文明探源》《北京大学藏西汉竹书》的整理与研究工作,以及《新编新注十三经》等重要项目。

与此同时,我们也清醒地看到,北大人文学科整体的绝对优势正在减弱,有的学科只具备相对优势了;有的成果规模优势明显,高度优势还有待提升。北大出了许多成果,但还要出思想,要产生影响人类命运和前途的思想理论。我们距离理想的目标还有相当长的距离,需要人文学科的老师和同学们加倍努力。

我曾经说过:与自然科学或社会科学相比,人文学科的成果,难以直接转化为生产力,给社会带来财富,人们或以为无用。其实,人文学科力求揭示人生的意义和价值,塑造理想的人格,指点人生趋向完美的境地。它能丰富人的精神,美化人的心灵,提升人的品德,协调人和自然的关系以及人和人的关系,促使人把自己掌握的知识和技术用到造福于人类的正道上来,这是人文无用之大用!试想,如果我们的心灵中没有诗意,我们的记忆中没有历史,我们的思考中没有哲理,我们的生活将成为什么样子?国家的强盛与否,将来不仅要看经济实力、国防实力,也要看国民的精神世界是否丰富,活得充实不充实,愉快不愉快,自在不自在,美不美。

一个民族,如果从根本上丧失了对人文学科的热情,丧失了对人文精神的追求和坚守,这个民族就丧失了进步的精神源泉。文化是一个民族的标志,是一个民族的根,在经济全球化的大趋势中,拥有几千年文化传统的中华民族,必须自觉维护自己的根,并以开放的态度吸取世界上其他民族的优秀文化,以跟上世界的潮流。站在这样的高度看待人文学科,我们深感责任之重大与紧迫。

北大人文学科的老师们蕴藏着巨大的潜力和创造性。我相信,只要使老师们的潜力充分发挥出来,北大人文学科便能克服种种障碍,在国内外开辟出一片新天地。

人文学科的研究主要是著书立说,以个体撰写著作为一大特点。除了需要协同研究的集体大项目外,我们还希望为教师独立探索,撰写、出版专著搭建平台,形成既具个体思想,又汇聚集体智慧的系列研究成果。为此,北京大学人文学部决定编辑出版"北京大学人文学科文库",旨在汇集新时代北大人文学科的优秀成果，弘扬北大人文学科的学术传统，展示北大人文学科的整体实力和研究特色，为推动北大世界一流大学建设、促进人文学术发展做出贡献。

我们需要努力营造宽松的学术环境、浓厚的研究气氛。既要提倡教师根据国家的需要选择研究课题，集中人力物力进行研究，也鼓励教师按照自己的兴趣自由地选择课题。鼓励自由选题是"北京大学人文学科文库"的一个特点。

我们不可满足于泛泛的议论，也不可追求热闹，而应沉潜下来，认真钻研，将切实的成果贡献给社会。学术质量是"北京大学人文学科文库"的一大追求。文库的撰稿者会力求通过自己潜心研究、多年积累而成的优秀成果，来展示自己的学术水平。

我们要保持优良的学风，进一步突出北大的个性与特色。北大人要有大志气、大眼光、大手笔、大格局、大气象，做一些符合北大地位的事，做一些开风气之先的事。北大不能随波逐流，不能甘于平庸，不能跟在别人后面小打小闹。北大的学者要有与北大相称的气质、气节、气派、气势、气宇、气度、气韵和气象。北大的学者要致力于弘扬民族精神和时代精神，以提升国民的人文素质为己任。而承担这样的使命，首先要有谦逊的态度，向人民群众学习，向兄弟院校学习。切不可妄自尊大，目空一切。这也是"北京大学人文学科文库"力求展现的北大的人文素质。

这个文库目前有以下17套丛书：
"北大中国文学研究丛书"
"北大中国语言学研究丛书"
"北大比较文学与世界文学研究丛书"
"北大中国史研究丛书"
"北大世界史研究丛书"
"北大考古学研究丛书"
"北大马克思主义哲学研究丛书"
"北大中国哲学研究丛书"

"北大外国哲学研究丛书"
"北大东方文学研究丛书"
"北大欧美文学研究丛书"
"北大外国语言学研究丛书"
"北大艺术学研究丛书"
"北大对外汉语研究丛书"
"北大古典学研究丛书"
"北大人文学古今融通研究丛书"
"北大人文跨学科研究丛书"①

  这17套丛书仅收入学术新作,涵盖了北大人文学科的多个领域,它们的推出有利于读者整体了解当下北大人文学者的科研动态、学术实力和研究特色。这一文库将持续编辑出版,我们相信通过老中青学者的不断努力,其影响会越来越大,并将对北大人文学科的建设和北大创建世界一流大学起到积极作用,进而引起国际学术界的瞩目。

---

  ① 本文库中获得国家社科基金后期资助或入选国家哲学社会科学成果文库的专著,因出版设计另有要求,因此加星号注标,在文库中存目。

丛书序言

北京大学是中国最早开展汉语教学的高校之一。1947年，西语系王岷源为印度政府派往北大学习的11位学生教授汉语，是高校对外汉语教学的较早记录。中国成立专门的对外汉语教学机构是在1950年，当年清华大学成立了"东欧交换生中国语文专修班"，时任清华大学教务长兼校务委员会副主席、后来担任北京大学校长的著名物理学家周培源被任命为班主任，曾在美国担任赵元任先生助手、富有汉语教学经验的邓懿负责教学工作。1952年院系调整，清华大学东欧交换生中国语文专修班整体调入北京大学，更名为"北京大学外国留学生中国语文专修班"，原师资也转移到北大，班主任仍由周培源担任。

北大在对外汉语教学领域一直处于排头兵地位，产生了学界多个"第一"。1953年，著名语言学家周祖谟发表了题为《教非汉族学生学习汉语的一些问题》的文章，是新中国第一篇对外汉语教学论文。1958年，邓懿主编的《汉语教科书》由时代出版社出版，成为新中国第一部正式出版的供外国人使用的汉语教材，此后陆续出版了俄、英、法、德、西、日、印尼、印地、阿拉伯等多种语言的注释本。1984年，北大在全国率先成立"对外汉语教学中心"，简称"汉语中心"。2002年，北大成立"对外汉语教育学院"，2003年北大对外汉语教育学院成为全国首批对外汉语教学基地。

对外汉语教学的历史很短，作为一个学科的历史更短。1982年，对外汉语才被列入学科目录；1986年，教育部设立对外汉语硕士专业，北大汉语中心开始招收硕士生；1998年，教育部设立对外汉语博士专业，北大2006年开始招收博士生。

　　对外汉语从诞生那一天起，就肩负学科建设和事业发展双重使命。2004年第一家孔子学院的建立，2005年世界汉语大会的召开，2007年汉语国际教育硕士专业学位的设立，都标志着对外汉语教学作为国家战略，进入了一个又一个新的发展阶段。然而，学科建设和事业发展应该同步，学科建设服务于事业发展，事业发展促进学科建设，两者互为助力，共同进步。近年来，汉语推广作为一项事业获得了巨大发展，这一点从孔子学院数量上可见一斑。到2016年年底，全球范围内共有512所孔子学院和1073所孔子课堂，遍布140个国家和地区。与此形成对照的是，对外汉语的学科建设亟待加强，基于其他语言特别是印欧语形成的教学和习得理论仍然一统天下，对外汉语在语言学及应用语言学学科内的话语权依然非常弱小。实际上，事业发展为学科建设创造了很好的条件。全球已有数以千万计不同母语背景的汉语学习者，对外汉语界学人可以利用有利条件，发现规律，形成理论，树立汉语作为第二语言的研究在应用语言学中的地位，建立学术话语权，为普通语言学做贡献，为中国语言文化的传播与推广做贡献。

　　2016年，北大人文学部开始筹划建设"北京大学人文学科文库"，"北大对外汉语研究丛书"是其中的一个子系列。美籍华裔企业家、社会活动家、北京大学名誉校董方李邦琴女士设立了"方李邦琴北京大学人文学科文库出版基金"，对文库丛书的出版予以资助。值得一提的是，方李邦琴女士也是北大对外汉语教育学院大楼的捐资人，大楼也以她的名字命名。我相信这套"北大对外汉语研究丛书"的出版，能够促进北大对外汉语学科的发展，使北大成为汉语作为第二语言理论与实践创新的基地，成为全球汉语教学与研究中心，成为应用语言学研究的一座高峰。对外汉语这个学科一定能成为矗立在燕园的一座学术高楼。

赵　杨

2017年8月

序

重视中文教育的国别研究

语言的跨文化传播,语言教育是基础。越南、朝鲜半岛、日本等东亚一带,中文的传播与教育开始较早,但西方相对较晚。作为外语,西方最早开展中文教育的是法国。1814 年 12 月 11 日,法兰西学院开设"汉语和鞑靼-满族语言文学讲座",27 岁的雷慕沙(A. Rémusat,1788—1832)执掌教席。中文列入大学专业课程,俄罗斯始于 1851 年,英国始于 1876 年,美国始于 1877 年,耶鲁大学首设中文课程。国际中文教育史,包括 200 余年西方的中文教育史,包括越南、朝鲜半岛、日本等地的中文教育史,也包括世界其他地方后来兴起的中文教育,都非常值得研究。

研究国际中文教育史,有助于认识中文作为外语教育的规律,意义重大。

第一,有助于国际中文教育的健康发展。就近 70 年的情况来说,作为外语的中文教育首先是在中国开展的留学生教育,谓之"请进来";进入 21 世纪,域外中文教育快速发展,谓之"走出去"。而今大家都认识到,国际中文教育的发展必须统筹合作,包括境内与境外、目的语方与外语方、中文教育与专业教育和职业教育(中文+X)、各类别各学段、线下与线上、侨民华裔教育与外语教育等,谓之"融合起来"。"请进来"的中文教育,需要借鉴历史经验,"走出去""融合起来"的中文教育,更需要借鉴历史经验。

第二,有助于探讨外语教育的一般规律。世界上有40多种语言在较为用力地向外传播,英语、法语、西班牙语、阿拉伯语、葡萄牙语、德语、俄语、日语、韩语等都有成功的外语教育经验,将中文的外语教育历史与这些语言的外语教育历史作比较研究(当然也可以再与其他语言的外语教育作比较),有助于获得对外语教育更全面的、更深入的、更本质性的认识。

第三,有助于认识外语教育与语言传播、语言发展的关系。外语教育是语言在国际社会应用的基础,基础教育阶段的外语教育是基础之基础。此前,人们更看重母语传承对语言生命力的影响,而在全球一体化和信息化的时代,外语教育及语言在国际社会的应用情况对语言生命力的影响越来越大。不能成为人类学习的重要外语,不能在国际社会(包括网络社会)广泛使用的语言,终有衰落的危险。引入什么语言做外语,如何把自己的语言作为外语推出去,将成为今后语言规划的重要课题。

第四,有助于认识外语教育的"反作用力"。外语教育不是单向的、被动的,外语大国对目的语国也会产生影响,首先影响目的语国的对外教育政策和语言教育标准,进而影响目的语国的目的语规范。比如美国是西班牙语教学大国,其教学用的西班牙语标准就影响到西班牙语的国际教学,乃至影响到西班牙语本身的规范,美国是西班牙语规范的重要协调方。认识到外语教育对目的语的"反作用力"很有价值。域外中文教育的发展,也会对国际中文教育的政策、标准等产生"反作用力",进而可能对中文本身的规范产生"反作用力"。事实上,根据域外中文教育的实际来适时调整国际中文教育政策及相关的语言教育标准,在制定、修订中文规范时适当考虑国际中文教育的需要,都是必需的。比如1958年第一届全国人民代表大会第五次会议批准颁布的《汉语拼音方案》,比较适合母语人使用,但是,有些拼音方式就不一定方便外语人,因为汉语拼音制定时,国际中文教育还没有发展起来。2022年冬奥会吉祥物"冰墩墩",它的"外文名"是"Bing Dwen Dwen",没有用汉语拼音方案的"Bing Dun Dun",但借鉴了20世纪40年代制定的"耶鲁拼音",据说这样可以方便外国人。中国是外语教育大国,中小学阶段就开设英语、俄语、日语、法语、德语、西班牙语六门外语,作为外语教育大国也需要利用"反作用力",在这些语言的国际外语教育等方面拥有一些话语权,应有意识参与其外语教育有关问题的协调。

第五,有助于处理外语教育与文化传播的关系。语言与文化如同一张纸的正反面,语言教育不可能脱离文化。外语学习者学习语言的目的,其一是学习目的语社团的文化,其二是与目的语社团交流,交流也需拌和着文化进行。抽象而论,语言和文化的相互学习借鉴,对个人、对一地、对全世界都是有进步意义的,但实际情况却非常复杂。自1883年法语联盟成立算起,140年来在40多个国家(地区),共有260多个这类"文化机构"或"语言传播机构",这些机构在国际上进行语言、文化的展示、教育和传播的过程中,经常遭遇各种困难甚至打击,原因多在"文化"二字上,因为文化与意识形态的关系太过紧密。当前,"文化输出"又成为国际关系领域的敏感话题,处在百年未有之大变局中的国际中文教育,镜鉴国际中文教育的历史乃至人类外语教育的历史,妥善处理语言教育与文化的关系,找到目的语方与外语方的利益交汇点,把国家使命和人类使命结合起来,这关乎事业的成败顺蹙。能够做到这些,需要智慧,更需要对规律的把握。

回顾以往对国际中文教育的历史研究,多为汉学研究,关注的多是文化传播,而较少进行中文教育史的研究,特别是以"外语教育"为视角的研究。即使有这方面的研究,也多是缺乏精细的国别研究。国际中文教育以"本地化"为主要目标和基本特征,不同国度、不同时代的中文教育具有差异甚至是巨大差异,因而国际中文教育必须重视国别研究。通过深入的国别研究,才能深入了解国际中文教育,发现国际中文教育的发展规律;同时,今日各国的中文教育都是其历史的延续,了解其历史,有助于更好地了解其现实、预测其未来,才能"因地制宜"地开展中文教育。

美国是国际中文教育开展较早的国家,19世纪30年代,美国传教士裨治文(Elijah Coleman Bridgman,1801—1861)、卫三畏(Samuel Wells Williams,1812—1884)等来华学习汉语,至今已有190余年的历史;耶鲁大学设置中文课程,至今也经过了145年。而且,美国中文教育是世界上规模最大、教学层次最为丰富的国家,其中文教育对其他国家的中文教育有着重要影响。特别是中国改革开放之后,美国的中文教学模式和教学方法随着北美相关中文项目进入中国,对中国本土的国际中文教育也发挥了借鉴作用,发生了"反作用力"。美国的中文教育是值得深入研究的典范案例。

刘元满教授等著《汉语作为外语在美国发展的综合研究》一书,正是对这一典范案例的典范研究。这一研究,借鉴人类发展理论、多元文化教育理论和语言传播研究框架,对美国的作为外语的中文教育进行了历史溯源,对其历史分期提出了可信的新见解。这一著作,还研究了语言政策对外语发展的影响、中文进入美国高校的背景及过程、重大事件对中文教学发展的影响、中文教学体系的建立与发展、中文测试的建立与发展、重要专业组织及项目的作用、美国中文学习者的特点等问题,材料翔实,分析透彻,概括得当。书中所指出的美国中文教育的许多情况,值得重视,比如20世纪40年代之前,美国中文教育一直是汉学或中国学的附属。以二战为契机,美国中文教育得到了迅速发展,中文教育的重点从"目治"转向"口说"。这一时期,美国各高校在教学过程中发挥了自身优势,制定了适合口语发展的教学模式和教学方法,编写了一系列中文教材。部分教材在当时发挥了重要作用,对后来的中文教育也产生了重要影响。

美国中文教育的发展受历史、社会条件等因素的影响和制约,但也应看到,特定时期特定个人的努力同样不可忽视。早期美国的中文传播和教育,一些重要人物发挥了不可替代的作用。这启示我们,国际中文教育要重视发挥当地教师、精英和学术带头人的作用。

学习者是中文教育的核心。美国中文学习者的数量和分布情况,显示出美国中文学习者的特点和学习动因。近年来,大学中文学习者注册人数不断减少,但中小学开设中文课的学校却越来越多,汉语学习者呈现出明显的低龄化趋势。国际中文教育体系基本上是为成人准备的,当前形势下需及时更新理念,进行全方位的教育适应,制定符合世情的国际中文教育规划,积极开展适合低龄化的教育研究。

经过近150年的发展,美国的中文教育已经形成一个完备的立体系统。美国中文教育史表明，语言传播的动因具有复杂性，且因历史条件的发展变化而发展变化。某些条件下是单一动因起作用，多数情况下是多种动因复合起作用。多种动因复合作用时，有主有辅，错综复杂，相辅相成。国际中文教育的发展，关键在于本土化，在于认识每个国家或地区语言传播的动因，认识这些动因怎样复合发挥作用。

刘元满教授长期从事国际中文教育及其研究，我曾有幸多次参与她的博士生的开题和答辩活动，非常赞赏她的务实学风、前沿思维和教育理念，包括带着学生做科研的人才培养方式。美国的中文教育过去已有些研究，有了不少的学术积累。刘元满教授及其团队的这一研究是全方位、跨学科、系统性的研究，搜集了大量史料，提供了一个较为完整的研究框架，提出了许多有创新价值的观点。这一研究对历史地、全面地认识美国的中文教育具有重大意义，也为中文教育的国别研究提供了范式。

今天是多个"2"聚合的日子。读刘元满教授等的这部著作，就有这种多个"2"聚合的快感，期待她的团队为学界做出更多贡献；也希冀国际中文教育事业能圆满发展，中文能为人类的交流与进步做出更大贡献。

李宇明
序于北京惧闲聊斋
2022 年 2 月 22 日星期二
（农历壬寅年一月二十二日）

自　序

　　研究域外的中文教学史有两种视角：一种是看中文如何从中国向外传播，一种是看域外中文作为外语是如何发生和发展的。视角不同，研究重点便有所差异。本研究采用第二种视角。

　　美国的中文教学比起欧洲来要晚一些，最初只在几所大学里开设中文课程。但两次世界大战促进了美国的外语教学向实用发展，特别是第二次世界大战，产生的教学法及教学模式影响深远，作为外语教学之一的中文教学也随之产生巨变。

　　美国是现今域外中文教学规模最大的国家，几乎所有的州都开设了中文课程。中文同其他外语一样，是语言政策和语言规划的对象，同时也遵循着共通的外语教学规律，但中文在美国又有着自身的发展特点，其发展过程受到美国社会多种因素的影响，特点鲜明，具有不可复制性，在域外中文作为外语教学的案例中具有典型意义。

　　2006年，我以"作为第二语言的日语教学与汉语教学对比研究"为题获得日本住友基金会资助，自此对国家语言政策及语言规划与语言教育的关系十分关注。2012年参加北京外国语大学"语言政策及语言规划"研讨会，报告题目是"美日语言政策比较研究及启示"，分析美国及日本两国的语言政策，以期为我国的语言政策提供参考。另一方面，我为硕士生和博士生开设的对外汉语教材编写研究课程，会将域外中文教材作为重要一讲，美国的中文教材情况便成为必讲内容。而要了解中文教材史，首先要了解中文教学发展史才能将其准确定位。2015年，我以"汉语作为外语在美国发展的综合研究"为题获得国家社科基金资助,对美国的中文教学开始了全方位研究。

文献和资料搜集是一个逐渐积累的过程。除了常规的查阅文献调取数据之外,有三本书于本研究产生有趣的关联,值得一记。

美国西北大学顾利程老师和圣路易斯华盛顿大学梁霞老师每年都会带领暑期项目班来京,我们有着非常愉快的面见和交流。三年前,他们各自都在撰写一本有关美国中文教学的专著,顾老师将自己的书稿目录发给我看,梁老师也将自己的研究计划与我分享。顾老师在书出版后,亲笔签名赠送与我。而梁老师的书迟迟没能面世,但她通过亲友将在北京拿到的样书寄给我,使我能够先睹为快。他们的研究成为本研究有益的参考,而他们的敬业和勤奋也促使我加快研究进程。可惜近年由于疫情关系,来华暑期项目都暂停下来,国际研讨会也转至线上举办。我们无法在线下相聚,只能借助网络隔空联系。

另一本书是凌志韫(Vivian Ling)老师主编并参与写作的《二十世纪美国中文教学界的回顾》,由在美从事多年中文教学及研究的学者或教师用中文或英文撰写汇成。凌老师是美国中文教学界的前辈,曾获得美国中文教学学会"终生成就奖"。我初次见到凌老师是在2016年普林斯顿大学的研讨会上,普林斯顿大学中文部主任周质平老师在晚宴上将我和凌老师安排在他的左右两侧,我们得以近距离交谈。凌老师阅历丰富,研究深入,对一些史料如数家珍,多次在线上线下分享其研究成果。该书在美国出版,在中国并不容易购得,然而我却得到了一本有凌老师亲笔签名却并非直接赠予我的大作。此书原是凌老师赠送给美国欧柏林大学李恺老师的,赠言称"在人生道路上的机遇有幸得了做伯乐的机会,从而得了终生的好友"。"伯乐"乃戏言,源于她早年将李恺、刘芳贤伉俪邀引到美国欧柏林大学任教。凌老师将自己的书送给他们每人一本。李恺老师知道我在做相关研究,便将其中一本托人从美国带回,转由我收藏。这种二次赠书也是一段佳话。

李恺老师在学科初创时期就从事对外汉语教学及管理工作,对许多人事都有着第一手信息。梁霞老师的著述中对李恺老师有一章专访。李恺老师后来多次在研讨会或讲座中做过有关学科初建过程及中美之间交流情况的报告,我与李老师也联系确认过与本研究有关的很多有价值的信息。

本研究团队成员初时为我指导的博士生邵明明和时为哥伦比亚大学博士生的林容婵。林容婵是新加坡人,受孔子学院总部"孔子新汉学计划"项目之一——中外合作培养博士项目资助,来北京大学学习。2017年我们共同赴美参会,并进行专题报告。后来,2018级博士生陈晨也加入团队参与研究。我们线上线下召开多次会议,对一些问题展开细致深入的讨论。他们的学习能力、领悟能力以及学术研究能力俱佳,在阅读英文文献方面没有障碍,大家互通有无,无私分享,加上勤奋踏实的问学态度,保证我们能够同步把握最新、最丰富的研究成果,并保障了各章内容逻辑顺畅、有序衔接。本研究跨度五年,比读博时间还要长。如今邵明明在首都师范大学就职,林容婵在新加坡南洋理工大学任教,而陈晨也即将毕业要走上工作岗位了。

我要特别感谢解枫博士的帮助。她是我十多年前指导的硕士研究生,后赴美攻读博士学位,现在美国一所高校任教。当我查找某些资料而不得时就找她,而她几乎总是立刻查询下载并马上发回。她就是我的一个宝贵的"资源库"。

李宇明教授在理论语言学、语法学、心理语言学和语言规划学等领域颇有建树,他的很多见解都高屋建瓴,在国际中文教育方面也常常发表真知灼见。本书既成,李老师欣然应允作序,对本研究予以极大的鼓励与支持。

本书共有十章。本人进行统筹规划,构建研究框架,提出主要观点,撰写第一、三、四、五、十章。第二章和第九章由邵明明执笔,第七章由林容婵执笔,第六章和第八章由陈晨执笔。最后由本人统稿全书。书中可读之处乃大家共同智慧,而舛误之处当属本人之责。

本研究受国家社科基金支持,同时也受到"北京大学人文学科文库"的支持,并获得方李邦琴出版基金资助。在此致以衷心感谢!

刘元满
2022 年 5 月

目 录

第一章　绪论 ·· 1
　　第一节　研究背景及研究意义 ························ 1
　　第二节　研究现状 ···································· 3
　　第三节　研究问题及研究框架 ························ 8

第二章　理论基础 ·· 11
　　第一节　语言传播研究框架 ·························· 11
　　第二节　人类发展理论 ······························ 16
　　第三节　多元文化教育 ······························ 22

第三章　语言政策对外语发展的影响 ······················ 28
　　第一节　语言的地位与语言政策动因 ·················· 28
　　第二节　语言成为美国国家战略资源 ·················· 33
　　第三节　外语政策下的中文教学发展 ·················· 48

第四章　中文进入美国高校的背景及过程 ·················· 57
　　第一节　美国来华传教士的中文学习 ·················· 58
　　第二节　中文成为美国大学课程 ······················ 66
　　第三节　作为汉学研究附属的中文教学 ················ 79

第五章　重大事件对中文教学的发展影响 ·················· 90
　　第一节　二战时期的中文教学 ························ 91

第二节　《国防教育法》推出后的汉语教学 …………………… 100
第三节　中美建交之后的中文教学 …………………………… 113

第六章　中文教学体系的建立与发展 …………………………… 125
第一节　大学中文课程设置 …………………………………… 126
第二节　师资及师资培训 ……………………………………… 142
第三节　教学模式及教学法 …………………………………… 147
第四节　教育技术及教学资源 ………………………………… 152

第七章　中文测试的建立与发展 ………………………………… 156
第一节　中文测试的研发背景 ………………………………… 157
第二节　大规模中文测试相关特征 …………………………… 169
第三节　走向体系化的中文测试 ……………………………… 174

第八章　重要专业组织及项目的作用 …………………………… 181
第一节　外语教学专业组织 …………………………………… 182
第二节　中文教学专业学会 …………………………………… 189
第三节　中文教学发展重要项目 ……………………………… 201

第九章　美国中文学习者的特点 ………………………………… 207
第一节　中文学习者的数量和分布 …………………………… 208
第二节　学习者学习动因和影响因素 ………………………… 219
第三节　华裔学习者的学习特点 ……………………………… 227

第十章　结语 ……………………………………………………… 236

参考文献 …………………………………………………………… 241

第一章 绪论

第一节 研究背景及研究意义

1.1 研究背景

关于中国语言名称,一直以来有"国家通用语言文字""汉语""国语""普通话""中文"等多种表述。2018年初,教育部、国家语委专门颁发文件,明确要求对内,尤其在民族地区,正式文件、正式场合中应采用"国家通用语言文字"的表述;对外,建议统一称"中文"。"对外汉语教学"这个学科名称也更名为"汉语国际教育",到2019年又更名为"国际中文教育"[1],学科性质和特点更为明确。在美国,作为外语教学的汉语在教材名称或者课程名称上也基本使用"中文",[2]因本研究主旨为汉语作为外语在美国的发展情况,故主要采用"中文"指称,有时视语境需要也会使用"汉语"一词。

在海外进行中文教学的国家中,法国法兰西学院1814年首设汉语讲席。美国建国240余年,从19世纪30年代美国传教

---

[1] 邵滨、刘帅奇(2020)。
[2] 如二战时期即有《中文口语》(*Spoken Chinese*)、《说中文》(*Speak Chinese*),近年来广泛使用的如《中文天地》(*Chinese Link*)、《中文听说读写》(*Integrated Chinese*)等。

士来华学习汉语开始,至今有190余年的历史,而从美国耶鲁大学1877年设置中文课程开始也经过了140多年。美国中文教学尽管开展历史不是最长,但现在却是教学规模最大的国家。从美国现代语言协会(Modern Language Association,简称MLA)统计数字来看,美国高校中文学习者注册人数1958年为615人,2021年为45,272人,汉语在美国已经发展成一门重要的外语。但我们同时也必须承认,中文在美国高校依然属于"非普遍教授的语言"(uncommonly taught language),汉语学习所需时数很长,在所有外语中难度级别最高,学习者规模比起几大传统外语来还是要小得多。此外,美国作为移民国家,具有多语言多文化共生特点,外语可选范围也比较大。美国的汉语学习者有华裔、非华裔之分,教学相应也有作为外语的教学和作为继承语的教学。美国汉语教学相关研究中,一种做法是以是否获得学分为标志,将进行汉语教学的学校称作"主流学校",而进行继承语教学的学校称为"非主流学校",美国主流学校的汉语教学始自大学,是切实自发地主动进行推动的。[①] 本研究将范围锁定在汉语作为外语在美国的发展状况,并主要围绕高校的中文教育发展状况展开研究。

1.2 研究意义

本研究将在语言传播研究框架、人类发展理论、多元文化教育等理论指导下,对美国中文教育发展历史进行溯源,找寻汉语作为外语在美国的主要影响因素,分析不同时期的社会背景作用,厘清发展进程中所经历的重要人物事件,追踪汉语作为外语在美国的地位变化,并对美国汉语作为外语教学的各个要素进行考察,探讨语言作为外语本身的学科发展规律,为学界提供纵观美国中文教学发展的多方位的研究。

本研究还聚焦于美国语言教育政策的变化,发现影响中文教育发展的深层原因。各国在制定外语政策规划时,出发点首先是为该国利益服务。而人们在制订个人语言计划时,则常常与自身利益密切相关,经济动

---

① 姚道中、姚张光天(2010)。

因一般被认为是最重要的因素。

　　语言在社会生活中的作用及功能是随着社会发展而逐渐显现出来的,人们对语言的认识也会随之不断调整和变化。进入21世纪以后,特别是"9·11"恐怖袭击事件使得美国语言政策和语言教育政策方面出现了根本性的改变,语言问题上升为国家安全问题。2003年,美国通过了《国家安全语言法案》,提出要制定和强化外语教育发展,2006年又提出了关键语言战略,目的是维护国家安全,既有宏观的语言战略,又有具体的实施方案。有研究认为美国政府是在预备与崛起的中国相较量的懂中文懂中国的语言智力资源。① 美国多个机构制定有"关键语言",而且是动态变化的,将外语能力作为战略资源,与国家安全存在必然的关系,关键语言对于国家的重要作用自不必言,而进入"关键语言"系列中的外语有着怎样的发展道路,尤其是中文有着怎样的走向,对于中国制定语言政策也有非常重要的参考作用。

第二节　研究现状

2.1　美国的中文教学发展分期

　　在美学者姚道中、姚张光天(2010)首次较为全面地分析了汉语在美国的发展状况。他们按标志性事件划分出四个阶段:1871年到第二次世界大战前夕为第一阶段;二战开始到1957年为第二阶段;1958年到20世纪末期为第三阶段;21世纪进入第四阶段。从推动力量来说,各个时期有所不同,开始时靠个人之力,20世纪主要依靠美国政府及一些基金会的资助,21世纪中国国家汉办所进行的汉语推广工作则从外部加大了助推力度。

　　吴原元(2010)认为美国的汉语教育受国内社会政治文化环境、中美关系、国际政治形势等外部因素以及汉语教学方法、语言教育思潮等因素

---

① 康晓亚(2013)。

的牵制,将中美建交前美国汉语教育划分为四个阶段:(1)初创期(19世纪三四十年代—太平洋战争爆发前);(2)转折期(太平洋战争—1949年);(3)跃进期(20世纪50年代后期—60年代末);(4)停滞期(20世纪70年代—中美建交)。① 这样的分法将语言教育与政治事件,特别是两国关系紧密联系起来。

以上两种分期方式角度有所不同。姚文的分期依据是给汉语教学带来变化的重大事件,尽管分期年代并不均衡,但却鲜明地反映出语言政策给汉语带来的影响,每个阶段汉语教学都受到了不同力量的推动。吴文的分期依据是政治事件,基本与中美关系史分期一致,但政治事件发生并不一定直接投射于语言教学中,语言教学的变化往往与语言政策紧密相关。姚文以标志性事件作为分水岭,而不是笼统以政治年代、政治事件为划分依据,因而姚文的分期有其合理性。

肖顺良(2015)也以重大事件为分界点将美国汉语传播分作四个时期:(1)19世纪50年代至第二次世界大战前起始阶段;(2)第二次世界大战至1957年前兴起阶段;(3)1957年至2000年稳步发展阶段;(4)2000年至今美国汉语教学的飞跃发展阶段。这种分法与姚道中相似,不过第一阶段的起始年代有所不同。姚道中以耶鲁大学首次设立与汉语相关课程为起点②;肖顺良则以华工赴美成为华人移民后,为了自身及子女教育而开设私塾式的中文学校为开端。

顾利程(2019)赞同姚道中的分期说,③进而在其基础上细化为五个阶段,而且年代更为具体:(1)汉语教学草创阶段(1877—1941);(2)战时汉语教学阶段(1941—1958);(3)战略关键汉语教学阶段(1958—1990);(4)科研型汉语教学阶段(1990—2004);(5)普及型汉语教学阶段(2004年至今)。顾利程在每个阶段都列出了代表性人物,比较突出个人贡献。而以2004年为界,将此归为普及型汉语教学阶段,是由于中国孔子学院

---

① 吴原元(2010)。
② 关于高校首开汉语课程的时间不是1871年,详见第四章第二节。
③ 书中自述依据的是姚道中(2009)中的三段说,不过2010年姚道中已经将其分为四段,即把第三阶段切分成新世纪前后两段。

的建立给美国输送了大批汉语教师及志愿者,在美国的大、中、小学及各类社区学校普及汉语,传播中国文化。

盛译元(2016)将美国高校汉语教学发展大致分为四个时期:(1)创立期,以高校汉语课程设置为标志;(2)发展期,二战爆发,战时需要推动发展;(3)快速发展时期,从20世纪70年代开始和平时代下发展;(4)蓬勃发展期,21世纪中国国际地位提升。

无论是四分还是五分,他们都认为中国国际地位的提升以及汉办对中文教学的支持,对中文教学的发展起了极大的推动作用。我们不妨将此称为"外力助推说"。

梁霞(2020)持宽分的态度,把美国汉语教学发展分作三期:(1)早期的发展,自中美开始贸易交往至第二次世界大战爆发;(2)飞速发展,第二次世界大战到中美建交;(3)美国汉语教学的成熟发展时期,中美建交至今。这一分法将美国汉语教学史提前,自中美开始交往算起,早期的来华美国人主要是传教士、商人和外交官,一些人是来华后学习汉语的,甚至在华期间还编写了汉语课本,这样的分法更符合史实。

总的来看,以上分类的共同点之一是都把二战作为中文教学发展的重要分水岭,而其他分期年代则存在一定的差异,主要原因在于分期标准不同。本研究认为美国影响全局的社会重大事件在美国的外语教学中起着根本性作用,这些重大事件会带来新的社会需求,语言政策相应变化调整,而语言政策的变化调整会给外语教学带来直接的影响。

美国的中文教学分期可以分为以下五个时期:

(1)酝酿期(1830—1877),从第一位美国传教士抵达中国到高校设置中文教席。美国传教士、商人、外交官等有汉语学习需求,除了在华学习外,也产生了在美开设课程的意识。

(2)成长期(1877—1941),从耶鲁大学设置中文教席到太平洋战争爆发,发展缓慢。从事中文教学的教师,往往也是在汉学某一研究领域里有所成就的专家。中文教学还没有进入普通民众视野中,中文教学一定程度上是为汉学研究服务的。

(3)促发期(1941—1958),太平洋战争爆发,社会对语言教学产生了交流和沟通的需求,语言成为实用交流工具,中文教学脱离汉学附属,走上独立发展之路。

(4)成熟期(1958—2000),苏联卫星上天,《国防教育法》(*National Defense Education Act*)等一系列语言教育政策推出,基金会为教育持续投入,外语教学得到了较为充分的经费支持。中文教学获得全方位发展。

(5)兴盛期(2001年以后),"9·11"恐怖袭击事件发生,语言成为战略资源,中文作为战略语言之一,得到国家层面的整体规划和经费支持;同时中国国际地位上升,学习者学习动机增强,高校中作为外语的中文教学和研究也积累了较为丰富的成果,促使中文教学进一步向纵深发展。

2.2 美国中文教学的相关研究状况

中国的国际中文教育自改革开放之后开始全面恢复,1979年中美建交,中国对美国中文教学情况才予以关注。1980年时任美国教育部国际交流中心主任的理查德·T·汤姆逊来华做了一场关于"美国汉语教学综述"的报告,[①]他从历史到现状,从研究到教学,从语言政策到组织机构都做了全面的介绍。尽管他没有对美国的汉语教学进行明确分期,但他还是明确将二战作为一个分界点:第一次世界大战以后美国外交政策实行孤立主义,直接影响了美国对外语研究的看法;第二次世界大战的爆发,使外语研究进入了一个新的时代。汤姆逊还介绍了当时最新的汉语教学信息,诸如学生人数、学习动机、招生情况、教材使用、师资状况等。

关于在美国如何进行汉语教学的成果颇多,但对中文教学进行综合性研究的论述过去还不多见,近年来却连续出版了几部专著。姚道中(2015)所著《美国中文教学研究》包含四个部分:美国汉语教学概况;现代科技与美国汉语学习;美国汉语测试;教材与教学。涉及面较广,但因是过去所发表的学术论文集,并没有严密的内在体系。其中"美国汉语测试"部分主要谈 AP 中文测试,AP 为 Advanced Placement 的简称,为大学先修课程。

---

① 理查德·T·汤姆逊、鲁健骥(1980)。

Vivian(凌志韫)(2018)主编的 *The Field of Chinese Language Education in the U.S.——A Retrospective of the 20th Century*(《二十世纪美国中文教学界的回顾》)是一部内容丰富、信息量大、触角探及多个方面的著作。该书认为地缘政治影响着中文发展走向,同时强调人在中文发展过程中所发挥的重要作用。主编 Vivian 同时也是作者之一,她具有丰富的教学经验,也亲身经历了中文教学界的许多发展变化。该书对二战后到 20 世纪末的美国中文教育发展进行了历时性梳理,目的有三:收集原始资料,整理美国中文教育发展史;纪念美国中文教育先驱者的成就;启发当今和未来的中文教育者。为此 30 多位在美国中文教学界有着丰富经历的学者和教师被邀请参与写作。全书分为两部分:1—8 章为美国中文教育历史发展;9—11 章为重要人物的回忆录。由于这些作者有中文母语者,也有英文母语者,行文便遵从个人意愿,中文、英文、简体、繁体皆有。该书从早期传教士及汉学家作为汉语教学的先驱写起,继而分析了中国精英移民所做出的重要贡献,美国教育政策及美国基金会对于汉语教学的影响,美国国防部在美国国家语言能力提升的过程中发挥的作用,并对在美国当代中文教学界做出突出贡献者进行了详细介绍。此外,该书还对汉语教学重镇之一的耶鲁大学汉语发展、沉浸式项目发展、行业组织化和专门化过程等进行了梳理和分析。该书提供了很多第一手资料,如多名教师回顾了自己的从业和教学经历、多名汉语学习者谈及自己的学习契机和切身感受。该书所披露的珍贵史料,有助于对美国中文教学发展进行较为全面的了解。

顾利程(2019)《美国汉语教学动态研究》从当代的、动态的角度对美国中文教学发展进行研究。该书首先简要回顾了美国汉语教学历史,然后对十所美国大学的汉语部及五个美国在华汉语项目进行了详细介绍,此外对美国中小学汉语教师资格考试、中美两国政府推动汉语教学的重点举措予以说明。该书有利于读者了解美国中文教学现状,为有意到美国任教的汉语教师以及为美国大学编写汉语教材的专家提供了较为实用的信息。

梁霞(2020)《美国大学汉语教育研究》涉及九个方面,对美国大学的中文教育进行了较为全面的分析,既有历时的发展过程研究,也有对现在的师资、教材、课程、教学等的介绍,并对具有特殊性的华裔班教学进行单独说明。该书也考察了美国一些暑期中文项目与海外中文项目以及成功学习者的特点。该书同样关注到人在语言教学中的作用,采用访谈方式对一些教学名家进行专访,将读者带入时代背景中以及教学场景中,为中文教学留下了很有价值的资料。

上述两部专著都是北京语言大学出版社作为"孔子学院汉语教育与海外语言教育研究书系"出版的,这也说明国内出版社已经把作者群扩大到海外,由具有在美多年一线任教经历的研究者著书,能够保证研究更有在场感和真实性。

第三节 研究问题及研究框架

3.1 研究问题

对汉语在域外的发展进行研究,既需要语言学及国际中文教育学科方面的知识,又需要了解所在国相关语言教学历史、语言教育政策,把握该国政治与社会对语言教育产生的影响。这是一项跨学科的研究。

本研究将围绕以下问题,在充分占有文献资料的基础上,进行系统分析和深入探讨:

(1)汉语进入美国是哪些因素起了重要作用;

(2)汉语在美国高校的发生、发展过程如何;

(3)哪些重大事件和语言政策影响了汉语发展进程;

(4)美国的中文教学体系是如何构建起来的;

(5)中文在众多外语中占有什么样的地位,有着怎样的发展走向;

(6)与中文相关的课程、教材、测试、教师、学习者等呈现出什么样的特点等。

3.2 研究框架

本书研究汉语作为外语在美国的发展过程,需要发掘中外相关研究文献、官方文件、调查报告和统计数据,从散见的文献和历史记录碎片中对中文在美国的发展历史进行复原。本书主要采用定性研究方法,适当结合定量研究方法,对相关数据进行统计和分析。

首先搭建理论框架,在理论基础上探讨特定时代背景下美国中文教学的发展和变化。其次考察美国的语言政策在不同时期的变化和依据,为中文教学在美国的外语系统中准确定位。从历时角度追踪汉语在美国的发展轨迹,研究不同阶段汉语在美国的地位。对美国的重要中文教学机构、教学模式、测试方式、师资队伍、研究平台、教学项目的发展过程及现状进行全面细致的考察。最后对教学活动中最活跃的因素之一——中文学习者进行分析。

全书由十章构成。

第一章"绪论",说明研究背景及研究意义,对研究现状进行分析,特别是美国的中文教学分期和中文教学研究内容,提出研究问题及研究框架。

第二章"理论基础",运用"语言传播研究框架""人类发展理论""多元文化教育理论"探讨美国中文教学发展的理论依据。

第三章"语言政策对外语发展的影响",从语言的地位与语言政策动因开始分析,揭示美国的外语政策对中文教学发展有决定性作用,以及中文教学的发展与美国的外语政策发展紧密相连。

第四章"中文进入美国高校的背景及过程",从美国来华传教士中文学习开始到中文成为美国大学课程经过,详细分析最早开设中文讲席的耶鲁大学和哈佛大学的开设背景,并分析其他大学开设中文课程的主要特点。

第五章"重大事件对中文教学的发展影响",从二战开始,中文教学发展与社会重大事件息息相关。本研究重点分析太平洋战争带来外语的实用需求,美国《国防教育法》确定中文成为关键语言后获得较大发展,中美建交之后中文教学向纵深发展。

　　第六章"中文教学体系的建立与发展",多方位、全面地对美国中文教学进行考察,涉及大学汉语课程设置、师资及师资培训、教学模式及教学法、教育技术及教学资源等。

　　第七章"中文测试的建立与发展",从中文测试的开发背景到具体的大规模中文测试目标和构成来看,中文测试已经走向体系化。

　　第八章"重要专业组织及项目的作用",介绍为中文教学提供指导、支持和平台的美国外语教学相关协会、汉语教学专业学会以及中文发展重要项目。

　　第九章"美国中文学习者的特点",以学习者为研究对象,考察分布状况、规模消长,分析其学习动因和影响因素,并对规模较大的华裔继承语学习者学习特征和影响因素进行研究。

　　第十章"结语",总结本研究的主要发现和创新性观点。

　　需要说明的是,"汉语作为第二语言教学"这个学科名称因时代而有所变化,作为教学本身这一行为,在国内人们一般以"对外汉语教学"或"汉语教学"称说,在美国人们普遍以"中文教学"称说。本研究行文中所用"汉语""中文"二词只是语境使然,所指相同,并无实质性区别。

第二章 理论基础

语言传播受世界政治环境、国家语言政策、家庭环境及个体差异等各种因素的影响。其中,作为语言传播主体的人对语言传播过程的影响尤为重要和直接。人最突出的特点是其社会属性,个体发展过程中不可避免地受到家庭、社会等外部环境直接或间接的影响。考察一种语言的传播过程,需要同时对语言、人、社会等多种因素及其相互关系进行综合分析,从而更加全面、准确地把握语言传播的过程和状况。在对美国中文传播过程的研究和分析中,本书主要采用了 Cooper 的语言传播研究框架、Bronfenbrenner 的人类发展理论和多元文化教育理论作为梳理和分析的理论基础。

第一节 语言传播研究框架

1.1 语言传播研究框架内容

语言传播广泛存在于不同的社会和群体之中,受各种不同因素影响,语言传播过程异常复杂,因而相关研究表现出多学科、多维度、多层次的特点。语言传播研究领域,Cooper 的语言传播研究框架为学者所广泛接受。Cooper(1982)认为语言传播是指"某个交际网络为了实现特定的交际功能而采用某种语言或语言变体,随着时间的推移,该语言的使用范围不断扩大"。

Cooper 在其提出的研究框架中将语言传播研究所涉及的问题归纳为以下几个方面：

何人（Who）：个体和交际网络采用者的社会语言学特征；

采纳（Adopts）：不同层次的语言行为之间的相互作用；

什么（What）：语言创新的结构或功能特征；

何时（When）：语言被采纳的时间；

何地（Where）：导致语言被采纳的各种类型的社会互动所处的某种社会领域；

为何（Why）：语言被采纳的动因；

何种方式（How）：与语言采纳相伴的语言规划、语言教育等活动。

Spolsky（2004）指出，语言传播总是受到语言政策中三个要素的推动：一是语言管理，也被称为语言干预、语言工程或语言规划，即通过直接的手段对语言状况进行调整；二是语言实践，或者从众多语言变体中选择的习惯性模式；三是语言信念或意识，指人们对于某种语言和语言实践的信念。这提示我们在进行语言传播的研究过程中，必须重视语言传播的具体实现条件、实现方式，特别是人在语言传播过程中的重要作用。

1.2 基于 Cooper 框架的美国中文传播研究

Cooper 较全面地归纳概括了语言传播中所涉及的因素和领域，为语言传播相关研究提供了一个基础的、可操作性的框架。本研究将以此框架为基础，结合 Spolsky 提出的三个要素，对中文在美国的传播所涉及的主要方面进行系统的梳理和分析。

第一是语言传播的参与者。其中不仅包括语言教学者，也包括语言学习者，同时语言教学机构也起着非常重要的推动作用。中文在美国传播过程中，不同时期的参与者有着相应的时代特征，如对美国早期中文教学产生重要影响的卫三畏、牟复礼等，他们既是中文学习者，又是中文教学者，同时还是中文研究者，在其所处时代，为美国的中文教学和传播做出了突出贡献。随着时代的变迁，中文在美国外语政策中的地位不断调整，中文教师队伍的主体也不断发生变化。在 20 世纪 80 年代以前，美国中文教师多为本土人士和少数早期移民美国的华人。中国改革开放以后,自中国大陆赴美接受高等教育的移民教师逐渐成为主要中文教学群体,非汉语母语者从事中文教学的教师越来越少。

第二是语言本身。语言学是语言教学的基础学科,随着语言学的发展,语言规则不断被认知,这些成果成为语言教学的核心基础。心理学、教育学作为语言教学的支撑性学科,强有力地解释了语言教学及语言学习过程中的现象,每一次新的教学法的产生,都离不开这些学科的重要推动。对语言教学和语言学习的认识逐渐从单纯传授和获取知识,转变为重视不同语言技能的训练,进而发展到注重交际能力的提升。美国中文教学所关注的内容也从中文语言结构和语法等语言符号系统本身,逐步向中文所蕴含的文化及中国社会、经济等方面扩展。

第三是时间。美国中文传播具有显著的时代特征,不同时期语言政策和语言战略的制定与实施都与美国特定历史时期发生的历史事件紧密相关。第二次世界大战对外语人才需求陡增,而传统的以阅读和内容为中心的教学方式无法适应时代需求,因而产生出特别的训练项目"军队特别训练计划"(Army Specialized Training Program,简称 ASTP),其重视听说的做法培养了大批能够"动口"的人才。1957 年苏联成功发射第一颗人造地球卫星"斯普特尼克"(Sputnik),引发了震惊美国朝野的"斯普特尼克危机"(Sputnik Crisis),从而催生了美国《国防教育法》。随后政府对包括中文在内的外语教育投资大幅度增加,民众外语学习意识随之增强,大大推进了美国外语教育的发展。"9·11"恐怖袭击事件之后,美国意识到语言资源不足是美国未能预见且未能阻止恐怖袭击发生的一个重要原因,这直接促成了 2006 年《国家安全语言计划》(*National Security Language Initiative*)的制定。《国家安全语言计划》促进了美国中小学至大学全面衔接的关键语言教育的发展和建设。该计划对美国中文教育发展促进作用显著,实施以来,无论是中文学习者人数还是中文教育教学机构数量都有了显著的增加。对不同时期重要的美国中文教师、学习者、教学机构进行梳理,对不同时期中文教学和学习特点等进行分析就可以看出美国中文传播所具有的时代特征。

第四是地域。美国中文传播在不同历史时期受到美国社会政治、经济等内部环境和国际关系等外部环境的直接或间接影响。如美国不同部门所列关键语言会随着国际局势的变化而适时追加，星谈计划(STARTALK)最初于2007年实施，资助的教师培训和学生学习语言项目包括阿拉伯语、汉语、波斯语、印地语、乌尔都语、斯瓦希里语和土耳其语7种。① 到2015年增至11种，按照项目数量由多到少依次为：汉语、阿拉伯语、俄语、韩国语、印地语、葡萄牙语、乌尔都语、土耳其语、波斯语、达利语和斯瓦希里语。到2017年，有38个州参与到星谈计划中，项目共计150个，其中学生项目101个，教师项目49个。② 2019年8月，关键语言增至15种，追加了阿塞拜疆语、孟加拉语、日语、旁遮普语这四种语言。美国国务院教育和文化事务局(ECA)设有吉尔曼奖学金项目，目的是"促进美国人民与其他国家人民之间的相互理解，促进友好、同情与和平的关系"，该系列奖学金中有一项"关键语言奖"(The Critical Need Language Award)，每年一度颁发给学习关键语言的优秀者。③ 在研究过程中，我们将把汉语作为美国的外语之一，与其他区域的语言相比较，探索其在不同时期的地位变化。

第五是动因。语言传播动因是本研究关注的要点之一，从宏观层面看，不同时代背景下语言政策和语言战略制定与实施的动因决定了外语的发展走向，而作为个体的学习者，其学习动机除了受到宏观政策的影响之外，还会有其他影响因素产生作用。就美国汉语学习者而言，不同时期学习者的动机有所不同，而同一时期，不同学习者群体的动机也会有所差异，如将汉语作为外语学习和将汉语作为继承语学习的群体动机就很不相同。早期美国汉语学习者学习动因主要体现为对中国语言文字或对东方文化的兴趣，而如今美国汉语学习者的工具型动机则更为突出；美国汉

---

① National Foreign Language Center (2009).
② 星谈计划信息参见：https://startalk.umd.edu/public/find-a-summer-program?solrsort=ds_created%20desc，访问日期：2020年11月16日。
③ 关键语言种类及关键语言奖参见：https://www.gilmanscholarship.org/program/critical-need-languages，访问日期：2020年11月16日。

语继承语学习者中,文化和家庭的动因较为明显,而非继承语学习者汉语学习则更多受到兴趣和职业发展等动因的驱动。美国外语教育的一大重要特点是以国家安全为核心,与其国际文化战略紧密结合:1950—1970年,美国重点培养掌握"关键语言"的国别区域问题人才。1958年《国防教育法》颁布后,汉语被确定为最优先资助的语言。中国改革开放后经济、社会高速发展,20世纪80年代,汉语被美国教育部列为五种"关键语言"中的第一位。90年代,美国为了提升其国防能力和全球竞争力,形成了国防部、教育部、商务部、情报系统"四位一体"的"关键语言"战略规划实施体系,汉语一直是关键语言的重中之重,甚至被美国国务院指定为"超关键语言"(supercritical languages)。①

第六是方式。语言教学是语言传播的主要方式之一,包括课程的设置、教学手段和方法的变化、教育机构的发展等。而教育技术的运用极大地推动了语言教学发展,丰富了语言教学及语言学习形式,如外语教学从早期的语法翻译法发展到视听教学,进而逐步拓展到多模态教学。而教学效果要得到科学的检验,获得合理的反馈并改进,离不开语言测试这一环节。在中文传播过程中,不同形式的测试推动了中文教学全方位向更为科学的方向发展,如2003年6月,美国大学理事会(The College Board)推出AP中文语言课程及考试后,带动了美国高中生学习中文的热潮,同时提升了中文在美国主流社会的重要性,②推动了美国中学和大学在中文教学领域的衔接。美国中学中文学习者人数不断增加,促进了美国中文教学事业的发展。本研究不仅对美国中文教学发展中重要的教学机构和组织的工作进行分析,还对美国的中文教学大纲和主要测试进行较为细致的梳理。

从中文最初进入美国大学课程体系到如今每年高达6万的注册中文学习者,不同时期的教学机构在中文传播过程中功不可没,不同时期出现的重要人物也对中文的传播起到推波助澜的作用。本书将以语言传播研究框架为基础,关注在美国中文教学发展过程中重要的传播者所做的贡

---

① 肖华锋(2020)。
② 陈雅芬(2011)。

献,分析不同时期有着重要影响的经典教材,研究美国主要的中文教学机构和组织所做的工作,探讨不同时期的重要人物和机构所采用的中文传播形式及传播效果。

第二节 人类发展理论

2.1 人类发展理论模型

20世纪70年代,Brofenbrenner首次提出生态系统模型(ecological model),此后不断发展和完善。2006年,Brofenbrenner最终将生态理论(ecological theory)发展为生物生态理论(bioecological theory),并提出了个人发展的生物生态模型(bioecological model of human development)。其理论的发展从初建到成熟跨时较长,大致可分为三个阶段。

第一阶段(1973—1979):提出人类发展的生态模型。人们所处的生态环境不断变化,个体生活于其中并与之相互作用。Brofenbrenner根据与个体关系的远近,将生态环境划分为四个系统:微观系统(microsystem)、中观系统(mesosystem)、外观系统(exosystem)和宏观系统(macrosystem)。微观系统是与个体最接近的、具有特定物理特征的环境,如家庭、托儿所、游乐场和工作场所,在其中发展中的人可以与他人面对面地互动。中观系统是个体参与的两个或多个微观系统所构成的系统,主要包括个体所处的主要环境之间的相互关系,如家庭和学校、家庭和同伴群体之间的关系等。外观系统并不是个体所处的直接环境,因而并不直接参与该系统,但个体会受到外观系统间接的影响,比如父母工作场所发生的事情会对家庭产生后续影响。宏观系统包括特定的文化或亚文化的制度体系,如经济、政治、社会、教育和法律体系。生态模型重点在于考察个体所处的不同层次的环境之间的互动关系。

第二阶段(1980—1993):Brofenbrenner(1995)除了继续关注个体在自身发展中所扮演的角色外,更加关注其发展过程,并明确将时间的发展对个体发展的影响作为重要的维度。在这一阶段,他对发展和生态环境的概念进行了调整,并初步形成了"过程—个体—环境模型"。

第三阶段(1993—2006):最终发展为生物生态理论,并提出了个人发展的生物生态模型。为了清楚地阐释个体特征和成长环境各方面的相互作用如何对个体发展产生影响,Bronfenbrenner 提出了"近端过程"(proximal processes)的概念。"近端过程"包括发展中的个体与其直接环境中的其他重要的人、事物之间的相互作用,这些过程可能涉及父母与儿童、儿童与儿童之间的活动,如玩耍、阅读和学习新技能。

为进一步解释不同个体之间的发展为何结果不同,Bronfenbrenner 调整并扩展了前期的模型,发展出了"过程(process)—人(person)—背景(context)—时间(time)"(PPCT)的生物生态模型,包含过程、人、背景和时间四个组成部分。个体发展可以看作是这四个部分积极参与、相互作用的结果。对过程的评估主要是对个体生活中经常发生的活动及个体与他人、事物之间的互动进行评估;对个人的解释需要分析个体特征如何对近端过程产生影响,如对性别、个人气质、智力等对互动和互动所产生的影响进行评估;对背景的考察同样涉及微观系统、中观系统、外观系统和宏观系统四个相互关联的系统;在时间层面的研究,包括个体发育时期及相关历史时期所发生的事件。Bronfenbrenner(1999)指出:"个人自身的发展生命历程,可以被视为嵌入在其个人生活的历史时期所发生的条件和事件中,并被有力地塑造。"

2.2 人类发展理论在中文教育发展中的运用

中文在美国传播过程中,学习者作为中文传播的主体,在不同历史时期必然会受到当时国际背景、国家相关政策以及个体因素的多重影响。我们将遵循 Bronfenbrenner 的"过程—人—背景—时间"(PPCT)模型,分别从过程、人、背景和时间四个方面进行考察。

中文学习者数量是中文传播状况最直接的反映,不同时期的美国中文学习者人数有着显著的差别。从美国现代语言协会所提供的美国高校中文学习者注册人数的统计数据来看,从 1958 年的 615 人到 2021 年的 45,272 人,美国高校中文学习者人数有了飞速的发展。从历年人数的变化可以看到,学习者人数总体呈逐渐增加的趋势。个别年份人数的大幅减少主要是统计的原因,如1972年对两年制机构的教育统计是一个例外:最常教授的五种现代语言(法语、德语、意大利语、俄语和西班牙语)以及拉丁语和古希腊语,都按各自的语言名称进行报告,其余较少教授的语言大学四年注册人数都归为"其他语言",因而该年中文学习者注册人数为0。这是因为没有单独统计造成的,并不代表没有中文学习者(见表2.1及图2.1)。①

表2.1 美国高校中文学习者注册人数

年份	人数	年份	人数	年份	人数
1958	615	1971	953	1998	28,456
1959	959	1972	0	2002	34,153
1960	679	1974	10,576	2006	51,382
1961	2200	1977	9798	2009	59,876
1963	2444	1980	11,366	2013	61,084
1965	3359	1983	13,178	2016	53,106
1968	5061	1986	16,891	2020	26,643
1969	685	1990	19,427	2021	45,272
1970	6115	1995	26,471	—	—

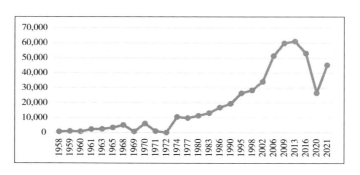

图2.1 美国高校中文学习者注册人数

① 数据来源于美国现代语言协会统计,详见:https://apps.mla.org/cgi-shl/docstudio/docs.pl?flsurvey_results,访问日期:2023年10月20日。

最初的调查是逐年进行的,这也有利于我们看到更为详细的变化。从数据来看,美国高校中文学习者人数在1961年之前均不足千人,到了1961年猛增至2200人,此后直至1970年数年间,统计数据(除1969年外)均以一到两千人的速度递增。

从时代背景来看,第二次世界大战结束后,世界格局发生了较大变化。20世纪50年代美苏进入冷战,亚非拉民族解放运动高涨。而彼时中华人民共和国处于成立初期,在世界舞台上政治、经济影响力远未表现,朝鲜战争也使得中美两国分属对立阵营。因而从"人"的方面来看,当时的学习者并没有什么工具型学习动机。1958年颁布的《国防教育法》第六章首次提出对关键语言教育及区域研究进行支持,提供关键语言奖学金,培养关键语言人才。① 美国政府立刻着手确立优先支持的关键语言,教育办公室(Office of Education)于1961年明确了83种关键语言,根据需要程度分为三个层次,每个层次语种多少不等,中文即属于第一层次所列6种国家最需要的语种之一。② 1958年开始到1962年,《国防教育法》的出台极大地刺激了美国各地的外语教育,美国外语教育在语种数量、学习人数、教学研究等方面均有了较大发展。中文作为国家最需要的语种之一,学习人数也较之前有了较大提高。

自1958年到1972年,美国出台了一系列教育相关法案,这些法案制定的主要动因是满足美国外交政策和国家安全需求。20世纪70年代中期至90年代初期,美国通过立法促进高等外语和国际教育发展相关项目的逻辑基础由"外交和国家安全"转向了"提高国家经济竞争力"。③ 1974年,美国高校中文学习者人数有了较大增长,首次超过万人。从时代大背景来看,1972年中美建交,这对当时美国中文教学起到极大的促进作用。20世纪90年代,冷战结束,海湾战争爆发,美国政府意识到自己面临着前所未有的全球性挑战。1991年《国家安全教育法》(*National Security Education Act*)通过,所设立的国家安全教育项目(National Security

---

① 吉晖(2019)。
② 徐英(2018)。
③ 龚献静(2010)。

Education Program，简称 NSEP)重点关注对美国国家安全起关键作用的语言和文化，资助的前十种语言为阿拉伯语、汉语、俄语、韩语、日语、葡萄牙语、斯瓦希里语、土耳其语、波斯语和印地语。1992年，美国《高等教育法》修正案开始使用"关键语言"取代传统的"现代外语"提法。① 1996年，美国外语教育委员会开发了面向全美学前教育到高中毕业阶段，即 K-12 年级学生的《21世纪外语学习标准》(Standards for Foreign Language Learning: Preparing for the 21st Century)，并在 1999年进行了修正，将适用范围扩大到了大学外语教学。另一方面，70年代末中国实行改革开放后，经济迅速发展，到 90年代，中国的国际地位有了大幅度提升。在美国国内外语政策和中国政治经济发展的双重影响下，20世纪 70年代到 90年代，美国高校的中文学习者数量呈现出稳定增长的态势。

2001年，"9·11"恐怖袭击事件对美国造成了极大冲击。"9·11"事件调查发现，语言资源不足是美国未能预见并阻止恐怖袭击发生的一个重要原因。2006年，美国总统布什宣布实行《国家安全语言计划》，其主攻的关键语言是阿拉伯语、汉语、俄语、印地语和波斯语等语种，主要目标有三个：一是让更多的美国人掌握关键语言，让更多的美国人更早地学习关键语言；二是培养高水平的语言人才，尤其是关键语言人才；三是培养更多能教授关键语言的教师。② 2007年，美国开始实施"星谈计划"全国暑期关键语言教育项目，对阿拉伯语、汉语、俄语、印地语和波斯语等关键语言教师进行教学培训，同时也对这些语种的学生进行语言教学。从美国高校中文学习者注册人数的变化可以看到，《国家安全语言计划》及相关项目实施成效显著。2006年后，美国高校中文学习人数迅速增加，2013年较十年前学习人数翻了一番。虽然数据显示 2016年注册学习中文的学生总人数下降了 13.1%，但在所有的中文项目中仍有将近一半的项目注册人数保持稳定或出现了增长。③ 2020年、2021年下降则与新冠疫情有很大的关系。近年来，在大学中文课程学习人数不断减少的

---

① 李艳红(2015)。
② 徐英(2018)。
③ Looney & Lusin (2019)。

情况下,相关政策的推动和支持在一定程度上保证了中文项目学习人数持续增长。

从美国高校中文学习者人数变化可见,学习者总体规模在特定时代,在学习过程的不同阶段受到特定世界形势、国家政策等背景的显著影响。同样,语言学习过程中,学习者个体的发展也受到其个体特点、家庭和社会背景以及时间的直接或间接影响。对汉语学习成功者的分析能够让我们更加清晰地看到美国汉语学习者语言学习过程中个体、背景和时间之间的相互作用。

人是语言传播的主体,个体特点对学习者语言学习结果的影响至关重要。从汉语成功者的叙述中可以看到,虽然他们开始学习汉语的时代不同,家庭和社会背景各异,但他们有着共同的特点,即他们对中国的语言和文化的热爱。即使当时汉语并不能给他们带来显而易见的利益,即使有些时候物质条件比较艰苦,他们还是坚持学习汉语,因为他们的汉语学习多出于个人的兴趣和语言学习经验,"选择学习中文是感情问题,而不是出于实际的目的"[①]。

背景对学习过程的持续有着重要的影响。微观系统中家庭和学校是与学习者最为接近的环境,父母和老师与学习者的互动对他们的影响更为直接且深远。在普林斯顿大学组织的汉语学习成功者研讨会[②]上,不止一位提到了开始学习汉语时父母对自己的影响,大多数人在一定程度上将日后的成就归功于汉语老师最初的鼓励、指导和帮助。甚至有位已经成为汉语教师的学习者提到,当初汉语老师的教学对于他现在的语言教学模式还有着持续的影响。不同时代宏观系统对学习者的影响也不容忽视。有一位成功者提到,20世纪50年代末美国国会通过的《国防教育

[①] Belkin (2016).
[②] 2016年10月22—23日,美国普林斯顿大学主办了题为"汉语如何改变我的一生和事业"(How and Why Language Learning is Useful in China Careers)的研讨会,邀请了18位美国各界汉语成功学习者分享了自己的汉语学习经历及汉语学习对自身生活和事业的影响。具体详见:https://pib.princeton.edu/sp onsored-events-projects/archived-events,访问日期:2020年11月6日。

法》使得60年代起200多所美国中小学开设了汉语课程,这让他得以从高中开始学习汉语。

语言学习过程对个体本身的发展也有着重要的影响。从成功者的案例可以看到,学习汉语不仅为他们带来事业和生活上的收获和成长,也改变了他们思考问题的方式,使他们能够从不同视角认识世界。

本书在研究过程中,将参考 Bronfenbrenner 提出的"过程—人—背景—时间(PPCT)"模型,对美国重要历史时期的外语教育政策、重大事件、中文学习者以及它们之间的相互关系进行详细的梳理和分析。

第三节 多元文化教育

3.1 多元文化教育理论概述

20世纪20年代,随着美国黑人民族研究运动逐渐兴起,人们开始关注跨文化教育和族群研究。60年代,美国废除种族隔离的学校运动对种族群体教育产生了很大影响,非洲裔美国人及其他民族民众提出了教育平等的诉求,要求学校教育将他们的生活、历史和文化纳入课程之中,帮助有着特殊背景或异文化背景的学生提升能力,使他们在文化、语言、学习能力等方面符合主流社会的需要。70年代末,多元文化教育开始发展,强调尊重文化多样性和不同生活方式的选择,强调团体间虽有差异但权利平等,希望学校教育能兼顾多元差异与教育机会均等。到80年代末,多元文化教育概念的内涵不断扩大,思想也趋于成熟。

《多元文化教育辞典》(*Dictionary of Multicultural Education*)将多元文化教育界定为一种哲学概念,同时也是一种教育过程。多元文化教育植根于哲学上平等、自由、正义、尊严等概念,希望通过学校及其他教育机构,提供给学生不同文化团体的历史、文化及贡献等方面的知识,使学生了解与认同自己的文化,并能欣赏及尊重他人的文化。另一方面,多元文化教育对于文化不利地位的学生也提供适应性教学及补救教学的机会,以协助学生发展积极的自我概念。它牵涉族群、阶级、性别、宗教、语言、特殊性等层面的议题。①

美国多元文化教育家 Banks 研究了多元文化教育的目标及内容,认为多元文化教育是一个理想,一个教育改革运动,一个过程。作为一个理想,多元文化教育试图为每一个学生创造平等的教育机会,包括来自不同种族、民族和社会各阶层群体的学生。作为教育改革,通过改变整个教育环境,使它能够反映一个社会和一个教室里的不同文化和群体,来努力为每一个学生创造平等的教育机会。将多元文化教育看作是一个过程,是因为它的目标太过于理想化,教师和管理者将持续不断地为之奋斗。②

Banks(2014)指出多元文化教育主要包括五方面的内容:内容的整合(content integration)、知识建构过程(the knowledge construction progress)、偏见的减少(prejudice reduction)、平等教学法(equity pedagogy)、赋予权利的校园文化和社会结构(an empowering school culture and social structure)。这五个方面并非完全独立,而是重叠且相互关联的。

(1)内容的整合。教师在教学时,将源自不同文化和群体的事例、数据和信息整合到教学内容中,利用不同文化的内容和例子来阐释其学科领域中的关键概念、原则和理论等。多元文化教育将多元文化知识融入到学校各学科或相关活动中,一方面可使学生容易理解学科知识,另一方面可让学生体会文化的多样性。

(2)知识建构过程。在教学过程中,教师不再仅仅讲授学科的知识,而要帮助学生理解知识创建的过程,了解学科中的文化假设、参考框架、观点与偏见对知识建构方式的影响,使学生将新生事物纳入到已有的知识和经验,从知识的接受者转变为知识的创造者。多元文化教育帮助学生了解不同种族、民族、性别和社会各阶层群体文化的差异以及这些因素对知识建构的影响。

(3)偏见的减少。偏见是种族歧视的根源,多元文化教育关注学习者种族态度和策略,通过在学习中增加不同种族和群体的文化内容,帮助学

---

① Grant & Ladson-Billings (1997).转引自刘美慧、游美惠、李淑菁(2016)。
② 转引自荣司平(2010)。

生发展更积极的种族和民族态度,从而减少族群偏见。

(4)平等教学法。多元文化教育强调采取一定的技术和教学方法,提升来自不同种族、民族、社会阶层、语言群体的学生的学业成就,发展学生的潜能,确保每个学生都拥有平等受教育的机会。教师需要了解不同群体背景学生的学习和文化特征,在教学中采用与之相适应的教学方法和教学技巧,将知识转化为有效的教学。

(5)赋予权利的校园文化和社会结构。多元文化教育强调学校教育中要打破文化的界限,将不同的文化与结构进行重建,让不同种族、民族、语言和社会阶层的学习者能体验教育平等和赋权,使所有群体的学生都能享有平等的获得成功的机会,认知自我价值。平等和谐的校园文化氛围促进了不同文化背景的学生之间的了解和交流,为创建和谐社会结构打下基础。

3.2 多元文化教育在中文教学中的体现

作为一个移民国家,美国是典型的多元文化社会,来自不同区域的人群,有着不同区域的语言,带有浓厚区域特色的文化。在多元文化教育中,提高外语能力成为重要任务,因此考察外语能力标准是观察其多元文化教育成熟度的一个重要指标。美国外语教学委员会(American Council on Teaching Foreign Language,ACTFL)与多个外语教师协会共同研制了《21世纪外语学习标准》,于1996年首次出版,此后经过1999年、2006年和2015年三次修订,2015年第四版更名为《面向世界的语言学习标准》(*World-Readiness Standards for Learning Languages*)。[①] 从名称的改变来看,新的标准不再局限于"21世纪",目标更为长远,框架更为稳定,"world-readiness"的概念有助于学生为全球化做准备。将"外语"改成"语言",使得标准适用范围更宽,将所有语言纳入其中,而不再以某一种语言为中心,更好地实现多元文化教育所倡导的减少偏见、平等教学、富有活力的校园文化等目标,极具包容性。

---

① 此处文件名采用了姜丽萍、王立、王圆圆(2020)的翻译。

虽经多次修订,《21世纪外语学习标准》(1996年版)和《面向世界的语言学习标准》(2015年版)的核心内容仍均为相互关联的5个目标,即交际(communication)、文化(cultures)、贯连(connections)、比较(comparison)和社区(communities),简称为"5C目标"。具体说来就是运用外语交际,体认多元文化,贯连其他学科,比较语言文化特征,应用于国内外多元社区。①

与第一版相比,2015年版理念的调整不仅体现在文件名称方面,其主体内容也得到了较大调整与细化,涵盖面更广,对目标和各标准的内容进行了更为细致的阐述。平等是多元文化教育的核心概念,新版共列出了11个标准,呈现方式也从之前的序列化形式向并列形式靠拢,进一步强调标准之间的平等性,同时也模糊了目标和各标准的主次地位。这一点从1996年版与2015年版标志设计的变化也可以看出。1996年版的标志由五个完整的环构成,环环相扣。各环独立存在,又和其他环产生关系。新版的标志则打破各环的边界,中间添加了地球的图案②,进一步强化5C之间的关系以及为世界做准备的共同目标。新标志提示人们要全方位落实五个目标域,而不是仅强调某一个目标域。

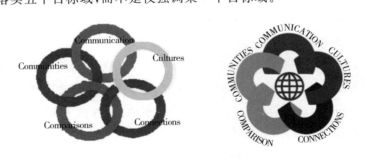

图2.2 新旧标志对比

新版本各目标和标准的说明也更为具体,涵盖面更广。5C目标的

---

① 陆效用(2001)。
② 图标为彩色。新版标志见 https://www.actfl.org/resources/world-readiness-standards-learning-languages,访问日期:2021年2月20日。

描述强调语境的运用,突出了语言和文化能力于不同场域的具体运用。例如,就"文化"这个目标域,新版本的描述使用了明确的动词,如"调查"(investigate)、"解释"(explain)、"反思"(reflect)等,这与第一版的"demonstrate an understanding"(能够理解)形成强烈的对比。此外,个别标准的描述更为深刻,更具有操作性,并融入了 21 世纪在学习、思维、交流等方面的技能,反映出时代性,例如:"贯连"的有关标准提及学习者可借助语言培养批判性思维,并调动创造性思维来解决问题;"社区"的有关标准也明确提到学习者与他人的协作关系。新的修订加强了语言学习及运用与其他 21 世纪技能的关系,强调了各种能力的培养,比如"有效交际能力""文化能力与文化理解力""文化竞争力"等。① 这些内容的调整正反映了多元文化教育所强调的打破文化界限,帮助学习者在已有知识和经验的基础上对新知识进行建构,促进不同文化背景学生之间的了解和交流。

整体来看,虽然五个目标享有同等地位,但"交际"和"文化"环节似乎更居主导地位。五个目标的概括性说明均从不同的侧面强调了"交际"环节。同时,在"文化""比较"和"社区"的相关表述中出现了"文化能力"(cultural competency)这一概念,文化能力成为语言学习和使用中要重点关注和发展的能力。

在标准的具体实施方面,各州可根据需要借鉴和采用相关标准。值得注意的是,《面向世界的语言学习标准》和美国的《州共同核心课程标准》(Common Core State Standards)相辅相成,前者侧重世界语言,后者关注其他核心课程,两套标准起着互补的作用。

《面向世界的语言学习标准》体现了美国外语教育政策中,对培养美国学生多种语言能力和多元文化敏感性的重视。"文化"中构建了文化框架,要求学生理解文化行为(practices)与文化观念(perspectives)的关系,理解文化表现形式(product)与文化观念的关系。"贯连"涉及要求学生识别只有通过外语及其文化才能获得的观点。"比较"要求学生比较自己

---

① 姜丽萍、王立、王圆圆(2020)。

的文化和所学语言的文化,并理解不同文化。5C标准充分体现了美国外语教学对文化因素的重视,标准就学生在外语学习中对文化的理解、分析和比较提出了明确的要求。学生要在文化观念中找到文化行为和文化表现形式的根源,用文化观念指导对文化行为和文化表现形式的理解。标准对外语教学中多元文化的重视直接反映在了学校课程结构和外语课程设置方面。

对课程内容的整合是多元文化教育的重要工作。在美国各个高校的课程设置、教材编写中,均注重文化讲授和体验。特别是在5C标准颁布之后,美国的外语教学在标准的指导下,将文化体验和教学作为外语教学的重要内容。外语教学理念和方法的发展也促进了外语教学中文化内容的融入,外语教学由以教师为中心的翻译法、听说法教学转向了以学生为中心、注重学生体验的沉浸式教学。美国应用语言学中心2010年的调查显示,83%的中小学外语教师在他们的课程中把交流和文化作为教学的中心,外语教材和相关参考书籍均增加了有关文化因素的内容。[1] 中文教师学会2012年的调查也显示,在大学组织的海外中文项目中(如CET、ACC、CIEE等),与文化相关的课程是除语言课之外最多的课程,占到50.3%,与语言课同为最受学生欢迎的课程。[2]

美国相关语言项目的实施也促进了外语教学领域语言知识、技能与文化学习和体验的融合。美国星谈计划从2007年开始实施,其中一个重要原则就是在语言课堂中整合文化、内容和语言,让学习者思考所学习的文化的产出、练习及视角之间的关系,并以此习得文化知识和洞察力。[3]本研究以多元文化理论为基础,考察美国高校设置中文课程及汉语测试的过程,有助于我们更好地理解美国中文教学的变化和发展。

---

[1] 邹甜甜、周正履(2013)。
[2] Li, Wen & Xie (2014)。
[3] 高莉、王春辉(2017)。

第三章　语言政策对外语发展的影响

对语言认识的变化影响到语言规划(language planning)意识,国家相关语言政策以及个人语言规划都会因之变化和调整。1984年,Robert Ruiz 提出了影响语言规划的三种取向:语言作为问题,语言作为权利以及语言作为资源。语言规划观念便经历了这样的转变:从将语言视作问题到视作权利,再到视作资源。[①]

不同语言在世界上的地位并不相同,英语被看作世界通用语,英语也是美国的通用语言,汉语是美国诸多外语语种之一,同其他语言一样,因美国的国家语言规划意识变化,对其重视程度在不同时期有所不同,因而汉语在美国的发展状况必须与美国的语言政策相结合进行研究。

第一节　语言的地位与语言政策动因

1.1 汉语和英语在全球语言系统中的关系

根据语言研究机构"民族语言网"对世界语言的统计,当今世界共有7139种语言,其中23种语言的使用人口占了世界半数以上。如果算上母语者和非母语者,英语是世界上使用人数最多的语言;如果只算母语者,汉语则是使用人数最多的语言。

---

① 转引自吴承义(2014)。

说英语者遍及146个国家,说汉语者分布于38个国家。英语有更多的非母语人士,特别是在非洲。英语是分散的(spread out),汉语是集中的(concentrated)。① 当今世界语言格局中,英语的单极地位无可争议。

将世界上的语言看作一个体系,有利于我们搞清楚世界语言的格局,发现每种语言在语言地图中的具体定位,并了解其形成原因。而关于世界语言的体系分类也有多种观点。

荷兰社会学家斯旺认为全球各种语言共同构成一个"语言星系",98%的语言都属于边缘语言,多达数千种。这些边缘语言簇拥着各自的中心语言,如同卫星环绕着行星,约有100种。当母语为中心语言者需要学习其他语言时,通常选择使用更广、位置更高的超中心语言,如同行星环绕着恒星,超中心语言有12种,为阿拉伯语、汉语、英语、法语、德语、印地语、日语、马来语、葡萄牙语、俄语、西班牙语和斯瓦希里语。② 不同超中心语言的人们相遇时,还需要用同一种语言进行交际,这种语言成为全球语言系统的核心,即"超超中心语言",这便是英语。英语成为全球交际用语时间并不长,不过半个多世纪,尽管将来或许会失去这一地位,但在今后几十年里,只会进一步得到巩固。③

斯旺以自己写作《世界上的语言》为例,说明语言是有等级的。他作为法兰西学院的欧洲教授,用法语写出了第一个完整的版本,但写完之后发现语言不合适,又用英语重写,最后再由别人翻译成他的母语荷兰语。他认为"以英语为母语的人得天独厚,因为英语已经成为唯一的世界族际通用语。这不仅替他们省了不少力气,还给了他们很多机会。另一方面,有数以亿计的人选择英语作为外语,学习相当用功,这对他们也有好处"。④

也有学者从自然生态和社会经济生态两个方面划分世界语言格局。

---

① 具体参见:https://www.ethnologue.com/guides/most-spoken-languages,访问日期:2021年3月28日。语言总数量是一个有一定浮动的动态数字。
② 这些"超中心语言"的使用人数除斯瓦希里语外,都超过了一亿。
③ 艾布拉姆·德·斯旺(2008:7—8)。
④ 艾布拉姆·德·斯旺(2008:序)。

自然生态侧重客观数据的量化分析,呈现出少数大语种与大量濒危语言双向极化的状态;社会经济生态则侧重各种因素及变量的整合,呈现出单极多元的状态,单极即英语,多元一方面指英语之外其他主要语言(如西班牙语、阿拉伯语、法语、葡萄牙语、俄语、汉语等)的多强格局以及各地方语言的活力持续,另一个更重要的方面指多语主义/语言多样性理念的增强趋势。①

英国历史学家汤因比从历史发展的轨迹中发现"一种语言在世界范围内取得如此地位,主要因为它的使用社团在战争或商业上所拥有的强大力量"。② 也有多位学者从不同角度印证了这一观点,如 Crystal(2003)指出:"一种语言是否会成为全球语言(global language),与其使用人数没有多大关系,而与其使用者是谁密切相关。拉丁语成为整个罗马帝国的通用语言,并不是因为罗马人比其征服的民族人数更多,而是因为他们更强大。罗马军事力量后来衰落,而拉丁语仍成为国际性教育语言持续千年之久,则有赖于另一种力量——罗马天主教的教会力量。"

无论采用何种方法分类,都有一个共同指向,即英语处于最中心的位置,一些语言处于次强地位,但数量并不太多。次强地位的语言使用者之间也还是需要共同使用一种语言——英语,汉语便是次强语言之一,在世界语言格局中占据着非常重要的地位,作用不容忽视。

1.2 不同层面的语言规划动因

语言政策是"影响语言结构、功能、使用或习得的观念、法律、规范、规定等机制""作为学科名称,语言政策与语言规划这两个术语可以通用",关于二者的不同,有着多种阐释。有学者认为语言规划通常是某种语言政策的体现,也有学者认为二者是互动关系③。各个国家都需要制定符合本国利益的语言规划,包括语言政策、语言教育政策等多个方面。语言

---

① 王春辉(2016)。
② 转引自李霄翔、黄虹(2007)。
③ 参见"语言政策"词条:《中国大百科全书》第三版网络版,网址为:https://www.zgbk.com/ecph/words? SiteID=1&ID=136629&Type=bkzyb&SubID=44757,访问日期:2021年11月20日。

教育政策"通常指为实现特定语言教育目的而颁布的相关法律、法规及政策等指导性文件""一个国家或地区的语言教育问题与政治、经济、文化和社会生活等各方面息息相关。语言教育政策与经济建设和社会发展关系密切"。[①]

在国际局势比较平和的年代,人们较多注意到社会经济与语言政策,特别是与外语政策的关系。人们普遍认为,语言使用频率越高,产生的经济效用越高,在全球语言体系中的竞争力和生命力就越强。语言在全球交往中的经济效用是制定语言政策和语言规划的关键因素。王克非(2011)认为:"社会经济发展需要强化外语教育,外语教育发展反过来会促进社会经济和全球一体化进程。"丹尼斯·埃杰(2012)分析语言规划与语言政策的驱动过程,从动机角度切入语言规划研究,考量了语言规划与语言政策中最核心的因素。苏·赖特(2012)援引多个国家和社团的实例,阐述了语言政策和语言规划方面有着从民族主义到全球化的变化特点。

随着国际社会往来日益频繁,国际局势也日益复杂,国家安全早已超越地理意义上的边界安全,国家语言政策上升到与国家利益、国家安全密切相关的高度,其研究近年来备受关注,"一个国家掌握他族、他国语言的力量和对外传播本族语言的能力构成整体的广义的外语实力,这是一个国家综合国力的晴雨表,是国家的战略资源"[②]。"语言能力事关国家综合实力提升"。[③] 国家语言能力靠多渠道供给,美国的语言能力有教学科研机构(academic)、联邦政府(federal)、私立机构(private)、传承语言(heritage)、海外(overseas)五大来源。从国家语言能力和外语能力的关系来看,国家语言能力建立在外语能力之上,其"供求关系是国家语言能力建设的核心关系",对国家语言能力界定有多个视角,如商品观、资源

[①] 参见"语言政策"词条:《中国大百科全书》第三版网络版,网址为:https://www.zgbk.com/ecph/words?SiteID=1&ID=136629&Type=bkzyb&SubID=44757,访问日期:2021年11月20日。

[②] 姜锋(2015)。

[③] 陆俭明(2016)。

观、战略利益观和人才观等,其基本属性为结构模块性、实用功能性和系统动态性。①

　　语言经济学从 20 世纪 60 年代中期开始成为经济学的一个研究领域,其中一个主要的研究方向便是语言与收入的关系。教育水平和语言水平具有相关性,特定语言种群成员的收入会与其他种群成员的收入产生差异,如果一个人的第二语言水平高,那么很大程度上也意味着其受教育水平高,收入的提高实际上源于受教育水平的提高。②

　　对于以英语为官方语言的国家来说,语言方面有着天然的优势,国家在制定外语教育政策时会选择那些有利于国家安全、经济发展、文化吸收的语言。从国家层面来看,美国参与国际事务频繁,面对复杂的国际局势,美国很早就注意从战略角度制定语言政策,总体提升国家语言能力。从各州层面来看,美国各州有着自身发展需求,从雇佣外来劳工到对外经济贸易,都需要有外语支持才能更好应对未来,因此会制定有利于本州的地方性语言政策。从个人层面看,对于美国人个体来说,英语是得天独厚的语言资源,新的科学技术研究成果都以英文发表,美国文化也以向外传播为主,美国人只要说母语几乎就可以走遍天下,因此在制定个人外语学习规划时,既有出于经济动因考虑的,也有出于个人爱好选择的。美国的中学开设一些大学先修课程 AP(Advanced Placement)的外语课程,③如果高中生愿意学习,外语语种可选性还是比较多的。

　　在母语为非英语的国家,情形则完全不同。正是由于英语在世界语言格局中具有唯一的单极地位,如果要与世界保持同步,无论是国家出于政治、经济、战略考虑,还是个人出于实用主义目的,都会毫不犹豫地选择英语。非英语国家的国民教育体系中外语课程几乎都是英语。这同样影响到个人的外语学习规划,在学校里第一外语必学英语,然而在非目的语环境中,外语学习是一项时间成本和经济成本都很高、需要大量投入但却

---

①　戴曼纯(2019)。
②　林勇、宋金芳(2004)。
③　AP 课程:在高中阶段开设、相当于大学初级水平程度的一些选修课程。由美国大学理事会运营。

不一定能够取得较好效果的事情。

外语教育服务于国家利益,外语教育发展状况受到语言政策的影响。美国的外语政策对中文教学发展有决定性作用,中文教学的发展与美国的外语政策发展关系至为密切。

第二节 语言成为美国国家战略资源

2.1 早期建立英语主导地位

17世纪初,首批英国移民沿着哥伦布开辟的大西洋航道到达北美大陆,将居住地命名为"新英格兰",马萨诸塞海湾公司也获得了殖民地开发特许状。1630年,一千多人从英格兰出发来到北美洲,其中有在牛津和剑桥受过高等教育的上百名清教徒,他们对于教育的意义有着深刻的理解和切身的感受,一开始就将教育提上议事日程,马萨诸塞海湾殖民地议会通过决议,1636年批准拨款400英镑用于建立"学校或学院"。他们仿照剑桥大学在Newtowne建起了全美第一所高等教育机构New College,1638年该地更名为剑桥(Cambridge)。同年,曾于英国剑桥大学获得硕士学位的约翰·哈佛(John Harvard,1607—1638)在病中立下遗嘱,将他藏有400本书的图书馆和一半遗产捐给学院,作为纪念。1639年,这所学院更名为"哈佛学院"。①

1607年至1733年,英国在北美洲先后建立13个殖民地,即"十三州"。各州互有联系又各自独立,但对教育方面的重视程度却是相当一致的。尽管英国很早就成为美洲的宗主国,但欧洲其他国家,如法国、德国、荷兰、爱尔兰等地殖民者也纷纷来到这块新大陆,不仅充实了新大陆人口,也带来了不同的语言、宗教信仰和文化习俗。"17世纪末,英国殖民统治的体制逐渐建立起来。1690—1763年,殖民地走向成熟,本地精英

---

① 参见哈佛大学官网:https://www.harvard.edu/about-harvard/harvard-history/#1600s,访问日期:2021年3月21日。

开始崭露头角,政治环境较为宽松,北美在社会经济文化上走向成熟,多元化的特质愈发明显,……民主独立的思想初露端倪,为独立战争做了思想准备。1775年爆发独立战争,各殖民地终于以强大的凝聚力试图摆脱宗主国的控制。"①

正因有着这样的背景,美国自1776年建国后就面临着语言政策问题,除了土著印第安人之外,美国基本上都是外来移民的融合,具有多语种并存的多文化特点。英国实力雄厚,坚持使用英语,并在殖民区域内开设"教会学校""慈善学校"教授英语语言和文化,滋生出一种英语主导的新的文化环境。美国建国后出台的语言政策,进一步奠定了英语的统治地位,各地的移民虽然都有自己的原生语言,在这里却必须使用一种共同的语言——英语才能沟通交流。

语言政策会因特定时代背景下的政治、经济、外交、教育、科技、宗教等的需要而发展和变化。美国语言政策的分期因视角不同而有不同分法,但总的说来,陈新仁(2017)提出的四个阶段的分期具有一定代表性。②

(1)语言包容阶段:早期建国与扩张阶段,美国允许英语和其他欧洲语言和少数民族语言共同存在。

(2)国家语言统一阶段:英语作为政府处理各种事务的媒介,上升到国家语言、通用语言的地位,1906年,政府颁布法令,要求英语为加入美国国籍的一个条件,这一时期公立学校不再包容英语之外的其他语言。

(3)双语教育阶段:经过20世纪50年代黑人民权运动以及其他少数民族集团的努力,1968年,美国国会通过《双语教育法案》(*Bilingual Education Act*),后来经过几次修订,直到2002年1月8日,《不让一个孩子掉队法》(*No Child Left Behind*),亦即《英语习得法案》(*English Language Acquisition Act*)出台后,《双语教育法案》才彻底终结。

(4)外语战略阶段:进入新世纪,经济全球化进一步深入,美国在海外的经济、政治、军事诉求持续增长,也相应出台了一系列外语教育政策,作

---

① 范玲娟、周玉忠(2007)。
② 关于美国语言分期有不同看法,本书采用陈新仁的四分法,具体参见陈新仁(2017)。

为对时事战略性的回应。如 2004 年 6 月美国国防部"全国语言大会"通过了"提高国民外语能力之行动号召"(A Call to Action for National Foreign Language Capabilities)。2005 年,美国参众两院宣布 2005 年为"外语学习年"(Year of Foreign Language Study),并召开全国语言政策峰会(National Language Policy Summit)为"外语学习年"造势,出台了"语言教育行动蓝图"(A Blueprint for Action on Language Education),为外语学习运动提供行动依据。2006 年,布什总统发布了《国家安全语言计划》。

美国语言政策发展的各个阶段都与美国社会变化紧密相关。由于美国是移民国家,多民族多文化共生是其独有的特色,但多民族多语言也带来了很多不便甚至矛盾,国家的统一和治理都要依靠统一的语言来促进,因此早期的美国语言政策主要是在语言"统一与多元"这对矛盾下开始发展,总体是朝着统一方向走过来的。美国 20 世纪以来主要有"唯英语运动"和双语教育政策,而双语教育政策实际上是一种过渡性政策,目的是使非英语移民更快地融入到英语主流语言文化中[①],最终还是为了让全民使用英语进行交际。美国双语者或多语者逐渐被改造成英语单语者。

2.2 战争凸显语言防务功能

在第一次世界大战前,美国在国际上影响尚不广泛,一战开始时主要在人员和装备方面做准备。在战争过程中,由于获取情报、进行国际合作以及与当地民众沟通的需要,语言的重要作用逐渐显现。一战战区主要在欧洲,最大的语言需求是德语和法语,由于当时美国高校普遍开设德语课程,德裔族群也最大,因而德语资源丰富,法语相对缺乏,因此法语成为战备重点。

一战结束,美国开始重视平时的语言战备。1919 年美国陆军推出"语言军官"(language officers)计划,为美国第一个和平时期系统培养军

---

① 刘艳芬、周玉忠(2011)。

官语言能力的计划。在两次世界大战期间,除该语言军官计划之外,美国还做了其他一些国防语言战备工作,如派遣军官学习派驻国语言,曾赴东京学习日语,在中国学习汉语,还有在中国哈尔滨、拉脱维亚里加(Riga)及中国上海学习俄语。不过从民众情绪及个人语言规划来看,呈现出另一种态势。美国民众普遍敌视德国,从而引发了对德语学习者和使用者的严重歧视,高校外语学习人数下降。1919年至1941年间因大萧条等原因,美国外国问题专家和语言军官计划没有取得多少实质性进展,[①]国民文化水平也普遍偏低。二战期间,美国参战士兵仅有3%是大学本科毕业生,23%达到高中文化程度。[②]

有了第一次世界大战的经验,美国在参加第二次世界大战的准备工作中便考虑到语言资源因素。珍珠港事件之前,美国陆军和海军已分别开设各自军种的语言学校,海军还利用加州大学伯克利分校和哈佛大学等地方高校力量培训日语人才。日本早在20世纪30年代就开始了侵华战争,之后不断将战场推至全中国以至亚洲其他国家。1941年日本加入了轴心国阵线,居于美洲大陆的美国尚未有迫切的危机感,一直持观望态度而未予介入。12月7日,日本偷袭珍珠港,将战争引到美国家门口,这才引起了美国的强烈反应,次日便向轴心国宣战,加入同盟国行列。

战争全面展开之后,战区涉及欧亚地区,派往各个交战国的军人迫切需要具备当地语言能力以及对区域文化的深入了解。而大批人才的培养仅靠已有的几所专门培养军人的机构远远不够,必须借助高校的力量,而某些语言课程在美国高校还未曾开设过,即使开设也不是为了促进听说能力,传统的教学内容和教学形式以及教材都无法满足和适应战时需要。为了迅速培养大批合格的人才,美国陆军部教育司聘请专家协助工作,其中就有语言学界权威布龙菲尔德教授((Leonard Bloomfield)。经过一段时间的准备工作,1942年12月,美国陆军部长和海军部长联合宣布启动了"军队特别训练计划"(Army Specialized Training Program,简称

---

① 吴承义(2014)。
② 转引自宋海英(2017)。

ASTP),高校中称其为"陆军特训班"。① ASTP 对学员入学要求较高,除完成基本训练这样的体能外,还要求具有学能,智商不低于 110 分(后增至 115 分)。22 岁以下者需要学完高中数学课程,22 岁以上者则至少要上过一年大学,掌握一门或多种外语,如果学习跟不上就直接淘汰。当时的陆军特训班(ASTP)和海军训练班(Navy V-12 Program),主要训练医学、工程、语言、科学、数学、心理学等专门人才,而外语教育是其重点。②

军队教学法是由来自一些较大的大学中少数结构语言学家设计和组织的。该项目将语言基础概括为一系列口号:"语言是说的,而不是写的"(Language is speech, not writing);"语言是一套习惯"(A language is a set of habits);"教语言本身,而非语言本体"(Teach the language, not about the language);"语言是说话人自己要说的话,而非他人认为说话人应该说的话"(A language is what its speakers say, not what someone thinks they ought to say);"不同语言有不同特点"(Languages are different)。该项目最初所依赖的最重要的两本手册是布龙菲尔德的《外语实用学习大纲》(*Outline Guide for the Practical Study of Foreign Languages*)(1942)及 Bloch 和 Trager 合著的《语言分析大纲》(*Outline of Linguistic Analysis*)(1942)。不过二者后来在实际教学中都表现出一定的不适应性,如《外语实用学习大纲》被不少学校认为主要是为研究较少为人所知的语言而设计的。ASTP 最早教授课程的语言学家玛丽·哈斯认为这些手册通常是无效的,而且过于技术化和过于困难(尤其是《语言分析大纲》)。③ 各高校在教学过程中发挥了自身的优势,编写的教材不仅在当时发挥了重要作用,对后来的外语教学也产生了重要影响。

为了获得全军各部队全力支持,并向部队士兵进行广泛动员,1943 年 4 月 1 日,美国华盛顿特区作战部(War Department)长官向陆军航空部队(Army Air Forces)、陆军地面部队(Army Ground Forces)及陆军服

---

① 在美国,"Army"专指陆军,故也译作"陆军专业训练计划"。当时的高校称其为"美国陆军特训班"。
② 陈怀宇(2013)。
③ 转引自 Velleman(2008)。该文引用了大量的文献,说明 ASTP 的性质和做法。

WAR DEPARTMENT
OFFICE CHIEF OF STAFF
WASHINGTON, D. C.

APRIL 1, 1943.

Memorandum for the Commanding Generals—
                                Army Air Forces,
                                Army Ground Forces,
                                Army Service Forces.

    Subject: Army Specialized Training Program.

    The Army has been increasingly handicapped by a shortage of men possessing desirable combinations of intelligence, aptitude, education, and training in fields such as medicine, engineering, languages, science, mathematics, and psychology, who are qualified for service as officers of the Army. With the establishment of the minimum Selective Service age at 18, the Army was compelled to assure itself that there would be no interruption in the flow of professionally and technically trained men who have hitherto been provided in regular increments by American colleges and universities.

    The Army Specialized Training Program was established to supply the needs of the Army for such men. The objective of the program is to give specialized technical training to soldiers on active duty for certain Army tasks for which its own training facilities are insufficient in extent or character. To that end the Army has contracted with selected colleges and universities for the use of their facilities and faculties in effecting such training of selected soldiers in courses prescribed by the Army.

    Successful graduates of the program will be immediately available to attend Officer Candidate Schools and technical schools of all the arms and services. The Army Specialized Training Program is not earmarked for any particular arm, service, or component. Graduates will be assigned according to need in the same manner newly inducted men entering the Army are classified and assigned, primarily on the basis of pre-induction skills or professions. The program is Army-wide in scope.

    I desire that every echelon of command support this program and make it a success. I desire further that proper action be taken by you to insure that all in your command are informed of these facts and of the need for wholehearted cooperation.

Marshall (signature)

                                                              Chief of Staff.

图 3.1   1943 年美国作战部发布的以 ASTP 为主题的备忘录[①]

---

    ①   此图源自 https://www.marshallfoundation.org/100th-infantry/wp-content/uploads/sites/27/2014/06/Fifty_Question_and_Answers_on_Army_Specialized_Training_Program.pdf，访问日期：2020 年 11 月 16 日。

务部队(Army Service Forces)各部队指挥发送了一份主题为"军队专业训练计划(Army Specialized Training Program)"的备忘录(见图 3.1),说明设置这个项目的原因、目的、对象、做法。由于军队缺乏在教育、医学、工程、语言、科学、数学和心理学等领域受过专业训练、才智兼备的军官,因而影响了陆军的发展。而最低服兵役年龄调整为 18 岁后,有些士兵高中毕业就入伍了。过去部队的人才都是由美国的军事院校和大学提供,但现在已经无法满足需要。陆军便与一些高等院校合作,按照军队设定的课程对遴选的士兵集中进行训练,合格毕业生可根据入伍前的技能或职业迅速得到分配。

该计划最大的特点是军地结合,除了加强军队内部的语言培训外,还广泛委托地方大学培养外语人才。共有 55 所高校开设了 ASTP 培训,培训外语语种 27 种(不含方言),以主战场欧洲语言最多,其中 50 所开设德语,35 所开设法语,29 所开设意大利语,25 所开设西班牙语,18 所开设俄语,亚洲语言开设了汉语和日语,高校均为 12 所。[①] 二战期间,美国军队一共派出一万五千多名士兵学员到各个大学学习。

1944 年 6 月,美国颁布《退伍军人权利法案》(G. L Bill of Rights),为退伍军人提供接受高等教育的机会,尽管取得了显著的成效,但当时美国并不能提供足够的高校教育机构、充足的师资力量,基础设施也很短缺。在实施过程中,存在着不少问题,如资金浪费、监管缺位,入学也无严格的选拔标准,最终只有少数退伍军人接受了高等教育,绝大多数人接受的是非大学教育和在职项目训练。该法案在减轻退伍军人就业压力、维护社会稳定方面的作用是主要的,对美国的高等教育只产生了轻微的影响。《退伍军人权利法案》在推动教育发展方面的缺陷与不足成为二战后美国爆发第一次教育危机并导致《国防教育法》出台的诱因之一。[②]

二战结束后,1946 年 3 月 5 日,英国首相丘吉尔在美国发表"铁幕演说",拉开了美苏冷战的序幕。冷战期间,美国占据世界主导地位,对国家

[①] 转引自吴承义(2014)。
[②] 韩家炳(2015)。

的科技、经济、文化都充满信心,优越感带来了藐视外界的弊端。与此同时,高校教育再次否定外语教育,将学习敌国语言看作不爱国行为。高校几乎没有开设与亚非拉以及中东地区相关的课程,除了古典语言文学外,关于拉丁美洲和苏联的课程也很少。结果使得美国的国际交往呈现失衡的"跷跷板现象":一方面,美国在国际上大展风头;另一方面,能登大雅之堂了解国际、精通外语的美国人却少之又少。①

1957年10月4日,苏联成功发射第一颗人造卫星斯普特尼克1号,美国主流媒体将其作为"紧急突发事件"进行报道。11月3日,斯普特尼克2号卫星载狗升上太空,更加引起美国民众对国家安全的担心,教育体制衰败的观念开始弥漫,朝野纷纷指责学校教育水平落后,认为学校教育在美国所有防御战略中最薄弱,国家需要采取措施来应对这场危机。美国政府为此深刻反思,将教育质量与国家安全利益挂钩,努力改善教育制度,增强美国国防竞争能力。1957年11月13日,艾森豪威尔总统在俄克拉何马州建州15周年的庆典上,发表演讲"我们未来之安全",②称要想从根本上改变科技落后,就要解决两个问题:科学教育和基础研究。他比较了美苏的教育体制,认为苏联教育标准较高,对学生要求更加严格,学生课程难度更加高深,每年有更多的工程和技术学科的大学生毕业等,这是造成美国科技落后的原因;他要求各界人士深刻反思当下美国的课程设置,采取多项措施来提高师资水平,避免美国进一步落后。"艾森豪威尔的俄克拉何马讲话进一步引导全美舆论从对苏联卫星的恐慌转向对美国教育制度的大讨论。"③

1958年8月,美国国会通过了《国防教育法》,成为60年代美国教育改革的法律依据。该法案以拯救国家安全的名义,立法加强美国教育,对各级教育增拨大量经费,重视自然科学、数学和现代外语(俗称"新三艺")教育,运用现代教育技术和新的科研方法,资助"天才教育"、

---

① 郭凤鸣(2018)。
② 参见美国总统项目网站:http://www.presidency.ucsb.edu/ws/index,访问日期:2020年11月1日。
③ 郭培清(2003)。

促进教师培养等。

《国防教育法》共10章,第3章和第6章都与语言相关。① 第3章题目为"加强科学、数学和现代外语的教学",拨款数额及用项都作了具体规定,如:(1)到1959年6月30日的财政年度以及随后的三个财政年度每年拨款七千万美元用于设备购置及小规模改建,也可以用以购置视听教材、设备、教科书和教师讲授数学、科学和现代外语所需参考材料;(2)每年拨款五百万美元,分配给各州教育行政部门,作为发展和改善公立中、小学科学、数学和现代外语的指导工作。

第6章题目为"发展语言",同样规定了拨款数额并指定用于具体工作:(1)每年拨款八百万美元用于改进语言教学、区域中心奖学金和调查研究工作;(2)每年拨款七百二十五万美元,开办训练班,训练中小学外语教师。

凡在美国的高等教育机关设立现代外语教学中心和为了解该语言地区而需要的学科,如历史、政治、经济、文学、社会学和人类学等学科,均给予补助。

法案对外语人才和语种提出明确要求:(1)要培养联邦政府、工商业和教育事业上迫切需要的外语人才;(2)要发展美国各学校目前尚未开设的外语。因此,美国联邦总署提出了七种最迫切需要的外语:阿拉伯语、汉语、印地乌尔都语、日语、葡萄牙语、俄语和拉丁美洲西班牙语。②

该法案在美国教育史上具有划时代意义。而其中关于外语的条款确立了美国外语战略的三大传统:一是联邦政府与各大高校密切合作,联合培养国家战略急需的外语人才,各自任务有所侧重,政府重在语言规划和经费资助,高校重在人才培养和科学研究;二是凸显"外语+国别区域研究"的"外国通"人才战略;三是"关键语言"战略布局。自1958年以后,美国围绕这三大外语战略的传统,面对不同历史阶段的不同危机和战略重点,先后制定并通过了一系列法案。③

---

① 后来人们指称第3章和第6章条款时,专用"Title Ⅲ"和"Title Ⅵ"。
② 戚立夫、巩树森(1982)。该书法案相关内容自国外教育刊物摘译而成,非法案原文。
③ 肖华锋(2020)。

法案的颁布带来了美国外语教育的黄金时代,在法案推动下,美国各级学校外语教学质量有了很大提高。① 此后法案又根据国际局势的变化进行了三次扩充。② 1964 年,将法案有效期延至 1968 年,扩大了奖学金及贷款的资助范围,并对"新三艺"课程进行调整,加上了外国历史、经济、地理等课程;1983 年,政府继续增加"新三艺"课程的拨款,注重提高教育质量和教学效率,鼓励科学研究和技术创新上取得更大突破;1991 年苏联解体,持续了近半个世纪的美苏冷战结束,世界格局进入新时期。美国通过了《国家安全教育法》(*David L. Boren National Security Education Act*,简称 NSEA),这一法案的推出为美国国家安全教育发展提供了根本性保障。

《国家安全教育法》在美国高等教育立法体系中有着极为重要的地位。法案授权国防部长创建并维护"国家安全教育项目"(NSEP),面向对国家安全至关重要的语言学习和区域研究,设立本科生奖学金、研究生奖学金,向高校等教育机构拨款资助,并资助语言旗舰项目(Language Flagship)。③ 法案还授权成立国家安全教育委员会(National Security Education Board,简称 NSEB),为 NSEP 提供全面指导。NSEP 是自 1958 年《国防教育法》颁布以来国际教育领域具有重大意义的计划,《国家安全教育法》概述了 NSEP 的五个目标:

1. 提供必要的资源、责任和灵活性,以满足美国的国家安全教育需求,特别是在这种需求随着时间的推移而变化的情况下;

2. 提高外语、地区研究等事关国家利益的国际领域的学科教学的数量、多样性和质量;

3. 增加在美国政府负责国家安全的部门和机构工作的申请者人数;

---

① 贾爱武(2007)。
② 宋海英(2017)。
③ "语言旗舰项目"也译作"领航项目",是美国外语和文化教学的一项突破,在美国知名大学中设置,旨在帮助学生在关键语言(包括阿拉伯语、汉语、韩语、波斯语、葡萄牙语和俄语)方面达到一流的熟练程度。语言旗舰项目的更多信息可见其官方网站 https://thelanguageflagship.org/。具体分析详见第八章。

4. 与其他联邦项目一起,扩大美国公民、政府雇员和领导人所依赖的国际经验、知识基础和视角;

5. 允许联邦政府倡导国际教育事业。

"国家安全教育项目"专注于亚洲、非洲、东欧、中东和拉丁美洲的重要语言和文化,要求奖学金获得者完成学业后进入公共服务领域,外语程度达到高级水平,即通过由美国外交学院(Foreign Service Institute)负责研发的"跨部门语言圆桌量表"(Interagency Language Roundtable Scale,简称 ILR 量表)2—3 级水平,目前有超过 3300 名 NSEP 资助获得者在联邦政府的不同部门和机构工作。① 这些人才成为增强美国经济全球竞争力的重要资源,也为美国国际教育保持先端做出了重要贡献。

为了避免他国对美国学生赴海外学习时参与情报活动的质疑,法案规定凡受"国家安全教育项目"资助的学生在海外学习期间,禁止美国情报机构与之发生联系,并特别要求对美国学生的地域、文化、种族和民族背景进行均衡考虑,以充分体现国家安全教育的多样化原则。②

2.3 "9·11"恐怖袭击事件之后语言政策以国家安全为导向

进入 21 世纪以后,"9·11"恐怖袭击事件突发,给美国语言政策和语言教育政策方面带来了根本性的改变。政府和社会各界都将外语能力缺失视为导致"9·11"恐怖袭击事件的重要原因。据报告,联邦调查局(FBI)没有投入足够的资源满足反恐所需的监视和翻译要求,由于缺乏精通阿拉伯语和其他主要语言的人才,导致大量截获的信息未能翻译而被积压。③ 2002 年,美国国家外语中心(National Foreign Language Center,简称 NFLC)、美国国家安全教育项目办公室等 10 个方面的代表,联合举办了语言与国家安全通报会。2003 年,美国通过了《国家安全语言法案》,提出要制定和强化外语教育发展,既有宏观的语言战略,又有具体的实施

---

① 关于"国家安全教育项目"的介绍源自其官方网站:https://www.nsep.gov,访问日期:2020 年 12 月 1 日。关于 ILR 量表与测试详见第七章。

② 曹晓飞、唐少莲(2015)。

③ 美国 911 独立调查委员会(2005)。

方案。2004年6月,在国防部和马里兰大学语言高级研究中心(Center for Advanced Study of Language,简称CASL)的联合推动下,召开了全国语言大会。会议将"9·11"恐怖袭击事件与1957年苏联发射卫星的事件相提并论,倡议社会各界行动起来,共同解决美国的外语能力不足问题。至此,"外语引发的安全危机"被不断放大,成为社会各界公认的亟待解决的问题之一。①

美国全面恢复把外语教育与国家利益紧密相连,语言政策彻底转向从国家利益出发,以国家安全为导向。外语能力被看作重要战略资源,单纯的语言能力已经不足以应对复杂的国际社会,而需要既懂得外国语言又懂得当地文化的人才。外语语言能力被美国赋予了"具有武器杀伤力"的高度重要战略价值。② 美国《国家外国语言中心政策问题研究》文中指出语言在美国的公众生活中很重要,主要基于以下四方面原因:(1)全球化(由于技术的进步,人员、信息及资源在全球自由流动);(2)全球民主制度及民族自治的扩散;(3)从全球各地到美国的移民浪潮;(4)美国扮演的世界唯一全球经济大国和超级军事大国的独特角色。

这些因素要求美国必须具备稳定的处理多种语言的能力,因为无法准确预测哪一个世界事件会突然产生对某一种语言的需求。这也是从战略的角度提出和研究美国的外语教育问题。③

军队在语言能力提高方面也制订了相当周密的计划。美国国防部2005年1月推出《国防语言转型路线图》,2011年2月又推出庞大的五年战略规划《国防部语言技能、地区知识与文化能力战略规划:2011—2016》,这两部规划被视为美国国防语言能力发展的里程碑。④ 美国海陆空三军及海军陆战队都推出了各自的语言战略规划,形成了一个全方位的军队语言政策体系,极具战略意义。《美国海军语言技能、地区知识和文化意识战略》(简称 *Navy LREC Strategy*)于2008年1月推出,《空军文化、地区

---

① 曹晓飞、唐少莲(2015)。
② 郭凤鸣(2018)。
③ 转引自胡文仲(2011)。
④ 戴曼纯(2012)。

与语言飞行计划》于2009年5月推出,《陆军文化与外语战略》于2009年12月推出,《海军陆战队语言、地区与文化战略:2011—2015》于2011年1月推出。① 这些文件题目中都含有几个重要的关键词,表明语言规划不只是关注单纯的语言技能,还包括地区知识以及文化内容,三者结合为一体。

《国防语言转型路线图》列有四大目标:(1)使军队各类人员具备基本的外语和区域知识能力;(2)具备高层次外语和区域知识的应急保障能力;(3)建立一支语言能力达到"跨部门语言圆桌量表"(ILR量表)三级水平的外语专门人才队伍;(4)建立一套追踪外语人才和外裔军官征用率、退伍率和提拔率的机制。围绕以上四个目标,《路线图》分别明确了现状和预期结果之间的差距,并在此基础上提出了实现各目标所具有的10条预期成果及应采取的43项具体措施,②具有较强的可操作性,完成情况也便于得到及时、科学的评估。

通过长期、系列、全方位的语言规划及政策落实,美国成为世界上军队外语能力最强的国家,军队能够掌握的语言包括方言达360种之多,③美国所培养的不再是单纯的语言习得者,而将区域知识、文化能力与语言能力并列,培养的是具备跨文化沟通能力的复合型人才。④

除了政府以及军队在语言政策制定和实施方面势头强劲之外,高校也成为国家开展外语教学、培养复合型人才的重要阵地。美国多所高校都设有"语言资源中心"(Language Resource Center, LRC),该中心是美国政府根据"国际教育计划",利用财政拨款,挂靠高校建起来的。第一家中心建于1990年,但发展缓慢,2001年前不过6家。但在"9·11"恐怖袭击事件之后,语言资源中心在多所高校迅速发展起来,至2018年,全美已建起以下16家:

夏威夷大学、明尼苏达大学、俄亥俄州立大学、密西根州立大学、杜克

---

① 文件出处见吴承义(2014)。
② 马晓雷、梁晓波、庞超伟(2018)。
③ 文秋芳(2011)。
④ 文秋芳、苏静(2011)。

大学、印第安纳大学(非洲中心)、印第安纳大学(中亚中心)、宾夕法尼亚州立大学、俄勒冈大学、亚利桑那大学、加利福尼亚大学洛杉矶分校、得克萨斯大学奥斯汀分校、乔治城大学、佐治亚州立大学、纽约城市大学、加州州立大学富勒顿分校。

显然,语言资源中心在高校布局范围非常广泛,这些高校的外语教育研究也都实力雄厚,既关注关键语言研究,也重视非通用外语研究;其共同使命是整合外语资源,为外语教师提供专业发展机会,提升美国的国家外语能力。这些语言资源中心形成了集多种语言研究和语言资源开发、外语人才培养和外语教师技能培训于一体的外语教育资源网络。

各高校语言资源中心目标和任务各有侧重,东亚、中亚、非、东欧的语种及区域问题研究都与美国所谋求的全球利益高度吻合;所教授的外语语种也很丰富,除了俄亥俄州立大学的东亚中心和加州州立大学富勒顿分校的亚洲中心语种较少外(各有4种),其他机构的语种数量均超过10种,其中加州大学洛杉矶分校设置的外语语种多达56种。① 这些语言资源中心还积极开展研究,有丰富的研究课题,在教育技术和教学策略方面努力提高学生的学习兴趣并提高学习效率。(详见第八章)

尽管美国制定了全面的、以国家安全为导向的语言教育政策和措施,但由于语言有着自身独特的文化功能、交际功能及民族认同功能,国家的语言政策和民众个人的外语规划并不会完全吻合,甚至还会发生矛盾。如美国2000年至2013年间的外语教育政策一方面维护了国家核心利益,在全国范围内达成了重视外语教育的共识,促进了美国小语种教育发展,但另一方面造成外语教育政策目标和国民个人目标不一致,外语教育政策连贯性缺乏,在国家层面的统一协调不足,能够满足国家需求的语言资源仍然稀缺。②

除了联邦国家政策之外,美国各州也可以制定符合自己区域利益和特点的外语教育规划,这在一定程度上弥补了国家层面制定政策的缺陷。

---

① 语言资源中心数据见滕延江(2018)。
② 张蔚磊(2014)。

在全球经济竞争和市场多样化发展中,外语将发挥相当大的作用,优质的劳动力应该具备外语能力和多元文化知识。这一看法已经成为人们共识,基于此,美国数个州召集商界、政府、教育界人士一起召开语言峰会,共同讨论、提出外语文化教育方案。峰会之后,再由各界代表召开一系列的工作组会议,集中提出反映该州经济、政治和社会现实的战略计划,最终推出州域层次上的语言路线图(Language Roadmap),制定出短期(3—5 年)、中期(5—10 年)、长期(10—20 年)外语及文化教育计划。2007 年至 2013 年美国七个州①先后举办语言峰会,出台符合各州利益的语言路线图,包括清晰的远景规划和目标时间表以及具体的可操作性很强的措施和行动计划。②

联邦政府到各级机构也都注意到高等教育向国际化转型的特点而加强了全球公民教育,通过加大派出留学力度、开展广泛宣传、推进教育改革等多种手段培养美国学生的全球意识和全球竞争能力,这些变化也是对国家利益的更深层次的推进,"视野瞄向全球,谋划更为长远"。③

一系列强有力的语言政策和措施保证了外语教学的推广,但从语言教学来说也有着自身的规律,学习过程可以多样,但却都需执行一套行之有效的语言学习标准,这对于指导语言教学规范化、制定合理的课程设置以及保证教学效果有着至关重要的作用。2015 年,美国修订出版了《面向世界的语言学习标准》,从交际、文化、贯连、比较和社区等五个方面为外语学习者制定了任务目标,并对课堂教学进行具体指导。

尊重语言学习规律,为教师、学习者分别量身定制学习项目,制定切实可行、可操作性强的具体教学措施,从而使得美国的外语教学师资力量得以增强,外语教学更为规范,学习者学习效果明显提高,对于培养复合型国际化人才提出了多个方面的具体实现目标。

---

① 这七个州按语言峰会的举办时间分别为:俄亥俄州(2007 年)、俄勒冈州(2007 年)、得克萨斯州(2007 年)、犹他州(2008 年)、加利福尼亚州(2010 年)、罗得岛州(2011 年)、夏威夷州(2013 年)。
② 王英杰(2014)。
③ 吴格非(2017)。

全球政治、经济、军事等因素会影响国家语言政策的调整,同时也会影响到个人语言计划。美国联邦政府和地方州政府又有各自不同层面的考虑,因此美国的语言政策表现出一定的层次性。国家语言政策考虑国家利益,语言被作为战略资源,对外语有通盘规划,而州政府为着自身发展,经济动因是其重要考量因素,从个人层面看则动机有多种,从而影响到他们对于外语的态度和选择。

美国早期语言规划重点是使英语占据主导地位。一战和二战都显现出语言对于国家的防务功能,冷战时期凸显的激烈的国际竞争,使语言成为战略资源,特别是"9·11"恐怖袭击事件发生之后,美国语言政策彻底转为以国家安全为导向,不仅从经费上投入大量支持,在具体措施上也认真规划落实。在这样的大背景之下,受到重大事件带来的美国语言政策调整的影响,作为关键语言、战略资源,中文教学逐渐发展起来。可以说美国的语言政策在中文教学逐步加深加强方面起了重要推动作用。

第三节 外语政策下的中文教学发展

3.1 汉语成为关键语言

第二次世界大战之前,汉语在美国的大学里并未占据重要地位,学习汉语的人多是有意从事汉学研究的人,汉语教学即是汉学研究的一部分。到第二次世界大战时,为适应美国战时人才需要,ASTP 委托 55 所高校参与其下属的语言和地区计划的实施,培训外语语种数量为 27 种,其中汉语分布在以下 12 所高校:

加州大学伯克利分校、加州大学洛杉矶分校、芝加哥大学、康奈尔大学、乔治城大学、哈佛大学、俄勒冈州立大学、宾夕法尼亚州立大学、波莫纳学院、斯坦福大学、华盛顿大学(西雅图)、耶鲁大学。①

---

① 这些学校根据吴承义《美国国防语言战备研究》74—77 页 "'ASTP 语言与地区计划'涉及的机构与语种一览表"(55 所)中抽取出。这些高校同时也开设其他语种。

按照各语种开设学校数量来看,德语最多,计 50 所,其次为法语、意大利语、西班牙语、俄语,汉语和日语并列为第六位。不过 ASTP 项目只是为战时需要、为战区培养人才而设,学习者主要是军人。作为高校外语课程来说,汉语一直属于小语种,是"较少被教授的语言"(Less Commonly Taught Languages,LCTL)。直到 1958 年《国防教育法》颁布,汉语被确定为"关键语言",联邦政府就汉语提出立法和相关议案,民间社会组织也对汉语教学予以资金支持,汉语在这样的背景之下随之得到了较大的发展。

美国关键语言的认定因机构不同、时代不同而经历了由分散、不稳定到集中和统一的过程。根据其发展过程可分为四个阶段:[①](1)1958 年《国防教育法》要求由教育行政长官(Commissioner)负责教育部门[②]关键语言认定,目的是提升应对苏联的科技竞争力;(2)1984 年《经济安全教育法》规定教育部长与国务卿、国防部长、卫生与公共事业部及国家科学基金会协商确定,目的是提升国家经济竞争力;(3)1991 年《国家安全教育法》规定由国家安全教育董事会负责认定关键语言,目的是应对国防部门关键语言人才的短缺;(4)2008 年《高等教育机会法》规定教育部长与其他相关行政部门协商合作认定全国统一的关键性外语,目的是对整体关键语言教育战略规划进行调整。而教育部公布的 78 种语言和国防部"国家安全教育计划"公开的 60 多种语言,在语种上差别不大。

由于国际局势在不断变化,国际角力此消彼长,美国在经济、外交、金融等方面都需要制定出明确的外语教育规划,又由于参与制定关键语言的部门各有自身的考量角度,因此每个阶段对关键语言的划分和认定不尽一致,所列关键语言数量也相差甚多,但可以肯定的是,每个阶段汉语都被确定为关键语言。如 1961 年将关键语言按重要程度不

---

① 李艳红(2015)。
② 美国过去没有教育部,1953 年组建卫生教育福利部,下设"教育办公室"(Office of Education),负责人是教育专员(the Commissioner),属于美国联邦政府具体负责教育事务的高级官员。现在的联邦教育部是 1979 年 9 月由卡特总统签署成立的。本书引用李艳红(2015)的论述,但将其所述"教育部"调整为"教育部门",以免产生误解。

同而规定为四类,一类关键语言为国家最需要的语言(the country's most needed languages),有 6 种,包括阿拉伯语、汉语、印度斯坦语(今印地语和乌尔都语)、日语、葡萄牙语、俄语;二类关键语言不是特别急需的语言(less needed languages),有 18 种;三类关键语言为现在不太重要但将来有可能重要的语言,有 59 种;其余的语种为第四类,也称"非通用的"或"被忽视的"语言。

2005 年美国制定"国家安全语言计划"(或译作"行动"),次年 1 月 5 日由布什总统宣布启动旨在维护国家安全的关键语言战略,加紧培养外语人才。汉语与阿拉伯语、俄语、印地语、波斯语被列为美国最急需人才的五大关键外语,由政府主导制定具体措施以保证实现。2007 年,国家安全局资助的世界关键语言教学的星谈计划由马里兰大学的美国国家外语中心实施,资助八种急需语言的学生项目和教师项目:阿拉伯语、汉语、印地语、韩语、波斯语、俄语、土耳其语和乌尔都语。主要目标有三个:增加关键语言学习者数量;增加优秀的关键语言教师数量;增加优质的语言教材和课程的数量。①

2009 年起,国会要求教育部长与国务院、国防部等其他内阁级部长协商公布全国关键语言列表,教育部称其为"优先语言列表"(priority languages list)。教育部公布 2009 年至 2014 年 7 个关键地区的 78 个语种,国防部则可以依据需要制定自己的关键语言列表,公布的关键语言列表中有 60 多种,关键地区包括亚洲及太平洋地区的 16 个国家,东欧的 22 个国家,拉美的 14 个国家。②

有学者认为,美国将语言问题安全化,这一战略带有浓厚的冷战色彩。③ 与 20 世纪 50 年代相比,是有着一定相似之处的。因冷战思维而对语言资源进行培育支持,客观上促成了外语特别是关键语言的保持和发展。

---

① 参见 https://startalk.umd.edu/public/about,访问日期:2020 年 11 月 25 日。
② 李艳红(2015)。
③ 王建勤(2011)。

3.2 作为战略资源的中文教学

美国除了常规外语教学的高校外,还有主要面向现役和预备役军人、外国军事留学生以及在联邦政府和各种执法机构工作的文职人员进行培训的机构,如美国国防语言学院外语中心(Defense Language Institute Foreign Language Center,简称 DLIFLC)[①]就被认为是最好的外语学校之一。其创建于1941年,当时主要向美国军人教授日语,在冷战期间,则重点教授俄语,近年来阿拉伯语的重要性又日益增强。DLIFLC 目前成为一所多军种学校,其使命是提供最优的基于文化的外语教育、培训和评估,以增强美国的国家安全。作为副学士学位和证书颁发机构,DLIFLC 致力于服务学生取得成功。从提供的课程来看,从为期一年到为期四年的课程都包括在内。

第一类和第二类课程为 36 周课程,教授法语、西班牙语和印尼语。

第三类为 48 周课程,教授希伯来语、波斯语、俄语、他加禄语和乌尔都语。

第四类为 64 周的课程,包括现代标准阿拉伯语、埃及阿拉伯语、伊拉克阿拉伯语、地中海阿拉伯语、汉语、日语、朝鲜语、普什图语。其中阿拉伯语按不同地区分出四种来,足见其浓厚的战略资源意识。

为在职人员提供外语培训的学校还有美国国务院外交学院(Foreign Service Institute,FSI)。1946 年,杜鲁门总统签署法案,授权国务卿马歇尔(George C. Marshall)组建该机构,1947 年 3 月学院建成。最初 FSI 是一个在职研究生级别的培训机构,为国务院雇员和其他外交部门人员提供 13 种语言培训和大约 12 门其他专业和技术课程,设置的培训部门为新任军官培训、高级军官培训、语言研究以及行政和管理研究。发展至今,已经扩展到提供约 70 种语言的教学,并提供 800 多门课程,其中近 600 门在校园授课,275 门通过远程学习平台学习。现设有语言研究学院

[①] 相关信息见该校官方网站介绍,网址为:https://www.dliflc.edu/about/,访问日期:2021 年 3 月 1 日。

(the School of Language Studies)、专业和区域研究学院(the School of Professional and Area Studies)、应用信息技术学院(the School of Applied Information Technology)、领导力与管理学院(the Leadership and Management School)、历史学家办公室(the Office of the Historian)和安置中心(the Transition Center)等机构,旨在提供世界级的外交培训,推动美国外交政策,为美国国务院和整个美国政府外事界服务。① FSI在测试方面做出了重要贡献,20世纪50年代所研制的外语水平量表及口语测试受到广泛好评,被称为"the FSI Interview"或"the FSI",CIA、FBI在测试外语口语能力时也都采用此标准,后来成为"跨部门语言圆桌量表(Interagency Language Roundtable Scale,简称ILR量表)"的研究基础。

美国国务院外交学院除了开设汉语普通话课程外,同时还设有广东话课程。完整的FSI标准中文课程为期88周,第一年在FSI总部接受培训,第二年在台湾的FSI学校接受培训,该项目还开设用英语教学的中国文化相关课程。FSI中文课程与美国高校的中文课程的不同主要表现在以下几个方面:强度不同,FSI为全日制强化课程,美国高校往往是选修,课时差异很大;动机不同,FSI是以工作为导向的职前培训,而美国高校课程无此明确动机;受关注程度不同,FSI是小班制,针对每个学生的语言情况因材施教,美国大学的中文课程则无法照顾到每个学生。此外,专门用途的中文练习是FSI中文课程的重要组成部分,中高级课程要求到海外用中文教学,重视培养中文快速阅读的能力。

为了加强语言防务功能,美国除了推出一系列政策和措施用于提高外事及军队的语言能力之外,作为培养军事后备人才的军事院校一直以来也非常重视外语及区域文化能力。美国军事院校的外语课程设置体现了从战略高度规划语种的特色。以培养军事人才——陆军和海军——的高校为例,培养陆军人才的西点军校,正式名称为美国军事学院(United

---

① 相关信息参见美国国务院官方网站:https://www.state.gov/about-us-foreign-service-institute/以及 https://www.state.gov/the-foreign-service-institutes-history/,访问日期:2021年2月20日。

States Military Academy,昵称 ARMY),开设有外语系(Department of Foreign Languages,简称 DFL),教授八个语种:阿拉伯语、汉语、法语、德语、波斯语、葡萄牙语、俄语和西班牙语。这些语言除了波斯语外,均是荷兰社会学家斯旺所指的使用人数超过一亿的"超中心语言",而且除了法语、德语、西班牙语大语种外,也都是美国从国家安全角度而设的"关键语言"。

西点军校在外语方面的培养目标是通过对学生进行世界语言、文化和区域的教育,培养优秀的领导人,使每个人都能够在复杂的国际安全环境中茁壮成长,准备在为国服务的职业生涯中服务于世界。显然,培养目标不仅是单一的语言方面的交流能力,同时重视培养学生对世界不同区域的文化理解。全校所有学生都必修一门外语课,也可将外语作为双学位学习,包括双语专业。外语专业或以外语为双学位的学生都有机会到目的语国家留学一段时间,以提高语言运用能力。

从中文专业来看,西点军校有着清晰的课程目标,教学侧重于功能,高年级学生学习真实的新闻和文件。学生的学习水平可以通过考试进行量化测量,一般来说,经过海外学习以及个人努力,学生可以达到"美国国防语言水平考试"2/2 的水平(有限工作能力),优秀的可以达到 3/3(专业工作能力)。[①] 西点军校为学习中文的学生提供赴中国大陆、台湾地区或新加坡的海外学习和研修机会,中文专业的学生有赴中国进行一个海外学期(Semester Abroad Program,简称 SAP)的学习机会,以中文为外语课程的学生有为期三周赴中国的高级个人学术发展(Advanced Individual Academic Development,简称 AIADs)机会。在美国国内也常常安排一些汉语及文化交流活动,如有一定研究主题的短期旅行,每周通过中餐、影视等活动进行交流的中文俱乐部。

西点军校设有一些奖项专门鼓励学生学习外语,如中文专业的学生可申请查尔斯·J.巴雷特准将纪念奖(Brigadier General Charles J.

[①] 指"美国国防语言水平考试"的标准,英文名为 Defense Language Proficiency Test,简称 DLPT。为了保持美国军人在工作岗位上的外语水平,某些战略语言将考试成绩与晋升及薪酬挂钩,通过定期考核来保持学习者学习动机。详见第七章。

Barrett Memorial Award,授予外语最优秀的学生),面向学习中文和俄文的学生的拉里·莫福德中士友谊奖(Sgt Larry Morford),温应星中将专设的中文纪念奖,此外还有安东尼·J.史密斯准将外语学习优秀奖等。①

与陆军有所不同,培养海军人才的美国海军学院(United States Naval Academy,昵称 NAVY)开设了语言与文化系(Languages and Cultures Department),有阿拉伯语、汉语两个专业,而其他专业的学生可以选择阿拉伯语、汉语、法语、德语、日语、俄语和西班牙语这七种辅修课程。所有外语都完整开设六个学期。该系的任务是从语言、文学、文化和地缘政治的角度培养对外语和社会有基本了解的毕业生。所有课程都用目的语授课,书面作业也都用目的语完成。班级采用小规模制,课堂采用交际法,以最大限度地运用语言。教学工具丰富,包括电影、视频剪辑、互联网网站、在线学习辅助工具、PowerPoint 演示文稿、YouTube 视频、快速对话、在线聊天组、文件夹和日志等多种形式。从师资配备来看,教师并非单纯的语言教师,而是同时从事不同领域研究的教师,其研究领域包括人类学、多种文化的文学(包括网络小说)、理论和应用语言学、社会语言学、语料库语言学、戏剧和电影、民俗学、早期书籍和手稿的传播、会话分析和身份构建、性别研究以及能力评价等。②

该系以"语言与文化"命名,正是秉持语言是与文化相结合的理念。阿拉伯语和汉语专业的学生都会被派到目的语国家学习一个学期,此外还给完成两年外语学习的学生提供暑期出国留学机会,包括为期 4—6 周的大学暑期课程、游学活动、与外国海军学院的交流访问以及一定的翻译实习任务。该系学生访问过中国、法国、塞内加尔、德国、日本、拉脱维亚、阿曼、智利、墨西哥和西班牙。而那些精通外语的学生还有机会参加对外交流巡航、军校国际会议,并在美国驻外大使馆实习。

---

① 西点军校中文课程情况参见美国军事学院网站:https://www.westpoint.edu/academics/academic-departments/foreign-languages/majors-and-minors,访问日期:2020 年 11 月 17 日。
② 相关信息参见美国海军学院网站:https://www.usna.edu/LanguagesAndCultures/,访问日期:2020 年 9 月 12 日。

语言和文化部积极参与海军学院区域研究论坛——中东论坛、非洲论坛、亚太论坛、欧亚论坛和拉丁美洲论坛,支持具有区域重点的讲座、演讲和文化活动,并邀请外部专家与海军学院社区接触。

3.3 中文教学逐步加深

外语作为美国国家战略资源受到重视,汉语作为外语之一,也受到政策的推动与促进。教学规模扩大的同时,教学机构增加,教学设施得以改善,教材编写也得以丰富和提高,一些教材的使用经久不衰,成为经典。关于汉语的研究也越来越深入。

自中文成为高中 AP 课程以来,汉语作为外语的教学发展十分迅猛,不仅学习人数大为增加,而且学习年龄也趋于低龄化。根据美国外语学会(MLA)的统计,从 1958 年起到 2016 年数年一次统计数据中,除个别年度统计有缺失外,人数一直都是呈上升趋势。①

中文教学的发展带来了汉语教材和学习材料的需求,一些出版社的中文教材出版数量也随之大增。除了传统的大学出版社外,也出现了一些以出版中文教材和辞书而闻名的出版社,如波士顿剑桥出版社(Cheng & Tsui company)、圣智学习出版社(CENGAGE Learning)等,都出版了富有影响的中文教材和学习材料,为美国的中文教学起到了一定的保障作用。

由美国国防部资助的"汉语旗舰项目"(Chinese Flagship Program)属于美国国家安全语言计划中的项目,设在美国公立大学,旨在培养大量既通晓汉语又深度了解中国文化的美国学生,为美国政府储备语言智力资源。截至 2020 年,有 13 所高校开设有汉语旗舰项目。

美国的外语教育政策制定及实施可谓力度不小,然而根据 2006 年数据,强烈的行政干预和深远的战略规划却并未收到理想的效果,有学者认为这是中美外语教育理念差异导致的,美国的外语教育偏人文主义,虽然能够获得长期成效,但因通常缺乏实用价值而失去吸引力。② 美国大部

---

① 美国现代语言协会对外语学习统计自 1958 年始,最新数据为 2021 年,详见网站:https://apps.mla.org/cgi-shl/docstudio/docs.pl?flsurvey_results,访问日期:2023 年 11 月 20 日。

② 蔡永良、王克非(2017)。

分州高等教育学生修读外语课的比例近十年来总体上一直处于下降状态,有些州下降幅度非常大。从历时的角度看,美国外语教育整体发展缓慢,州际差异显著,美国人普遍缺乏对外国文化和语言的了解,究其原因是美国教育的决策权力不在联邦政府,而在各州和地方,联邦政府不能以行政手段"强烈干预"外语教育,只能以财政援助和技术援助等方式施策,加强外语教育。①

由于英语具有国际通用语的地位,美国人在选择外语时相对来说自由度较大,不需把某种语言当作必然首选。很多美国大学生不修任何外语,其意识中认为掌握英语就可走遍天下,学习外语并无必要;一些学生则受经济动因驱动,更愿意选择那些利于自身发展的外语,以增强实力,实现人生规划;而仅仅出于个人兴趣而选择一门外语的人也不在少数,如汉语成为AP外语语种之后,选修汉语者人数陡增,既有将来使用中文工作的前景比较光明这样的功利性驱动,也不乏喜欢汉语本身以及愿意对中国及中国文化有更多了解的兴趣驱动。

美国在制定了语言规划之后,即从经费、时间、师资、课程设置等方面采取措施、落到实处。其语言教学理念始终围绕最终目标,即让学生具备交流能力。美国的高校中文师资几乎都是汉语母语者,非汉语母语者教师是极少数。这些汉语母语者教师绝大多数接受过美国的高等教育,受聘于高校固定教职,不少高校同时也定期聘请来自中国高校的教师担任客座教授。这极大地改善了语言学习环境,保证了教学质量。对于那些有着强烈学习动机的中文学习者来说,掌握中文、了解中国、理解中国文化都有着得天独厚的条件。

---

① 许小颖(2018)。

第四章　中文进入美国高校的背景及过程

美国人与汉语相遇始于19世纪美国新教传教士来华传教的需求。美国传教士在华从事了大量工作,但从研究来说起步比较晚。在19世纪中国与西方文化交流和汉语的发展传播中,新教传教士扮演了最重要的角色,但学界对此的研究是最少的。[①] 随着时间的推移,文献得到进一步发掘,美国传教士在来华传教、办刊、出版、中西文化交流等方面出现了不少研究成果。在与中国人进行跨文化交流过程中,双方共同使用的语言——汉语的发展传播,也陆续受到关注并产生了相关研究,美国过去的汉语教材、词典以及具体教材、词典的编写方式、编写理念等,都有专文进行了回顾和探讨。不过美国人在起始阶段学习汉语的契机、环境、方式,高校设置汉语讲席的初衷、动机、过程,开设课程后的状况、特点以及发展方向等研究都还只是刚刚起步,很多方面都需要我们从历史文献中去寻找、梳理、复原。本章将从早期来华美国人汉语学习开始,考察汉语在美国人眼中的认知变化和中文课程进入美国高校的契机以及发展特点,构建美国早期汉语教学情况的较为清晰的框架。

---

① 费正清、吴莉苇(2003)。

第一节　美国来华传教士的中文学习

1.1　裨治文与《广州方言中文文选》

为响应英国伦敦会 1807 年首位来华的新教传教士马礼逊（Robert Morrison）的呼吁，美国海外传教部总会（American Board of Commissioners for Foreign Missions，简称"美部会"）派出了美国第一位来华传教士裨治文。裨治文并不懂中文，于 1830 年抵达广州。

早期已经有些美国商人来到中国做生意，但他们并不安居于此，又惧于汉语的繁难，因此在汉语学习方面浅尝辄止，主要依赖只关注听说的非汉非英、夹杂一点儿葡萄牙语的"广东英语"（Canton English）进行交际。他们认为只要做通生意就好，并不太在意自己的汉语水平，所以也没有太多精通汉语的人才。而传教士以传教为事业，任务重大，既需要让中国人了解教义建立信仰，也需要传教士知晓中国、了解中国人的心理。为了实现《圣经》所语"将人的思想夺回，使其顺服基督"（We take captive every thought to make it obedient to Christ），他们认为唯有掌握汉语，才能为传教做出真正贡献。美部会给裨治文的第一条指示就是让他开始几年真正投入汉语学习中。但由于当时清政府采取极端文化保守主义，对传教士活动范围严格限制，并禁止中国人向传教士教授汉语，因此美部会建议如果广州的学习环境不佳，可以到马六甲的英华书院去学习。裨治文来华乘坐的船上巧遇曾在马六甲英华书院学过中文的亨德（William C. Hunter），一路上从他那里了解了汉语的初步知识。① 来华后他马上去拜访马礼逊，师从马礼逊学习汉语。马礼逊告诉他"粤语与官话以及其他地方方言的区别只是发音不同，汉字的书写在各地都是一样的"，并送给他自编的《华英字典》及几十本中文书籍。尽管当时已经有一批欧洲人先行到中国，编写了一些词典，但都是法语、拉丁语、葡萄牙语等对照词典，对

---

①　顾钧（2012）。

于以英语为母语的裨治文来说,马礼逊的《华英字典》才最适合他。

裨治文主要跟随马礼逊学习汉语,但马礼逊工作繁忙,1834年马礼逊就去世了,所以裨治文的汉语主要还是靠自学而成的。由于清政府限制教会活动,裨治文决定将重点转向出版宣传,他通过自己的努力获得了印刷设备。1832年裨治文在广州与马礼逊共同创办了英文期刊《中国丛报》(*The Chinese Repository*,1832—1851)。裨治文和同行们通过《中国丛报》介绍中国社会、历史、地理、文化等相关知识。此外,他还撰写中英文报刊文章,编写中文书籍,如把《孝经》译为英文,修订中文版《圣经》,用中文编写《美国志略》(*A Brief Account of the United States of America*)等。《美国志略》既介绍了美国的地理知识,也介绍了历史、制度等方面的知识,用以说明美国文化与基督教信仰之间的关系。魏源编写的《海国图志》美国部分的资料即来源于此。他还尝试创办西式学堂,对当时西方人关于中国的认知产生了很大影响。

裨治文来华十年后,其编选的《广州方言中文文选》(*A Chinese Chrestomathy in the Canton Dialect*①)于1841年在澳门出版,这被看作是美国人编写的第一本汉语教材,专门用于练习广东方言,也自此打开了美国汉学之门。成立于1842年的美国东方学会于1843年发行的首期《美国东方学会会刊》(*Journal of the American Oriental Society*)所刊登的首任会长皮克林(John Pickering)的长篇演讲 Address at the First Annual Meeting 还提到这本教材。②

粤语是最早被西方人学习和传播的语言。在裨治文之前,已经有传教士先期来华。由于清政府疑忌外国人传教,中国人也惮于向外国人教授汉语,传教士及其他来华外国人便自编材料、自学汉语,已经编写出一些粤语学习教材和词典,如威妥玛(Thomas Francis Wade,1818—1895)

---

① 该教材的中文译名并不固定,日本学者使用过《广东语模范文章注释》《广东语句选》译名。中国学者使用过《广东方言唐话读本》(孔陈焱,2006)、《广东方言读本》(顾钧,2013;孟庆波,2014)、《广东方言撮要》(邓亮,2016)、《广东方言汇编》(关诗珮,2016)等译名。本书采用雷孜智(2008)所译名称,因"文选"二字突出了内容选用方面所花的功力。

② 孟庆波(2014)。

的《语言自迩集》、罗伯聃的《华英说部撮要》、禅山的《广州话指南》、马礼逊的《华英字典》和《广东省土话字汇》,等等。裨治文《广州方言中文文选》出版,不仅丰富了学习资源,也对汉语在世界的传播,特别是在美国的传播有着非常重要的历史意义。

《广州方言中文文选》由序言及三个部分构成。序言为英语写就。

第一部分主要介绍教材的呈现方式、中外语言点差异、官话与方言差异;对汉字、拼音、标点符号、声调、语法以及汉语的学习方法进行介绍;最后用"学生书店"版块介绍中国的经典文学书目。书中所附官话与粤语读音对照表、声调读音归类表和"学生书店"用汉语编写,其他的内容都用英语编写。

第二部分为教材主体,书中列了17篇主题,每篇之下分若干"章",共计111章。属于主题式单元编写方式。

这些主题依次为:习唐话篇、身体篇、亲谊篇、人品篇、日用篇、贸易篇、工艺篇、工匠务篇、耕农篇、六艺篇、数学篇、地理志篇、石论篇、草木篇、医学篇、王治篇等。

每一篇下所分的"章"按照可写内容多寡而数量不等。有的只有两章,如"石论篇"下有"玉石等类"和"五金类"两章;有的则多达12章,如"日用篇"下包括:租赁房屋、房屋类、器用类、首饰衣服类、装扮类、训房类、食物类、置办类、早膳类、大餐类、晚茶类、交接仪容类这12章内容。

其排版分为三列:英语+汉字+罗马拼音。

第三部分为附录,含词汇索引表和人名索引表。词汇索引表分为四列:英语单词和短语+粤语发音(用罗马字标注)+页码+行数,共计10,146个单词和词组。人名索引表也分为四列:人名读音(罗马字标注)+英文注解+页数+行数,共计约375个名字。索引表按照英文字母顺序从A到Z排列。[1]

从教材的主体内容来看,裨治文将语言学习和知识学习相结合。并非单纯讲授学习广东话口语,更重要的是帮助外国人了解中国,获得中国

---

[1] 梁海珍(2017)。

当时社会各方面的综合信息。学完这本教材,学习者可以对中国的社会制度、山川地理、人们的价值观以及日常生活起居常态都有比较清晰和深入的了解,其中一些内容甚至成为后人研究的重要资料。如"数学篇"中有九章内容与中国古代科学技术相关,这样的内容有别于其他传教士所编著的字典或汉语学习书籍,颇具特色与文献价值。①

《广州方言中文文选》的语音体系采用了英国汉学家威廉·琼斯(William Jones)所提出的拉丁字母,选择它是因为"这一语音系统实在太著名而不需要任何的解释……似乎没有比这更适合来表达汉语这一语言的了"(The system is too well-known to need any explanations … seems better fitted than any other to express the sounds of the Chinese language)。18个声母、19个韵母、8个粤语声调(平、上、去、入四声,四声各分高音和低音,没有中音),在拉丁字母后面不同的方位标上特殊的符号予以区分。

传教士的活动场所主要在广州,他们的口语交流也主要靠粤语,但由于找不到好老师予以系统教学,因此传教士的口语能力并不理想,而当时外交场合基本靠传教士翻译。裨治文在《望厦条约》谈判时担任美方的主要翻译,尽管他在华学习、工作、生活已有十多年,并用中文撰写过文章书籍,但其谈判时口语表达能力有限,"以致两情难以互通,甚为吃力"。②

1.2 卫三畏与《拾级大成》

美部会另有一位传教士卫三畏1833年抵达广州。其中文名取自《论语·季氏》:"子曰:'君子有三畏:畏天命,畏大人,畏圣人之言。'"到广州后,他参与了裨治文主编的《中国丛报》的编辑工作。也正是由于当时清廷严控传教,很难找到合适的汉语教学机构和汉语老师,裨治文自然成了卫三畏的汉语启蒙老师。在裨治文的努力培养下,卫三畏逐渐由助理升为编务。1847年,裨治文离开广州,因此《中国丛刊》的编辑工作主要由

---

① 邓亮(2016)。
② 顾钧(2012:41—44)。

卫三畏负责,直到 1851 年 12 月停刊。

此外,卫三畏还参与了裨治文《广州方言中文文选》的编写。这本书成为西方人学习粤语的重要教材,但篇幅厚重,达 700 多页,使用起来并不方便,而且价格偏高。卫三畏通过个人的学习经历以及对语言学习规律的深刻认识,加上较为丰富的编写和出版经验,独自编写了对初学者来说更为实用的粤语教材《拾级大成》(*Easy Lessons in Chinese*),1842 年在澳门出版。这本教材共 287 页,"前言"开篇即指出该书的教学对象和编写目的,并提供了使用说明。

这本手中书为国内外初学汉语的人设计,外国人无论是在自己的国家,还是在航行途中以及到达中国后都可以使用。它是一本介绍性的教材,自身有完整的体例。书中的一些章节不需要其他书的辅助就可以完全读懂,但最后两章内容可能需要老师或字典的帮助才能读懂全部的意思。不过,如果学习者把前面的内容都掌握好的话,学习后面两章也没有问题。

《拾级大成》全书共分十章:(1)部首;(2)字根;(3)读和写;(4)阅读练习;(5)对话练习;(6)阅读文选;(7)量词;(8)汉译英练习;(9)英译汉练习;(10)阅读和翻译课程。

与《广州方言中文文选》相比,《拾级大成》特别注重汉字学习和阅读能力培养。由于汉语有不同的方言,语音差异很大,但汉字书写方式是一致的,卫三畏深深认识到汉字的重要性,他把汉字教学放到了整本教材的首要位置。他认为汉字可以将各地方言维系起来,因此汉字基础非常重要。

教授汉字要从基础的部首、字根学起,符合由易到难的学习规律。因此卫三畏在编写教材时,把 214 个部首放在首要位置,让学生从部首开始学起。需要说明的是,《拾级大成》的汉字部首排列与《康熙字典》相同,在部首注音、释义、讲解方面受到马礼逊所编《华英字典》的影响。此外,《拾级大成》的阅读练习形式是先列出中文,再给出拼音,逐字进行英译,进而再给出地道的翻译。翻译练习显然是从汉英比较的角度进行互译,以保证学习者能够更准确地理解原意。

另外,卫三畏还特别注意对西方人来说汉语学习的重点、难点问题,如量词的学习。他将量词单独辟出一章,选择了 28 个常用量词即"个、只、对、双、把、张、枝、条、间、坐、度、幅、阵、粒、场、队、群、筐、副、件、块、行、架、朵、片、席、团"等进行教授。他用"注音+用法+举例"的形式,对量词进行讲解。此外,他还选择了 42 组次常用量词,如"顶"等,以英汉互译并附注释的形式进行编写。这种从常用量词再到次常用量词,分级而学的方式,体现出其已经萌生词频的意识。

如果说《广州方言中文文选》所设的主题追求面面俱到,给人以百科全书之感,那么《拾级大成》则具备了鲜明的语言教材特色。无论在编写顺序还是在体例编排上,《拾级大成》都体现了由易到难、由简单到复杂的原则,符合学习者的语言学习规律。比如在阅读练习的编写上,卫三畏考虑到学习层级的过渡,先让学生练习单句阅读,再逐步过渡到成段表达;在翻译练习的编写上,先让学生翻译字句,再到翻译段落,从而真正实现了"拾级而上"的初衷。

值得注意的是,《拾级大成》的编写还有一个重要特点,就是考虑到了语言的交际性以及不同人物所持的不同话语风格。比如第五章中的对话练习,教材细分出与老师、与买办、与侍者三种不同的身份角色的对话。这说明卫三畏注意到,针对不同的谈话对象,根据谈话的文化情境,应注重语言表达的得体性、多样性等特征。

此外,教材还体现了语言与文化相结合的特色。比如第八章的汉译英练习,内容多选自《三国志》《聊斋》《圣谕广训》《三字经》以及"四书"中的经典篇目。学生在进行练习的同时,不仅提高了自己的汉语阅读理解能力,还阅读了中国文学经典作品,了解了中国文化。

《拾级大成》成书比后来较为流行的威妥玛所著《语言自迩集》早了 25 年,其出版为以后的教材编写奠定了基础。《拾级大成》既向我们揭示了早期以传教士为主导的汉语教学的一些特点,也向我们展示了卫三畏本人对汉语学习方法和规律的一些认识。

1.3 卫三畏对汉语教学的重要贡献

传教士在华期间由于清廷禁教而致汉语学习环境严苛,无法更好更快地习得汉语,卫三畏"曾一再抱怨,聘请中文老师和购买中文书籍之难,而且因为缺少中文书,他的学习进展缓慢"①。1844年中美签订《望厦条约》时,裨治文、卫三畏等传教士为美国使节出谋划策,美国要求在通商、外交方面,除割地、赔款外,跟英国享有同等权利,而第18款要求"准合众国官民延请中国各方士民人等教习各方语音,并帮办文墨事件,不论所延请者系何等样人,中国地方官民等均不得稍有阻挠、陷害等情;并准其采买中国各项书籍"②。中国被迫开放,美国人无法聘请中国老师只能自学苦读的局面也一去不复返。

卫三畏在汉语教材编写方面独树一帜,在编写工具书方面更是成就卓著。他把对汉语的理解以及对汉语教学的认知都体现到其连续编撰的词典里。

第一次鸦片战争后,汉语学习环境发生了重大变化。传教士初入中国以及传教主要场所都在广州、澳门,因此他们主要研习的是粤语,即广东话,但现实是清政府并不说粤语而使用官话,以南京话、北京话为代表的中央官话才是主导语言,中国的权威书籍也都是用官话写就。卫三畏对此头脑十分清醒,对汉语的学习也从最初所学的粤语,而逐渐转向南京官话,进而转向北京官话,其所编一系列辞典体现出这一轨迹。

1843年于澳门出版的英汉词汇手册《英华韵府历阶》(*Ying Hwa Yun-fu Lih-kiai*, *An English and Chinese Vocabulary in the Court Dialect*)适应形势,单词及词组按照英语字母顺序排列,然后给出中文解释和南京官话注音,但由于广东、福建仍然是传教重地,而其他外国人也很喜欢在此间活动,所以卫三畏也给出了所有汉字的广州话和厦门话注音。1856年于广州出版的《英华分韵撮要》(*A Tonic Dictionary of the Chinese Language in the*

---

① 谭树林(1998:116)。
② 乔明顺(1991:227)。书中有"帮辨"一词,本书参考其他文献,修正为"帮办"。

Canton Dialect)是一部广东方言词典,历时六年完成。为了提高交际能力,字典包括了广东话发音的内容,1863年修改时加上了官话的语音和词语①。第一次鸦片战争后西方国家对华交往中心转至长江以北,北京官话地位上升,1874年在上海出版的词典《汉英韵府》(*A Syllable Dictionary of the Chinese Language*)即以北京官话为主体,提供了汉字官话和各种方言发音的对应关系。

由此,卫三畏的汉语研究完成了三步跨越,从粤语方言转向南京官话,再转向北京官话,为美国汉语教学及研究奠定了深厚的基础。

卫三畏先后出版过十多部介绍分析中国在各领域发展情况的著述,特别是1848年出版的由一百多次演讲汇编而成的《中国总论》为其赢得美国汉学家的声誉,成为美国汉学的权威之作。卫三畏作为传教士,对于掌握汉语及中国文化有着十分坚定的目标,不惧困难而努力坚持。他认为:"无论是商人、旅行者、语言学者,还是传教士,都应该学习汉语……如果所有的人都掌握了汉语,就可以避免外国人和中国人之间的恶感,也同样可以避免在广州造成人员财产损失的那些不愉快的事件;中国人对于外国人的轻视,以及过去一个世纪以来双方交流的备受限制,主要原因是由于对汉语的无知。"②由此可知,他把语言看作是消除误会、促进了解的最重要工具,不仅自己在汉语学习方面认真刻苦,更努力为后来的学习者创造条件,编写适用的教材,并与时俱进地编写工具书。

卫三畏后来不再传教,1856年后专任美国驻华公使秘书和译员。他在华生活43年,于1876年退休返美。其所取得的成就得到美国国务院方面的高度评价:"您对中国人的性格与习惯的熟悉,对该民族及其政府愿望与需求的了解,对汉语的精通,以及您对基督教与文明进步事业的贡献,都使您有充分的理由自豪。您无与伦比的中文字典与有关中国的诸多著作已为您赢得科学与文学领域内相应的崇高地位。"③

---

① 史料见孔陈焱(2010:193—198)。
② 转引自顾钧(2012:43)。
③ 卫斐列[美]著,顾均、江莉译(2004:281)。卫三畏向国务院提出辞呈,国务院的正式解职通知中对其所做评价。

第二节 中文成为美国大学课程

2.1 耶鲁大学首设中文教职

1830年至1847年,各国派往中国的新教传教士共98人,其中英国22人,而美国一国即有73人,占绝对多数,"这些传教士除了传教、办学、办报、兴办医院,非常活跃"。① 美国为了进一步扩大在华利益,加强了同中国的往来,美国外交官以及商人等赴华工作者较之过去有所增加。早期外交官依赖传教士进行翻译,商人依赖"广东英语"做生意的方式已经无法适应时代要求,一些有识之士希望这些人来华前就能够先学会汉语,一些商人也愿意为大学捐款集资,因此美国的大学开设汉语课程动议萌生。"至少在1860年代,就有人建议在耶鲁大学设立汉学讲座"②。

学界一致公认耶鲁大学是第一个开设汉语课程的学校,但确切的开设年代却出现过几种不同的说法,常宝儒(1979)介绍耶鲁大学1871年最早开设汉语课程,但只是一句带过,这一说法后来被多人引用;吴原元(2010)提及耶鲁大学1876年创设美国第一个中国语文讲座,但也未尽其详;姚道中等(2010)提到耶鲁大学1871年有一位名为范内姆(Addison Van Name)的先生开课介绍日文和中文"要素",但称其教学内容及中文水平已不可考。而耶鲁大学图书馆的确有一位名叫Addison Van Name的人于1865年至1905年担任过图书馆员,1863年至1866年曾在耶鲁大学教授过希伯来语。该课到底是哪一年开设?有着怎样的开设过程?这需要我们从历史碎片中翻查复原。

William D. Fleming(2019)研究美国首个日语图书馆馆藏情况时,发现耶鲁大学图书馆馆长范内姆(或译"范南")对该馆建馆贡献巨大。范内姆大学毕业后去欧洲学习数年,回到美国后在神学院教希伯来语,后来担

---

① 张宏生(2005)。
② 同上。

任耶鲁大学图书馆馆员,是一位藏书丰富且十分精明的图书收藏家,同事称"可能是世界上最会买书的人"。1869年,正值日本明治维新伊始,八名日本学生自九州的土佐原来到美国东北部留学,其中六名与耶鲁大学图书管理员范内姆建立了密切联系。范内姆不仅对这些日本学生生活关怀有加,而且也因之触发了学习日语及日本文化的兴趣,不到一年他就在耶鲁大学开设了美国高校第一个日语课程,并筹集资金为学习日本语言、文学和历史的学生提供奖学金。在他和日本朋友的不懈努力下,他无须亲赴日本就建起了美国第一个大型的日本图书馆,收藏的日本江户和明治早期图书达3000卷。从该研究来看,范内姆与中国和中文都没有直接联系,又由于容闳(1828—1912)后来有向耶鲁大学捐书要求设立中文教授之事,考虑到当时日本的正式书面语为用汉字写就的"汉文",所使用的汉字数量也并未有限制,因此我们可以推定,范内姆1871年所开"要素"课程与日本的汉文有关,而非中文。

  容闳是第一位在西方接受教育并获得学位的中国人,1847年赴美留学。留学前跟随耶鲁大学神学博士博朗(Samuel R. Brown)在澳门任职的学校里学习。博朗于1839年到澳门的马礼逊学校担任校长,卫三畏曾前往码头迎接,此后他们有7个月时间住在一起,博朗开始学汉语,与卫三畏建立了终生不渝的友谊。当博朗1847年返美时,带走了班里容闳等三名中国学生前往美国留学。① 容闳与卫三畏也友谊深厚,耶鲁大学所藏容闳文献中数量较多的是他写给卫三畏的信,从其1849年所写第一封信件内容就可以看出,他对卫三畏充满信任,除了报告自己在美留学状况外,还请求卫三畏帮助雇佣哥哥并请他与自己的叔叔商谈继续留在美国的事。卫三畏帮他买过中文书,并转交其汇给母亲的钱。1854年容闳于耶鲁大学毕业,回国后投入洋务运动,策划实施"中国幼童留美运动"。容闳很想对母校有所回报,决定向耶鲁大学图书馆捐赠中文图书,捐书的唯一前提就是耶鲁大学须先设立汉学教授讲席。他1877年给馆长范内姆的信中说:"一旦我收到设立中文教授的通知,我就会将书寄出",并说"卫

---

 ① 孔陈焱(2006)。

三畏博士将会就书目中的汉字问题给您出主意"。

而这期间,驻中国营口领事蒲德(Francis P. Knight)正在加紧说服哈佛大学开设中文教席,1877年2月22日给哈佛大学校长写的信中即说明此事的重要性,并积极筹款准备。容闳听闻哈佛大学筹款建中文教职事而有所担心,①他很想让耶鲁大学成为第一个开设中文课程的学校,所以他在3月1日给耶鲁大学图书馆馆长范内姆的信中专门强调"我希望校方不要将此事拖得太久,以免哈佛抢在了我们前面"②。

设立汉语教授教职一事,合适的人选固然重要,经费支持却是根本问题,但耶鲁大学当时并没有相关经费来源。而此前加州大学早已有意设置汉学讲座,已向卫三畏伸出橄榄枝,许其优厚待遇。这一情况自然令耶鲁大学加紧了筹措步伐,结果还是卫三畏在中国任职时的老朋友威廉·麦希(William Allen Macy,1845—1925)促成了此事。麦希在中国经商多年,1876年向耶鲁大学捐资确保了该职位所需的经费。③

1877年耶鲁大学聘请卫三畏担任中国语言及文学教授,容闳1878年即向耶鲁大学捐献了40种1237卷中国书籍,包括《纲鉴易知录》《三字经》《百家姓》《千字文》《四书》《五经》《山海经》《三国志》《康熙字典》《李青莲诗》等。1879年又将《大清律例》寄到耶鲁大学图书馆,为此他与耶鲁大学图书馆馆长范内姆有过多次书信往来。④ 卫三畏和儿子卫斐列(Frederick Wells Williams,1857—1928)也将带来的私人藏书全部捐赠出来,耶鲁大学的第一批中文图书馆藏便主要来自他们三人。⑤

尽管耶鲁大学抢先一步设立了中文教职,但当时学生们对中国及汉语并没有太多的了解和学习需求,因而并无学生选课,卫三畏主要是做讲座,以致他在语言教学方面的专长未能得以展示。但他做了很多其他工作,并获得了很高的评价。卫斐列认为"虽然他从来没有在系里被正式介

---

① 郑曦原(2018)。
② 吴义雄(2014)。
③ 张宏生(2005)。文章中写1886年获得经费,应为笔误,实际应该是1876年。
④ 吴义雄(2014)。
⑤ 苏炜(2020)。

绍,但是他依然影响着大学的精神生活。通过在各式各样听众前的演讲、杂志和报纸上的文章等等,或者可能也因为他在家接待和鼓励本科生时亲切的举止,他的行为和榜样成为所有进入他研究领域的人的动力"。①卫三畏因在汉学方面取得的卓著成就于 1881 年当选为美国东方学会(The American Oriental Society)主席。1884 年去世后,生于澳门、1879 年毕业于耶鲁大学的卫斐列接续了父亲的汉学讲座教职,在这个职位上任教多年。

2.2 哈佛大学设置中文讲席

耶鲁大学设置汉语教授教职不久,哈佛大学于 1879 年也设置了中文讲席。不过与耶鲁大学正好相反,哈佛大学是先筹集经费,在筹集过程中寻觅人选。美国商人鼐德对于此事的推动功不可没。

鼐德出生于波士顿,来华后在中国商场和官场历经 15 年,阅历丰富。他先在营口经商,创立旗昌洋行,1862 年起担任美国驻营口领事。他痛感为了美国日益增长的利益需要,无论是在中国获得高级职位还是从事商业事务,都必须培养通晓中文的本国人。他认为旅居中国的美国人犯了大错,他们到中国时没有掌握中文,而一直依靠洋泾浜英语,影响了美国现时和今后的在华利益。他返美后得知包括英国牛津大学在内,欧洲很多大学都已经设立了中文讲座教授,而耶鲁大学也在效仿欧洲,拟聘卫三畏担任中文讲座教授,便迫切地考虑在哈佛大学设立这一职位的可能性。②1877 年 2 月 22 日他向哈佛大学校长查尔斯·W. 埃利奥特(Charles W. Eliot)发出了一封长信,除了上述原因外,他详细分析了中国的实际发展状况,"对于那些旨在某些行业寻求显赫生涯的人,中国将是带来巨大成功和荣誉的最理想国家",他的视野并不只是限于从经济角度能够为年轻人提供许多职位,他更为关心的是可以拓展中美之间的交流。因为对于旅行家、科学家及其他许多人来说,中国还是一个几乎没有开拓的地区。

---

① 转引自张宏生(2005)。
② 张宏生(2000)。

他说:"我们自己远远不可能在人文科学方面获得一些宝贵的经验主义的知识,这些知识是从遥远的古代发展下来的。"萧德也明确提出由于不清楚公众的反应,自己并不打算建议设立中文讲座教授,他的主要目的是在哈佛大学进行中文教学,主张聘请土生土长的中国人,采用已有的优秀教材和中国国内有效的教学方法,让那些有决心学习的美国人都能够掌握中文。在这封信中他表示如果校长认为这一计划可行,他就会去设法筹集资金。

萧德的设想是经过全方位考虑的,并非一时起意。正因为这是一个解决实际需求的语言项目,而非纯粹的汉学研究项目,所以才会聘请汉语母语者——中国人担任教师,这显然增加了聘请的难度。萧德从市场的需求,到教师的派遣、教材的使用、教学方法、课程设置,包括教师在美国的生活、学生的出路、将来的发展都有着周密的设计,特别是经费支持更是筹划在先,这项工作还有着沟通东西方交流,包括中美之间交流的重要意义,我们不妨将此称作"萧德计划"。

埃利奥特校长具有前瞻性眼光,收到信后迅速反馈,3月10日即回信告知已经召开校董会,肯定了这一计划的价值,对萧德的努力表示积极支持,董事会也乐于促进计划的实施。然而在实施过程中遇到了一些持反对意见者,甚至包括一些权威人士。争论的焦点在于学习汉语的环境,是在美国学习好还是在中国学习好。萧德一派认为来华前学习便打下基础,来华后容易适应生活,可获得快速进步;反对派则认为中文太难,在美国学习环境不佳,课业太多,可能什么都学不好,而到中国后花两三年时间跟老师专门学习效果最好。

萧德坚持自己的看法,筹款因反对意见而受阻,埃利奥特校长一度发来"筹款失败,取消合同"的电报,但萧德仍未放弃,甚至决心万一筹不到足额款项,便将自己在波士顿的财产拿来做保障。凭着不懈的努力,他最终筹得8750美元,解决了经费问题。萧德原本计划要有五年才可看到显著效果,但由于存在很多不确定性因素,经费提供者们更愿意缩短时间,于是计划不得不缩短为三年,这也使得该计划带有了一定的实验性质。

筹备经费颇费心力,而要聘请一位综合素质良好又愿意离开祖国的中国教师,也殊非易事。埃利奥特校长委托鼐德物色人选,而鼐德自己中文不够好,社会关系也不够广,便寻求海关总税务司赫德(Robert Hart)予以帮助,尽管赫德对在美国教中文的事并不赞同,但还是委托了哈佛大学毕业、在宁波税务司任职的杜德维(Edward B. Drew)代为寻觅。杜德维看法跟赫德相近,对鼐德在美国开始教授汉语的想法很不以为然,但出于对母校的信任,为母校发展考虑,也还是尽力物色人选。由于他1877年刚从福州转任宁波,初来乍到并不熟悉本地情况,1878年上半年接受委托,到1879年4月才终于确定他在宁波的中文老师戈鲲化(Ko K'un-hua,1838—1882)为最佳人选。① 杜德维在1879年5月3日给埃利奥特校长的信中告知合适的老师尽管难找但还是找到了,他表示"对在哈佛设立中文教席一事表示尊重""我其实对这个计划并不热心。不过请您放心,我既然会尽全力找到戈,也就会尽全力提供帮助,使这个试验圆满成功"。鼐德在7月1日给校长的信中说看到杜德维给校长敷衍去函的复印件,很是生气,他觉得自己在同残酷的命运作斗争,而再次表明决心,"两年来,我以坚定的信念和明确的目标追求该计划的实现,我必须成功"。为此他邀请自己的好友卫三畏和一个美国同事前往哈佛大学所在地剑桥,帮助他筹建中文班。

戈鲲化早年在军中游幕,任文书六年,1863年左右在美国驻上海领事馆担任译文抄写和翻译教员,1865年到宁波的英国领事馆担任翻译近15年,同时还给法国、英国各一名学生教过中文。从其个人经历看,对中国母文化的精通以及对海外异文化的亲近,使他可能成为较理想的文化传播者,而其丰富的跨文化交流经历使他十分了解西方世界,对西方新事物和新观念都能够保持开放的态度,加上他还具有一定的交流技巧,因此能够胜任进一步的跨文化交流。② 1879年5月26日,作为当时各方面条件都最合适的中国教师,戈鲲化在美国驻上海总领事馆与代表哈佛大学的鼐德签订了三年的任教合同,带着妻子和五个孩子,以及大批的书籍远

---

① 张宏生(2000)。
② 夏红卫(2004)。

渡重洋,耗时50天,来到哈佛大学就职。

萧德对师资、教材、教法都有着全面考虑。他认为不会说英语的中国老师将会对中文班取得成功有所帮助,教材选用英国威妥玛1867年出版的北京官话《语言自迩集》,这也是戈鲲化教杜德维时使用的教材。该教材为三卷本,第一卷的前两章是英文,之后为中文,课文主体"散语"和"谈论"都由会话构成。汉字、语音、语汇、阅读同时训练,注释达1500多条,显示出编者丰富的语言、社会、文化背景知识。由于其全面、系统反映出当时的北京官话音系而极具权威,不仅在中国国内广受欢迎,甚至还传到了海外,如对正值明治维新时期日本的中国语教科书就产生过较大影响,日本会话课本的兴盛与《语言自迩集》有着直接的关系。[①] 但该教材出版年代较早,已很难搞到,萧德在1879年5月4日给埃利奥特校长的信中表示会把自己和兄弟的书都贡献出来,直到新版本出版。[②] 不过戈鲲化并没有等到这一天,因为《语言自迩集》再版已是1886年的事。[③]

经过萧德艰苦的努力,戈鲲化终于成功抵达哈佛大学。刚开始与卫三畏在耶鲁的境遇一样,并没有学生报名学习中文。1851年创刊,一直对中国深入关注的《纽约时报》在戈鲲化到达哈佛之后进行专文报道,"到目前为止,据信没有人对了解这门既古怪又精细的语言表示出兴趣",该文分析了人们的学习动机,认为中美之间的商业交往和外事交往本身就比较少,而美国政府以及设在中国的海关或者商行机构都没有规定凡是到中国的人必须能够运用中文读写,否则一定会有一批人愿意花时间学习。因没有政府的推动,即使那少有的几个要去中国的人,也认为获得汉语知识是多余的事。《纽约时报》还分析说,由于戈鲲化是由身在中国的美国商人和外事人员雇请并负担工资的,因此对哈佛大学而言,即使试验失败也没有什么经济损失。该报提出的解决方案是预先提供就业职位,"除非人们拥有一种确实的动机,比如受到政府委派或获得一个吸引人的职位,否

---

① 陈珊珊(2009)。
② 信件收录于张宏生(2000)。
③ 《语言自迩集》36年间有过三次修订出版,1867年初版、1886年第二版、1903年第三版,见王澧华(2006)。

则的话,很少有年轻人会到这位清国教授的教室中去打扰他"。①

尽管杜德维一直对在美教学汉语一事不以为然,但他还是自始至终配合这件事的发展,甚至设计了一份很长的"在戈鲲化指导下在哈佛大学学习中文口语备忘录"②,对不同类型的汉语学习者提出了建议,如告诫打算到中国谋职的哈佛学生必须掌握中国官话;他也基本肯定戈鲲化的教学,戈鲲化虽然南京官话说得更准确一些,但因为没有适合的教材可用,就只有采用北京官话《语言自迩集》,他教也基本不会错;他告诉传教士从这本教材中学不到什么东西,比起官员和商人,传教士与中国人的联系更为密切,所以在中国学习中文,效果比在美国更好;准商人对是否需要学习中文有很大的分歧意见,他提出自己的看法:"如果一个人选择经商,我建议他不要参加哈佛大学的中文班。他应该在抵达中国之后,再决定做什么。……到了哪个口岸,商人就应该掌握哪种方言,如果他有决心这样做的话。"该备忘录还特别说明如何在中国学习北京官话,"从威妥玛的教材开始,先生发音,学生尝试模仿。……如果学生愿意越慢越彻底地学,他所花的时间会更短,取得的效果会更好",他借用在华外国人中汉语最好的英国外交官禧在明(Walter Caine Hillier)之语,说中文学习过程中"勤劳"和"反复练习"是绝对必需的,"单调"和"疲劳"则是必须忍受的,还举出赫德的体会是"在你完全掌握之前,不要翻到下一页"。

杜德维的态度和话语反映出他对语言学习环境有着较高要求。他对非目的语环境中的学习效果持消极态度,而更主张在目的语环境中学习,而且只能苦学勤练,没有什么巧办法。他的观点在当时颇有代表性,不过我们也从另一方面看出他对母校的情怀,只要母校决定的事他都会认真执行,在戈鲲化赴美及抵达之后,他做了大量的支持性工作。

哈佛大学 1880—1881 年的课程表显示,该学年每个学期都有中国官话课程,学生什么时候都可以去修,但学校建议学生最好从学期初开始。若想取得良好效果,则必须每天跟随老师上一小时,再自学 2—3 小时。

---

① 史料见郑曦原(2018:359)。
② 史料见张宏生(2000:292—295)。

该课程对申请获批的校内学生免费,但也向校外优秀人士收费开放,每学年150美元,而对于那些因贫困而付不起学费的优秀人士学校可以免除学费。①

每天都上一小时课,同时又注重学生的课下预习和复习时间,这一做法是从其他欧洲语言的教学方式中套搬过来的,比较符合语言学习规律,直到现在依然被美国的大学普遍遵循。

戈鲲化在哈佛大学任教时间并不算长,但其教学及社交活动也为后人留下了值得研究的内容。由于中文课程是开放的,尽管哈佛大学的学生没有人选课,但一位任职多年的拉丁语教授刘恩(George M. Lane)选学了中文,成为戈鲲化的第一个学生。戈鲲化也向刘恩学习英文,两人互为语伴,三年间没有间断。后来有人陆续来选中文课,学生最多时为5人。

戈鲲化在诗集中多次自称"新安"人,但其实际为徽州休宁县人。②戈鲲化所言当属南京官话,而当时所教的汉语已不是南京官话,而是已经成为官方语言的北京官话。他在宁波教杜德维时即用了《语言自迩集》,在"鼐德计划"中也使用了这本教材。戈鲲化自己诗书满腹,因"以华文掌教之余,写英语,习英文",而意与美国人讨论"有韵之文",欣赏"中国藻词之妙"。他在美国也有不少社交活动,遂取赴美前自作旧诗四首,加上赴美后新作诗十一首,合成一册,均译成英文,取名为《华质英文》③。作为中国诗词教材,他重视基本功,在编写说明"例言"中介绍对偶、平仄、诗词差异等,并强调诗词尺牍下笔要典、要雅,多读名篇,了解中国诗词知识。其诗词都注明平仄,利于了解和阅读。这15篇诗词目录如下:

  1. 先慈奉旨入祀节烈祠
  2. 子忠伯甫生集诗
  3. 题梅花笺

---

① 史料见张宏生(2000:345—346)。
② 张宏生(2005)。
③ 张宏生(2000:253)。

4. 禽言

5. 答陈少白巡检(兆赓)

6. 三子惠叔甫生

7. 赠耶而书院华文掌教前驻中国使臣卫廉士(三畏)

8. 赠哈佛特书院掌院艾僚德

9. 赠哈佛特书院前法文掌教郎葑禄

10. 赠哈佛特书院罗马文掌教刘恩

11. 赠中国榷司杜玉川(德维)

12. 赠医士韦门

13. 赠女士柏衡

14. 赠女士海华特

15. 于归诗赠女士刘益三

诗余

秋夜

尺牍

中秋日劳延小昉嶷尹(秀)肴品

戈鲲化从不会讲英语到能够用英语流利地进行交谈,不仅得益于个人的天赋和努力,也与刘恩的指导分不开,两人三年间坚持互教互学,他在给刘恩的赠诗中写道:"未习殊方语,师资第一功。德邻成德友,全始贵全终。"不仅表达对刘恩的感谢,同时也表明二人之间深厚的友谊。

戈鲲化在正式场合总是穿清朝官服以示郑重,出席美国人的活动时朗诵中国诗词,他所做的工作以及平时与周围人的友好交往给人留下深刻的印象。然其英年早逝,仅在哈佛大学任教三年即因肺炎突然去世,时年44岁。《纽约时报》对这位"经过本国政府的同意,自愿来到这里从事这项工作"的中国教师再次进行报道,对其过去以及赴美后的工作予以全面总结,甚至提出是不是应该把戈鲲化来美时一句英语不会讲,后来却能够用英语流利交谈这一点也作为哈佛大学聘请戈鲲化担任中文讲席的试验成果。该报对他的中文教学效果表示赞赏:"戈教授总共只有四五个学生。但人们认为,这种做法所取得的成果仍然是非常令人满意的""据说他的一名学生已经获得了能用汉语官话轻松交谈的能力"。①

戈鲲化在美国的社会活动还是比较丰富的。除了与拉丁语教授刘恩交往深厚外,从他的《华质英文》诗作看,他见到了过去的学生同时也是推荐他来美的杜德维,拜会过哈佛大学校长埃利奥特,与前法语老师郎韨禄、医生韦门以及女士柏衡、海华特均有赠诗,还为女子刘益三新婚赠诗。

在其社会活动中,戈鲲化与卫三畏的交往值得注意。在戈鲲化赴美之前,鼐德在7月1日给校长的信中表示自己将邀请其好友卫三畏和同事吴德禄(F. E. Woodfuff)"前往剑桥,帮助筹建这个中文班"。戈鲲化来到美国时,卫三畏已经在耶鲁任职两年。他们一位在耶鲁一位在哈佛;一位是通晓中文熟悉中国文化的美国人,一位是了解并接受美国文化、虽英语不佳却努力学习的中国人。作为美国高校最早担任中文讲席的两位教师,他们也成了很好的朋友。

1881年,戈鲲化暑假从波士顿到纽黑文拜访卫三畏,却未能相遇,圣诞节前他致信卫三畏希望圣诞节期间在耶鲁相会,信中有诗曰"皇都春日丽,偏爱水乡云。绛帐遥相设,叨分凿壁光",谈及自己离开故国来到美国这块土地,"绛帐遥相设"指二人分处两地各司中文教席,有同行相互勉励之意,而"叨分凿壁光"则是感谢卫三畏所赠辞典,对自己帮助很大。

他们的交流也为后世两校之间与中国的交流埋下种子,且一直延续至今。波士顿美术馆白玲安(Nancy Berliner)女士在主持碧波地·艾塞克斯博物馆的中国艺术文化部时,需要到世界各地搬移一栋代表当地风格的建筑。20世纪90年代中期,她看中戈鲲化故乡一栋建于清代中期的名叫"荫余堂"的老房子,代表美方基金会和休宁县达成文化教育交流协议,买下后精细拆装运到波士顿,再请徽州工匠用几年时间在塞勒姆小镇完全复原。也正是因"荫余堂"结缘,由美国耶鲁大学校友1901年发起

---

① 郑曦原(2018:365)。

成立的雅礼协会(Yale-China)①每年派出四位耶鲁大学毕业生到休宁中学义务担任英语外教。② 他们大概从未想到，两校之间的联系以至中美之间的交往，因了彼此在美国高校的首位汉语教席，而能够如此源远流长。

2.3 多所大学相继设置中文讲席

戈鲲化作为首位赴美任教的母语者教师，原本是带着萧德等众人的期望去本地开展教学，先行培养可用人才的，但由于多方面的原因，选课者寥寥，加上其因病早逝，三年任期未到即已陨落，未能显现出预期的教学效果。

恰在此时，1882年5月6日，美国国会通过了《关于执行有关华人条约诸规定的法律》，即"排华法案"，华人被立法排挤和禁止移民。该法案原定十年，之后被延期十年，1904年则被无限期延长。不但华人劳工被完全禁止来美，就连法案中所列可以自由往来的教师、学生、商人、旅游者和政府官员等身份的人，赴美时也受到多方刁难。直到1943年12月17日，罗斯福总统签署法令，该法案才正式废除。③

这样的法案对于高校来说也会产生不良的影响，从中国聘请教师一事难度更大。继耶鲁大学和哈佛大学开设中文教席之后，美国的大学陆续增加了中文教席职位。由于美国国内适合中文教席的人才十分难得，高校在遴选时把范围扩大到了欧洲。欧洲的汉学研究开展更早，也更为系统，美国和欧洲关系甚为密切，几家著名大学设置的中文教席都并非选自美国，而是来自欧洲。如前文所述，加州大学早已有意设置教席，土地也早置备，设置讲席后虚以待位数年，1896年才请到大学毕业后即

---

① 见雅礼协会官网 http://new.yalechina.org/chinese/about/mission"关于我们"介绍，访问日期：2020年11月16日。"一个多世纪以来协会致力于发展与中国相关的教育事业和促进中美两国的民间交流和理解；我们的特色是通过长期可持续的合作关系，促进中国合作机构的自身发展"。
② 吴浩(2019)。
③ 杨心彤(2017)。

到中国工作、生活达35年之久的英国人傅兰雅(John Fryer,1839—1928)任职。

　　傅兰雅22岁时到香港一所教会小学教英语,同时期他学会了广东话;之后又到北京同文馆教英语,掌握了上流社会的北京官话;之后到上海英华书院担任校长。这些经历不仅使其能掌握流利的汉语,而且为其踏入中国上流社会奠定了坚实的基础。1868年就任江南制造局翻译馆译员后专事科技翻译28年。其间于1876年创办格致书院,自费创办了近代中国第一份科学杂志《格致汇编》。其一生单独翻译或合译西方书籍达129部,其中绝大多数为科学技术性质,是在华外国人中翻译西方书籍最多的人。他因在传播西学方面做出重要贡献而受到清政府嘉奖,授予了外国人少有的三品官衔和勋章。① 然而他个人生活并不十分如意,洋务运动在中日甲午战争后破产,1896年傅兰雅请了5个月假回国度假,途经美国时受聘加州大学伯克利分校东方语言文学教授,他便停留下来,一直工作到75岁才退休。在他的努力下,东方语言系(Department of Oriental Languages)得以创立,现名为"东方语言与文化系"(Department of East Asian Languages and Cultures),他留下遗嘱把自己两千余册的个人手稿和藏书捐赠给加州大学,成为加州大学所藏东亚图书的最早藏品。

　　1901年哥伦比亚大学获得资助,设置了丁龙中文讲座。1902年原德国慕尼黑大学夏德(Friedrich Hirth)成为首任教席,②讲授中国历史和中外关系史,担任中文系主任15年。先供职于美国自然历史博物馆,后来担任芝加哥菲尔德自然历史博物馆馆长的劳费尔也来自德国,受过严格的汉学训练并掌握多种亚洲语言。哈佛—燕京学社1928年成立时,美方欲聘请法国当时的汉学大师伯希和(Paul Pelliot)主持汉学研究,伯希和推荐了自己的学生法籍俄裔汉学家叶理绥(Serge Elisséeff)担任第一任社长③。这些汉学家虽非美国本土出生,但他们都能够熟练运用汉语,

---

① 沙振舜、韩丛耀(2016)。
② 参见 http://ealac.columbia.edu/department/short-history/,访问日期:2022年1月8日。
③ 这些汉学家的详细信息参见孟庆波、刘彩艳(2013)。

其丰厚的汉学修养及所做的研究为美国汉学研究贡献良多。根据中国驻美国大使馆1928年的报告,当时美国设立中国语言专系的有哈佛大学、哥伦比亚大学、加利福尼亚大学等9所学校;设有汉文专修科的有起伦大学、南加利福尼亚大学两所学校;筹备设立者有伊利诺伊大学、密西根大学等17所大学。① 另据美国相关报告称,1927—1928学年,全美高校开设的中国语言课程有39门,1929—1930学年又新增12门。

芝加哥大学和斯坦福大学分别于1936年和1937年也相继设立了汉语课程。② 总的来说,由于汉语人才的需求并未发生根本性改变,汉语教学发展是比较缓慢的。汉语教学内容以中国古代历史文化为主,突出要求文言阅读能力,教学中主要采用翻译法。学习者大多是传教士,少数是汉学家,阅读能力较好,但口语能力很差。

第三节　作为汉学研究附属的中文教学

3.1 "目治"而非"口说"的中文教学

19世纪中期之前,尽管欧洲人已经开始进入中国进行传教经商,谋求自身利益,但在当时美国人眼中东亚还是一个遥远的地方。由于美国是种族多元化的移民国家,语种多样,如原住民的印第安语,欧洲殖民者的英语、德语、法语、西班牙语等,包括非洲奴隶的非洲语言等,建国之初的语言政策即是尽早确立英语的统治地位。1906年,美国入籍法规定只接受会说英语的移民,目的是为了推进一个统一的美国。"截至1919年,美国有34个州立法规定,无论公立或私立学校,均只能使用英语授课"③。在这样的环境中,主动学习外语的人自然也十分稀少。除了要到中国去的传教士和外交官外,普通人不会对东亚语言及文化有较多的关注。

汉语进入美国大学以后,从课程及教材来看,并非是从交际角度培养

---

① 吴原元(2008)。
② 常宝儒(1979)。
③ 孙云鹤(2019:93)。

口语书面语俱佳的人才。汉语被作为知识而非交际工具来学习,所以教学以提高书面语阅读能力为主,基本采用翻译法,属于"目治"而非"口说"。古代汉语或文学作品以及汉语要素的学习和研究便成为美国汉学界的重要内容。人们赖以学习的重要依据教材和词典,其本身常常成为评价和研究对象。

美国早期的汉语学习者不多,教材、辞书也仅有可数的几部。比起汉语教学,汉学研究却是有着丰富成果的。美国有组织的汉学研究始自东方学会(American Oriental Society)。学会1842年成立,次年创刊《美国东方学会会刊》。① 1843年至1920年间刊出第1卷至第40卷,涉及汉语研究的文献共20篇。除了关于汉语与文化方面的论述外,专门性汉语研究文章如第3卷驻华传教士咩士(William A. Macy)的《汉语的电报应用模式》、第4卷驻华传教士怀德(Moses C. White)的《汉语方言的书面转化》、原驻厦门领事稗列利查士威林(Charles W. Bradley)的《厦门方言的罗马化标音系统》(*An Outline of the System Adopted for Romanizing the Dialect of Amoy*)、第5卷怀德的书评《评Stanislas Hernisz〈习汉英合话〉和Stephen P. Andrews〈汉语新发现〉》以及第35卷Cornelius Beach Bradley对北京话和粤语的语音研究《两种中国方言的音调》,反映出美国学界从对方言统一等汉语语言现象的研究,转向深入性的专题研究。第39卷(1919)刊发了时任美国副国务卿的William Phillips的文章《美国需要建立学校,学习存活的东方语言》以及William H. Worrell的《教授存活东方语言的欧洲学校概述》,这两篇文章都从语言教学和文化战略的角度谈到了汉语教学。

美国尽管经历了第一次世界大战,中国、日本在战争中也显现出一定影响力,但主要战线还是在欧洲,对于美国来说,远东仍然是遥远之地,只有那些传教士和外交官带有实用目的的人才会努力学习汉语。东方语言作为大学里的一门课程,主要是"目治"的书面语,阅读内容主要是古籍,是

---

① 本书中《美国东方学会会刊》中的资料源自孟庆波(2014)。该文以每40卷为一个样本单位,本书对其中相关内容进行了再次梳理。

汉学家们的研究内容,有些汉学家甚至不会说汉语但也能够从事汉学研究。

1921年至1960年《美国东方学会会刊》刊出的第41卷至第80卷载有汉语研究的文献共41篇,其中书评16篇,刊登量是前40期的两倍。第1卷至第40卷中的教材书评仅有第5卷中一篇,而第41—80卷中关于汉语教材的评价出现了一个小高潮。本研究主要梳理二战之前的相关教材研究,其中以施赖奥克(John Knight Shryock)和金守拙(George Kennedy)最为突出。

施赖奥克于1931—1941年间任《美国东方学会会刊》编辑,1933—1935年兼任美国东方学会出版委员会委员,他曾于1916年作为传教士来华9年,其中8年住在安庆,著有《近代中国人的宗教信仰——安庆的寺庙及其崇拜》。他除了对汉语研究进行评价外,还发表了大量的教材书评及书讯。金守拙出生于杭州传教士家庭,1932年赴柏林大学攻读"汉语及蒙古语"博士学位,1936年在耶鲁大学任教,教授中国语文,对美国的汉语教学做出了重要贡献。通过整理他们在《美国东方学会会刊》上发表的书评,我们可以看到二战之前汉语教材使用的情况,见表4.1。

表4.1 二战之前汉语教材使用情况

评述者	作者及教材名称	卷目
施赖奥克	海尼士《中国语文学习教材》	第53卷(1933)
	马古礼《汉语书面语文法》	第56卷(1936)
	魏鲁男《哈佛大学初级中文教材词汇》	第57卷(1937)
	卜郎特《汉文进阶》	同上
	魏鲁男《哈佛大学中级中文教材词汇》	第58卷(1938)
	顾立雅《汉语文法进阶·卷一》	第59卷(1939)
	顾立雅《汉语文法进阶·卷二》①	第60卷(1940)
金守拙	卜郎特《华言拾级》	第62卷(1942)
	陈受荣《汉语初阶》	同上

---

① 作为系列,顾立雅后来又编写了《汉语文言进阶·卷三·孟子》,金守拙在第73卷中(1953)作了书评。

从二人所评美国汉语教材名称可以看出,教材基本都是围绕汉语词汇、语法等展开,是从提高书面语阅读能力考虑的,选择文言也说明教材内容注重传统经典,这表明汉语研究被作为汉学研究的一部分,汉语教学是为了培养汉学研究人才。

3.2 为汉学研究服务的中文教学

卫三畏在中国工作生活43年,做过传教士,办过杂志,担任过外交职务,撰写过大量研究中国的文章,其《中国总论》奠定了他19世纪汉学研究集大成地位。身为汉学家,卫三畏对中国社会有切身体验且汉语又十分流利,受聘为耶鲁大学首任中文教席,自是十分适合的人选。但由于没有学生选课,他主要参与一些讲座并继续进行汉学研究,这使得他的教学理念和教学方法都无从表现。由于身体原因,他在任时间不长即去世,其子卫斐列接棒担任中文讲席之后,培养的学生也多是汉学研究者,其中最著名的为赖德烈(Kenneth Scott Latourette)。

赖德烈1909年获得博士学位,1910—1914年在华传教,1917年出版《早期中美关系史(1784—1844)》,是研究中美关系史巨匠之一。他1921—1953年在耶鲁大学任教,1927年成为东方历史学教授,费正清认为他事实上已是卫氏父子的后继者。赖德烈关于中国、传教史、中美关系等方面研究著述颇丰,成就卓著,1948年当选为美国历史学会主席。

正如前文所言,高校中文教席聘请的教师并不限于美国人,那些来自欧洲的教师尽管中文流利,但实际上他们并不教授语言,而是讲授汉学知识,而且每人都有自己擅长的汉学研究领域。

罗溥洛(Paul S. Ropp)[①](2018)列举了一批美国早期汉学家,将他们看作早期汉语教学的先驱者。这些先驱者又以1905年为界分为两种类型,1905年之前出生的基本都在中国长大,绝大多数为传教士,学习动机主要是为了传教、从事外交或商业活动等。在30年代末以前,美国还没有成

---

① 罗溥洛,克拉克大学历史学教授,哈佛大学费正清东亚研究中心助理研究员,1968年台湾IUP学员。

熟的汉语、历史和文化学术课程,这批人为美国的中国研究奠定了基础。

1905年之前出生、在中国长大的学者的主要教学经历及贡献见表4.2。

表4.2　1905年之前出生、在中国长大的学者的主要教学经历及贡献

学者	主要经历	主要贡献
恒慕义 Arthur W. Hummel (1884—1975)	1924年在燕京大学教授历史。	主编《清代名人传略(1644—1912)》。
德效骞,又名德和美 Homer H. Dubs (1892—1969)	1925—1947年任教于明尼苏达大学、马歇尔学院,1947—1959年任牛津大学汉学教授。	翻译班固的《汉书》。
傅路德 Carrington L. Goodrich (1894—1986)	1927—1961年在哥伦比亚大学东亚语言文化系执教,其间1937年、1946年两度在中国的华语学校任教。	主编《明代名人传》,著有《中华民族简史》《中国文明文化史必读书目》。
欧文·拉铁摩尔 Owen Lattimore (1900—1989)	1938—1963年执教于霍普金斯大学,1963年赴英国利兹大学任教。	1941—1942年担任蒋介石的美国顾问,著有《中国的亚洲内陆边疆》、《蒋介石的美国顾问——欧文·拉铁摩尔回忆录》。
金守拙 George Kennedy (1901—1960)	有时将汉语称作母语。1937—1960年在耶鲁大学教授汉语。	创制"耶鲁拼音系统",二战期间负责耶鲁大学ASTP项目,后演变为远东语言学院。"肯尼迪为文言文研究的专业化做出重要贡献,他认识到文言文研究是一门科学,而不是一门技能"。[①]

---

① 这一评价为Honey所评,转引自Paul(2018)。

续表

学者	主要经历	主要贡献
卜弼德 Peter Boodberg （1903—1972）	1932—1972 年在伯克利大学任教，1963 年任美国东方学会会长。	"也许是二十世纪中叶所有美国汉学家中最有语言才华的"，精通多种语言。是中国－阿尔泰研究的先驱，著有系列手稿札记《胡天汉月方诸》，"他的巨著课程享誉全校，汉字和亚洲语言课程开阔了一代又一代本科生的视野，他对研究生的影响也是深远的"。①

1905 年之后出生的学者则主要是出于学术兴趣，多于 20 世纪 30 年代前往中国学习汉语并开展对中国的相关研究，为美国高校的中国研究搭建起制度框架，其中大多数人在第二次世界大战期间为美国政府工作。他们发挥了个人才智和语言能力，战后则积极筹资，推动学术课程建设。

1905 年之后出生以汉学、中国作为研究兴趣的学者的主要教学经历及贡献见表 4.3。

表 4.3　1905 年之后出生的学者的主要教学经历及贡献

学者	主要经历	主要贡献
戴德华 George E. Taylor （1905—2000）	1937—1939 年在燕京大学任教，1939 年任华盛顿大学东亚语言文化系主任。	在华盛顿大学创建远东研究所，很快成为美国西部东亚研究的重镇。

---

① 转引自 Paul S. Ropp（2018）。

续表

学者	主要经历	主要贡献
顾立雅 Herrlee G. Creel (1905—1994)	1931—1935年因殷墟发掘,通过哈佛—燕京项目来华,著《中国的诞生》;期间购书约75,000册,为美国的亚洲语言收藏奠定基础;1936—1974年在芝加哥大学任教,曾任芝加哥大学东亚语言与文明系主任、美国东方学会会长。	将芝加哥大学建为东亚研究的重镇。介绍早期中国如《孔子与中国之道》《从孔夫子到毛泽东的中国思想》,倡导阅读古文后学说中文;主持编写《报刊汉语》。
毕乃德 Knight Biggerstaff (1906—2001)	1936年在华盛顿大学教授中文和历史;1938年在康奈尔大学任教,建立东亚研究项目;二战期间,负责康奈尔大学ASTP项目。	退休后自愿到希腊的高中教授中国历史。著有《中国参考著作选叙录》《中国最早的现代官办学校》。
韦慕庭 Martin C. Wilbur (1907—1997)	1931年于欧柏林学院毕业后,赴哥伦比亚大学读中国历史,学习中文;1947年起在哥伦比亚大学任教。	二战期间,在中情局翻译分析中国文件。在哥伦比亚大学开展民国时期中国口述史研究。
费正清 John King Fairbank (1907—1991)	1936年博士毕业后进入哈佛大学,成为第一位亚洲历史学者;1956—1973年任哈佛大学东亚研究中心主任,后更名为"费正清东亚研究中心"。	中国问题观察家,国际汉学泰斗,为哈佛大学培养了很多研究中国历史的博士。现代中国学研究的奠基人和开拓者,从古典汉学研究过渡到近现代中国研究。

续表

学者	主要经历	主要贡献
柯睿哲 Edward Kracke (1908—1976)	1932年在哈佛大学获得美术学士学位,1935年获得历史学硕士学位,1936年和妻子到北平学习中国语言和历史,1942—1945年在战略服务办公室(Office of Strategic Services)任职。1946年进入芝加哥大学进行东亚历史研究,特别是中国宋史研究。	著有《中国宋代初期的行政制度》,被认为是中国宋朝研究的权威。教授了多种本科课程,并培养了许多研究生。
德克·卜德 Derk Bodde (1909—2003)	1929年成为哈佛—燕京奖学金项目首批从事中国研究的学生之一。1938年获莱顿大学博士学位,到宾夕法尼亚大学任教,1975年退休。二战期间在宾大从事ASTP项目工作,同时在中情局战略服务办公室工作。1948年作为首批富布赖特奖学金获得者来华留学。1968—1969年担任美国东方学会会长。	1938年开始翻译冯友兰《中国哲学简史》,完成了第一卷;是创建亚洲图书馆以及宾夕法尼亚大学中文和日语研究的本科生和研究生课程的核心人物。美国宾夕法尼亚大学汉学研究的奠基人。

这些先驱者作为汉学家都有着自己的研究领域,他们同时也从事汉语教学及中国文化教学工作,为美国高校培养了大批研究中国的人才。

3.3 中文教学侧重培养阅读能力

这一时期,美国的汉学研究有了长足发展,但总体上继承的是欧洲的古典汉学传统,即注重过去的中国历史、中国文化,而关注现实相对较少。二战开始,国际局势大变,汉学研究也有了新的走向。"传统意义上的东方学、中国学研究开始走出古典语言文学、历史、思想文化的纯学术研究壁垒,转向侧重现实问题和国际关系问题研究的新领域"。① 从研究实力看,汉学研究中心也从欧洲转移到了美国。费正清的研究为美国汉学带来了新的气象。

费正清于1929年毕业于哈佛大学,后获罗兹奖学金(Rhodes Scholarship),赴英国牛津大学攻读博士学位,研究中国近代外交史。牛津大学当时没有正规的汉语课程,对学位也无外语要求,但因费正清研究中国,所以特别为他安排了曾经在华多年的传教士教他汉语。后来请牛津大学汉学教授苏慧廉(William E. Soothill,1861—1935)指导他学习汉语,而苏慧廉忙于编写辞典,只给了他一本汉语教材让他自学。为了掌握汉语,获得中国本土资源并了解中国人的思想和看法,费正清1931年获得副博士学位后即于次年来到中国,在"华北协和华语学校"学习汉语的同时,接受清华大学蒋廷黻教授的指导。他在此结识了不少学者名流,其中文名字及妻子的中文名字费慰梅便是梁思成所起。费正清取得牛津大学博士学位后,于1936年回到哈佛大学历史系任教。三年多的汉语培训使他具备了良好的中文文献阅读能力,蒋廷黻关于历史研究必须从原始资料研究入手的倡导也对他影响很深。他在西方学者中率先运用中文文献,重视对现代中国进行研究,这与传统的纯学术"汉学研究"(Sinology)有明显的区别。后来通过对传统汉学进行改造,他开创了新汉学——"中国学研究"(Chinese Studies)。②

无论是重传统中国的"汉学研究"还是重现代中国的"中国学"研究,都是对中国本身进行研究。而从美国高校中汉语作为外语教学来看,这一时期发展是比较平缓的,有一些汉语教材出版,如前文《美国东方学会会刊》中所列,多是对汉语本体的介绍和研究,目的是培养学生掌握词汇、语法,提高书面语(主要是古文)阅读能力。戈鲲化去世后哈佛大学汉语教学基本停滞,直到1916年,由于中西方交流日益频繁以及哈佛大学自

---

① 侯且岸(2021)。
② 这一部分史料源自顾钧(2017),孟庆波、刘彩艳(2013)。

身发展需求,才重建汉语教学,其神学院也同时开设和中国宗教相关的课程。1921年,赵元任回到母校哈佛大学,担任哲学和中文讲师并研究语言学,开设"汉语1:汉语入门"课程。到1924年离任前,课程由半年扩展到一年、两年,其职位由梅光迪①接任。1925—1926学年,梅光迪在语言类课程的基础上增加文学类和哲学类课程"汉语3:中国文学和哲学",但学生人数仍然非常有限。美国著名汉学家绝大多数都是到中国学习汉语的,仅有极少数是在美国开始启蒙再到中国的。

根据葛雷夫斯(Mortimer Graves)1929年统计,美国仅有三四所大学开设十分粗浅的汉语汉文和中国文学的课程。② 1927—1928学年美国高校开设中国或远东课程281门,1929—1930学年新增93门,内容多偏重于中国历史、文化、思想、艺术等人文科学方面,而且课程学习时间普遍较短,在1927—1928学年一学期时间超过8小时的仅有6门,而4个小时以下的课程多达210门(占总门数的74.7%)。美国的很多大学都将中国或远东教育看作是一件"奢侈的事情"。太平洋战争爆发后,一门远东课程都没有开设的高校仍超过一半。③

太平洋战争使得世界格局发生了重大改变,出于国家战略的考虑,美国专门制定语言政策,从国家层面增强了东亚语言教学与研究的投入,汉语教学地位才获得提升,学习人群得以扩展,汉语教学从内容到形式都出现了重大改观,迎来了真正的发展时期。

中文进入美国高校应从美国来华传教士学习中文开始追溯,来华的传教士、商人及外交官在意识、资金方面给予了支持,在推动汉语进入美国高校方面起了重要作用。容闳、卫三畏、蒲德等个人在推动汉语进入美国高校课程过程中功不可没。

---

① 梅光迪(1890—1945)作为庚子赔款留学生,1911年赴美,经威斯康星大学转西北大学,再转入哈佛大学,师从白璧德专攻西洋文学,获得博士学位。1920年回国,任教于南开大学;1924年赴哈佛大学讲学;1927年短暂回国执教于中央大学,受白璧德之邀重返哈佛大学,讲授东方文化与哲学;1936年应竺可桢邀请回国执教于浙江大学。
② 黄伯飞(1980)。
③ 关于美国高校的开课情况参见吴原元(2008)。

从哈佛大学设置教席过程来看,关于语言教学环境已经表现出两种不同观点:一派可谓目的语环境派,认为学习者在非目的语环境中学习效率不高,主张直接到中国来学习;一派主张在非目的语环境中学习,但需要母语教师进行教学。实际上高校的中文课程只是作为汉学研究的附属,后来多所大学相继设置中文讲席,都借助了更为成熟的欧洲汉学力量。中文教学重视"目读"而非"口说",侧重培养阅读能力,是象牙塔中的一门学问。

第五章 重大事件对中文教学的发展影响

19世纪70年代,汉语教学进入美国高校,但由于中美之间的交往仅限于少数传教士、商人及外交官,两国之间的经济活动并不频繁,学外语只是少数人的事。19世纪末期兴起的汉学研究作为一门学问,可以从哲学、文化、文学、历史、社会等多个角度展开,对于这些研究来说,阅读理解是根本性的要求,而所阅读的文献多是中国历史上传习的文言或白话文本,与现实生活中的语言相比还是有很大距离的。正如已经失去交际意义的拉丁语和梵语一样,作为研究工具或者研究对象,并不要求全面具备听说读写交际技能。第二次世界大战爆发,语言的交际能力成为首要目标,科学有效的新的教学方式应运而生。

1958年《国防教育法》颁布之后,外语教学得到较为充分的资金支持,教学机构、教学设施、教学规模都与时俱进,汉语教学及研究也得到了持续的发展。而在中美建交之后,两国之间的交流得以恢复,汉语教学的生态环境出现了新的面貌。随着全球经济一体化,外语需求也日渐增大,外语教学出现了全面发展的态势。"9·11"恐怖袭击事件使得美国语言政策彻底以国家安全为导向,外语的地位根据国家战略而调整,外语教学也进入新的历史时期。

美国的外语教学生态呈现出阶段性变化,汉语教学也经历了不同的历史发展时期,并形成了各自的代表性教学法、教学模式和教材,而一些关键人物在推进汉语教学发展方面也起了至关重要的作用。

第一节　二战时期的中文教学

1.1　太平洋战争带来外语的实用需求

正如第二章所述,1942 年 12 月,美国推出了"军队特别训练计划"(ASTP),委托了 55 所高校承担为军队培养军事外语人才的任务,主要目的是提高军队具有多种语言的会话能力并对区域文化有所了解。其中开设汉语课程的高校有 12 所,主要分布在高校集中的西部和东部。

西部高校包括:(1)华盛顿大学(西雅图);(2)俄勒冈州立学院;(3)加州大学伯克利分校;(4)斯坦福大学;(5)波莫纳学院(Pomona College);(6)加州大学洛杉矶分校。

中部高校为:(7)芝加哥大学。

东部高校包括:(8)宾州大学;(9)乔治城大学;(10)康奈尔大学;(11)耶鲁大学;(12)哈佛大学。

在这之前,芝加哥大学于 1942 年 6 月即已受美国陆军委托成立东方研究院,邓嗣禹[①](Teng Ssu-yü,1906—1988)参与创立,并担任院长兼远东图书馆馆长,研究院开设"中国语言文史特别训练班",当年 8 月开始培训工作,到 1944 年 3 月结束。[②] 1943 年,耶鲁大学为训练美国官兵学习汉语,成立远东语文研究院(Institute of Far Eastern Languages,简称 IFEL),金守拙参与创立并担任院长,这是美国正式成立"军队特别训练计划"(ASTP)的开始。[③]

[①] 邓嗣禹 1932 年毕业于燕京大学,1938 年在哈佛大学师从费正清,获得博士学位,1941 年至 1949 年在芝加哥大学东亚语言与文明系任教,后到印第安纳大学任教。

[②] 彭靖(2020)。网址为:http://ww.chinaw7-iter.com.cn/nl/2020/040/c419387-31657047.html.访问日期:2023 年 1 月 8 日。

[③] 黄伯飞(1980)。

ASTP 有着统一的教学理念和设计,注重听说这种迥异于传统的培养汉学家的教学模式,为语言教学界带来了一场革命。其教学理念为语音优先,强调准确度,因此需要的母语教师较多。教学形式上实行全日制沉浸式,小班上课,训练到每一个人。为了保证学生能够听到标准音,每种语言都配有录音,学生随时可以利用。在学习内容方面,并不只是单纯地学习语言,还要同时学习和了解区域文化。

ASTP 的设计原则对外语教学产生了积极作用。在听说法和直接法的指导下,出现了以培养交际能力为目标的教学模式以及围绕这一目标而编写的教材和辞书。美国现代语言协会教育趋势委员会 1944 年提出的《对 ASTP 语言课程的调查报告》(A Survey of Language Classes in the Army Specialized Training Program),认为 ASTP 在语言教学方面取得了重大进步。

为了改变"目治"而突出"口说",语音教学成为重中之重,但当时的汉语拼音系统并不统一。英国人威妥玛(Thomas Francis Wade,1818—1895)1867 年创制威妥玛式拼音(Wade Romanization System,简称"威氏拼音"或"韦氏拼音"),后经翟理斯(Herbert A. Giles)修订,合称 WG 威氏拼音法(Wade-Giles System),是影响力最大的拼音系统。还有一套邮政拼音,是基于威氏拼音设计的拼写中国地名的系统。赵元任曾参与创制国语罗马字(简称"国罗")拼音方案,[①]训练语音有明显效果,他在哈佛 ASTP 班使用的自编教材《国语入门》便沿用了这套系统。不过国罗的拼写比起其他系统来还是繁杂了一些,尽管被民国政府官方推出,但始终未能在社会上普遍推行,仅限于小圈子使用,其影响远不及注音字母。金守拙和赫德曼(Lawton M. Hartman)所创制的拼音系统称作"耶鲁拼音方案"。[②]

这些拼音各成体系,对照举例见表 5.1:

[①] 民国时期切音字运动提出了多种拼音方案,民国政府官方公布注音字母和国语罗马字母两种拼音方案作为国家标准。

[②] Hockett & Fang(1944).

表 5.1　不同拼音系统对照表

汉字	汉语拼音 1958	WG 威氏拼音 1867	耶鲁拼音 1943	国语罗马字（1—4声） 1928
熬	ao	ao	au	au/aur/ao/aw
包	bao	pao	bau	bau/baur/bao/baw
秋	qiu	ch'iu	chyou	chiou/chyou/cheou/chiow
周	zhou	chou	jou	jou/jour/joou/jow
飘	piao	p'iao	pyau	piau/pyau/peau/piaw
心	xin	hsin	syin	shin/shyn/shin/shinn
青	qing	ch'ing	ching	ching/chyng/chiing/chinq

从表中可见,各套系统有一定的差别。如表示送气符号,威氏拼音用('),耶鲁拼音则用字母;表示介音,威氏拼音和国罗都用"i",耶鲁拼音则用y。耶鲁拼音和国罗的第一声拼法有很多相似之处,但国罗四个声调全部使用字母表示,耶鲁拼音则用符号 ‐ ′ ˇ ` 表示。在词语标注方面二者也有较大差异,国罗提出了系统的词语连写规则,耶鲁拼音则按词分写。

从当时高校教学情况来看,使用何种拼音系统各随其便。芝加哥大学及西部各大学采用惯有的威妥玛拼音法,哈佛大学使用国语罗马字,耶鲁大学和康奈尔大学等校使用耶鲁拼音法。[①] 不过,各校虽使用拼音体系不同,但都在教学中格外注意语音教学,可谓殊途同归。

1.2 ASTP 的教学目标和教学模式

ASTP 对课堂有统一的规定,主要做法为:(1)每周有大量面授课时,大多数时间为会话操练,小部分时间讲授语法;(2)小班操练(少于 10 人),根据学生能力和学习进度分班;(3)由目的语母语者或完全双语者进行操练;(4)使用辅助工具,包括电影、唱片、录影机、磁带录音机、收音机、

[①] 邓嗣禹(1947)。

电话等设备;(5)通过课外活动,为语言学习提供生活背景,如设置语言房、语言桌和语言俱乐部,以及与目的语群体进行社会接触。① 这是 ASTP 项目通行的模式,建议所有语言项目都采用。ASTP 课程内容并不单是语言,而是语言学习(Language Studies)和地域研究(Area Studies)两种课程同时进行,而且采用精英教学方式,不及格者就开除,这样可以不迁就学生,保证进度。② 正是由于特别注重听和说的能力,因此读写方面和汉字方面,并不作为重点学习,有的学校会安排到后期进行。

芝加哥大学与大多数高校的做法有所不同,东方语言文学系一贯具有重视汉字学习的传统。在系主任汉学家顾立雅的主持下,汉语课程从文言开始学习,使用自编教材《归纳法中文读本》(*Literary Chinese by Inductive Method*),包括《孝经》《论语》和《孟子》。这套能使学生文言和白话同步学习的"归纳法",是将每册字汇列出汉字的各种形体以及各种含义的英译、释义和例句。学完三册,不仅可以了解中国传统文化的精义,还能掌握约 3000 汉字。③ 在 ASTP 项目中,芝加哥大学一方面很好地贯彻了 ASTP 的教学主张,另一方面也及早开始了汉字学习,不过具体什么时候开始则有过小插曲。比如第一期第一周只教拼音,第二周开始介绍汉字,结果学生都反对,认为中国汉字难学;第二期便一开始就教识字及书写,学生反而都能接受。他们每周开展小考、每月大考以及不定期举行小测验。由于教员严格,学生勤奋,一年之后学生们在听说读写译方面都取得了较大的进步。

芝加哥大学的地域研究课程每期有十个小时。第一期为地理课程,从远东地理讲到中国地理;第二期为中国历史课程,由古代北京人讲到最近的时事,同时对中国文化、美术、政治、哲理等进行概要介绍;第三期为

---

① Agard et al. (1945).
② 邓嗣禹介绍芝加哥大学的做法是"不及格者往往开除,不使降班"。在哈佛大学 ASTP 任教的杨联陞 1944 年 3 月 14 日致胡适的信中也说:"坏学生差不多都走了,以后大概可以教得快一点儿。"参见彭靖(2018)。
③ 钱存训(2008)。

中国政治社会组织,关注近百年状况,为避免课程单调,学校会组织学生参观博物馆或请专家做讲座,学生还需每周阅读 100 页左右的参考文献;第四期为综合性学习,学校会邀请专家学者开设讲座,讲座涉及中国文化、风俗、时事、戏剧或书画等主题。这样培养出的学生,一年以后便几乎成为"中国通"。

ASTP 的这套教学模式战后也有高校继续使用,如哈佛大学、西部华盛顿大学。① 美国国务院外交学院(FSI)在 1956 年的课程中使用耶鲁大学远东语文研究所为 ASTP 所编的教材,并有来自中国长春的教师上课。前三个月练习发音和音调变化是日常任务,每天学习六个小时口语,还要另外花三到四个小时写作业;第四个月开始学习写作,从汉语部首检字表学起,六个月学习大概 300 个汉字,能够进行一些最基本的表达。在完成基础学习之后再继续学习,全部课程需要两年半完成。②

但也有人对 ASTP 有一些负面的评价,如认为请来的很多母语教师不专业,忽视人文素养的培养,否定传统教学,夸大自身的创新意义,过早地断言这种培养模式成功,等等。一些批评者还指出,特殊的环境要求并允许这种密集的语言学习,但在传统的学术环境中采用 ASTP 实践就是不切实际的。③ 毕竟 ASTP 只是一个战时用于培训军人的临时项目,特殊的环境要求并支持这种密集型的语言学习,当项目结束后,经费资助终止,教学环境发生变化,适应该项目的教学法、教学模式等也就失去了依附。除了少数有条件的学校有所延续外,在大多数高校,外语只是一门课程,无法保持全日制沉浸式教学方式,也难以维持较多的母语者教师,因此一定程度上又回归到使用传统的教学方式进行教学。

---

① 邓嗣禹(1947)。关于芝加哥大学 ASTP 课程的具体介绍参见该文。
② William F. Cunningham 回忆自己在 FSI 的汉语学习经历时所述,"Chinese in my foreign service career",收入 Vivian Ling 主编 *The Field of Chinese Language Education in the U.S. ——A Retrospective of the 20th Century*,第 313 页。
③ 转引自 Veileman(2008)。

1.3 赵元任在 ASTP 中所做的贡献

为配合战事，哈佛大学成立了专门的"海外政治学校"（School for Overseas Administration，简称 SOA），目的是为大战结束后进入欧洲和远东地区执行民事和军事任务的管理人员进行培训，ASTP 远东组属于 SOA 负责的下属项目。①

1942 年暑期，赵元任在哈佛大学开设了一门广东话密集课程，为期十二周，使用自编教材《粤语入门》（Cantonese Primer），序言有"目见不如耳闻，耳闻不如口读"，强调口头表达的重要性，认为要教"可说的"（sayable）语言。1943 年 8 月哈佛大学 ASTP 中文项目第一期启动，赵元任担任负责人，由杨联陞协助，在其《粤语入门》基础上重新编写了普通话教材《国语入门》（Mandarin Primer：An Intensive Course in SPOKEN CHINESE）。第一期尚未结束，1944 年 5 月又交叉举办第二期，直到 1944 年 12 月该项目结束。

赵元任语言造诣高深，他结合自身教学实践，将 ASTP 教学理念融入教材中，在语音、语法及文化因素的编写方面都极具针对性。他强调说的能力依赖于听的能力，教材中对口语中情感、语气的表达十分关注，前言中特别提示"本书对中国语言特点特别着力表现的是不同语气词的使用，像表同意或反对的语气词、语调以及对话中起润滑作用的字词，学这些成分最好是透过耳朵听，而不是透过描述"。② 由于 ASTP 的教学目标主要是掌握口语交际能力，加上其速成特点，《国语入门》全文采用国语罗马字写成，而未使用汉字。1948 年 4 月哈佛大学出版社出版后，又另外补了一本汉字配套教材《国语入门汉字课本》（Character Text for Mandarin Primer）。

《国语入门》的体例对于后来的教材编写起了重要的示范作用。全书

---

① 见陈怀宇(2013)。该报告中说明"远东地区"指日本帝国及其侵略地区，包括满、蒙、台、韩、中国大陆、印度支那、泰、缅、马来、荷属印度群岛、其他太平洋诸岛。在 ASTP 任教的杨联陞致胡适信中称 SOA 为"海外政治学校"，应是当时普遍的叫法。

② 引自《〈国语入门〉序》。

包括三个主体部分和一个附录部分。

第一部分:介绍。主要介绍汉语知识。包括汉语(是什么)、发音和罗马字标记、语法、汉字、学习方法。这一部分需要学习三到四周。

第二部分:基础工作。主要阐述汉语的语音系统,包括汉语声调、发音难点、语音系统和变音系统四节。

第三部分:课文,共24课。

附录部分:包括词汇索引、术语缩写符号、声调拼写一览表。

《国语入门》对其所使用的拼音系统进行了非常详细的介绍,国罗拼音最独特之处是将字母嵌入音节中表示声调。四个声调分别如:Mha-Ma-Maa-Mah、Fei-Feir-Feei-Fey、Tang-Tarng-Taang-Tanq。为了给学习者提供标准语音,1955年,赵元任带女儿赵如兰为《国语入门》灌制了录音带,于1956年出版。

《国语入门》每课题目如表5.2。①

表 5.2 《国语入门》课文题目

课目	英文题目	国罗拼音	中文题目
1	YOU, I, AND HE 'FOUR MAN'	NII WOO TA 'SYHG REN'	《你、我、他"四个人"》
2	THING	DONG. SHI	《东西》
3	SPEAKING CHINESE	SHUO JONG. GWO-HUAH	《说中国话》
4	TELEPHONING	DAA DIANNHUAH	《打电话》
5	UP, DOWN, LEFT, RIGHT, FRONT, BACK, AND MIDDLE	SHANQ SHIAH TZUOO YOW CHYAN HOW JONGJIALL	《上下左右前后中间》
6	A SMOKE RING	IG IANCHIUAL	《一个烟圈儿》
7	MR. CAN'T STOP TALKING	TARN BUHTYING .SHIAN .SHENG	《谭步亭先生》

---

① 《国语入门》1948年出版,1961年再版。1948年版本中第五课课文拼音将"上"拼为SHANG,1961年版本拼为"SHANQ"。1948年版有误,1961年版是正确的。

续表

课目	英文题目	国罗拼音	中文题目
8	ANTONYMS	JENQFAAN-TZYH	《正反字》
9	A GOOD MAN	IG HAO REN	《一个好人》
10	THE TAILLESS RAT	WUWOEI SHUU	《无尾鼠》
11	WATCHING THE YEAR OUT	SHOOU SUEY	《守岁》
12	A RESCUE AT SEA	HAESHANQ JIOW-REN	《海上救人》
13	INQUIRING AFTER A SICK MAN	TANN BINQ	《探病》
14	CONVERSATIONS WITH THE DOCTOR	GEN DAYFU TARN-HUAH	《跟大夫谈话》
15	WORLD GEOGRAPHY	SHYHJIEH DIHLII	《世界地理》
16	CHINESE GEOGRAPHY	JONGGWO DIHLII	《中国地理》
17	TALKING ABOUT INDUSCO	TARN GONGHER	《谈工合》
18	TO THE MINSHENG WORKS	TSANGUAN MINSHENG CHAANG	《参观民生厂》
19	RENTING A HOUSE	TZU FARNGTZ	《租房子》
20	THE WALRUS AND THE CARPENTER	HAESHIANQ GEN MUH. JIANQ	《海象跟木匠》
21	LISTEN AND LISTENING IN	TING YEU PARNGTING	《听与旁听》
22	STUDYING	NIANN SHU	《念书》
23	THE VERNACULAR LITERATURE MOVEMENT	BAIRHUAH WEN	《白话文》
24	AN AMERICAN MAKES A SPEECH	MEEIGWOREN YEANSHUO	《美国人演说》

《国语入门》的课文内容以日常生活为主,但体裁多样,有寓言、散文、诗歌、话剧、演讲稿等;对话与独白兼具,有 20 课采用对话体,4 课为独白体。设定场景丰富、角色多样,人物前后有所照应,表达符合人物身份,语言诙谐幽默。为了帮助学生理解,每篇课文均带有背景知识介绍,而中国人生活中一些散见的、但是又对交际产生重要作用的文化点则贯穿到课文中,如人名、生活习惯等。该教材特别强调真实口语,如:重视叹词,"嗳(Mm),不要紧"(4 课)、"啧(Tz)!真妙"(14 课),对叹词进行语音、语义和语用说明;突出儿化音,如"哦,今儿几儿啊?"(11 课);凸显口语词汇和发音,如"告送—告诉、起头儿—开头儿"(13 课),"你就老躺得床上在那儿打呼噜(得—在)"(17 课);正视方言存在,如"侬会得讲南边闲话否?"(16 课),"你说啥子啊?""不晓得是怎么走的"(18 课)。

《国语入门》的编排以语言结构为中心,围绕语言教学展开。绪论中运用美国结构主义的理论和方法分析了汉语语法的特点,建立了新的语法体系。"《国语入门》(*Mandarin Primer*)第一次将口语的(以有别于书面的)现代汉语的语法结构,通过语言学的体系,有系统地介绍给了西方人。"[①]《国语入门》在字词呈现方面也表现出较强的合理性,全书汉字 1772 个,生词 2200 个,词的复现率为 12 次,课文总字数为 26,000 字。[②]

《国语入门》成为当时一部有影响力的口语及语法教材,在 ASTP 项目结束之后,除哈佛大学、加州大学外,仍有一些高校在继续使用。1957 年重印,1964 年又再版一次。而普林斯顿大学直到 90 年代仍在使用国罗拼音系统。[③]

赵元任在哈佛大学所采用的教学模式与芝加哥大学所用模式有很多相似之处,他聘请了 20 多位[④]普通话标准的助教帮助学生练习,当时正在哈佛大学陪同周一良攻读学位的邓懿成为赵元任在语音方面的得力助

[①] 周质平[2015(01):91]。
[②] 此数据为狄弗朗西斯(即德范克)统计,见盛炎(1987)。
[③] 陈大端在普林斯顿大学任教时一直使用国语罗马字,他认为用不同字母标示声调可以帮助初学者意识到不同声调是不同的词,而不是同一个词内部的词形变化。
[④] 彭靖(2018)。

手。这一段教学经历对邓懿的汉语认知、教学认知、教学技巧以及教学理念都产生了根本性影响。① 邓懿回国后一度在燕京大学任教,中华人民共和国成立初期设置了"东欧交换生中匤语文专修班",邓懿担任教学负责人,早期在教学模式、师资培养、教学方法等方面都从 ASTP 项目中有所借鉴。②

哈佛大学培养的学员中大部分人没有走上学术研究道路,但牟复礼(Frederick W. Mote)却成为其中的佼佼者,为汉语教学界做出了重要贡献。他读完大学一年级时 20 岁,即于 1942 年底应征入伍,次年在哈佛大学接受 ASTP 项目培训一年,后到中国作为美国战略情报局(中情局前身)官员工作了一年,战争结束后又到南京金陵大学读本科,1948 年毕业。1954 年他获得西雅图华盛顿大学博士学位,又到台湾大学从事博士后研究,次年到荷兰莱顿大学担任富布莱特(Fulbright)交流基金讲师,后来专修明史。1956 年,牟复礼到普林斯顿大学工作,直到 1987 年退休。普林斯顿大学的中文教学始于 20 世纪 30 年代,但一直没有一位全职的在岗中文教师,汉语教学方面没有什么建树,汉语课不算学分,愿意学习汉语的人也就两三名。牟复礼到来后首先把汉语课变成一门学分课,并建立了中文本科和研究生教学体系。他成为推动普林斯顿大学中文教学和研究的关键人物,在中文教学和研究领域地位极高,被人比作"哈佛的费正清"。③

第二节 《国防教育法》推出后的汉语教学

2.1 教学机构及团体获得发展契机

早期除了高校作为外语设置的汉语课程外,一些财团也对汉语和文化教学研究提供了资助。早在 1928 年即有受铝业创办人查尔斯·马丁·

---

① 肖钟(1987)。
② 刘元满、邵明明(2022)。
③ 顾钧(2013)。

霍尔(Charles Martin Hall)遗产捐赠创建的哈佛－燕京学社,致力于发展亚洲地区的高等教育以及以文化为主的人文社会学科,美国的汉学研究(中国学研究)得以大力发展并持续至今。洛克菲勒基金会(Rockefeller Foundation,1904年初设,1913年注册)、卡耐基基金会(Carnegie Foundation,1911年注册)、福特基金会(Ford Foundation,1936年创立)这三大基金会都在教育领域投入甚多,对于汉学及中国研究予以支持。如洛克菲勒基金会1928年发起并资助"美国学术团体理事会(ACLS)"主办"首届促进中国学会议",使得中国学从此正式进入了美国学术研究领域。二战结束前,它推动和资助美国十多家名校建立起的"远东学图书馆"以中国研究为中心。1947年前美国保持三名以上全职教师教授远东课程的约十所学校都得到过该基金会程度不同的资助。在编写教科书方面,基金会重点资助了耶鲁大学和芝加哥大学这两所大学。太平洋战争爆发后,资助"美国教育理事会"重新审定和编写关于远东的教材供中学和大学本科使用。基金会还支持"太平洋关系学会"向母语为英语的学生讲授中文的教学法。[1]

1958年《国防教育法》颁布后,语言被提到了国家安全高度,外语方面得到国家政策支持和经费方面的大力投入,汉语被列为关键语言,在美国高校中地位提升。一些高校迅速增设汉语课程,1966年设汉语课的有95所,1970年前后增加到130所。[2] 不少开设汉语教学的机构抓住前所未有的机遇,迅速发展起来。其中西东大学(Seton Hall University)的发展很有代表性。

西东大学对时代的嗅觉非常敏锐,能够根据时局的发展及时调整办学方向。1951年朝鲜战争爆发,西东大学校长约翰·麦克纳尔蒂(John L. McNulty)10月29日举行了一场历史性的午宴,邀请中国、日本、韩国和越南等几个亚洲国家和地区的知名代表参加,宣布为了促进亚洲和美洲人民之间更好的理解和关系而发起成立远东研究院(Institute of Far

---

[1] 资中筠(1996)。
[2] 常宝儒(1979)。

Eastern Studies)。当时美国也仅有几所名校开设有亚洲研究专业。1952年春季学期,开设亚洲语言、历史和文化课程①。中文课程有"初级中文、现代中国、中国与美国"等,课程安排在晚上,尽管选课人数还不多,但却使汉语走出象牙塔,成为普及大众的基础课。

1958年,正是《国防教育法》颁布之年,祖炳民(John B. Tsu,1924—2005)出任远东研究院院长,连续两次争取到《国防教育法》经费支持。1961年创建亚洲学系(Department of Asian Studies)并任系主任。该系最初只有一个研究生项目,1968年增设本科专业。祖炳民在西东大学工作了19年,积极培养师资、开发教材以开拓中小学中文教学市场,并创办中文教师协会、出版会刊以加强中文教学专业。他为西东大学的中文项目和美国中文教学的发展立下了汗马功劳。②

继祖炳民之后又有数位担任亚洲学系主任及远东研究院主任的学者,与其他一些汉语教学高校重镇有着深厚的渊源关系,他们继续保持着前瞻性眼光,在推进院系发展以及促进中文教学及研究方面做了大量工作,也为西东大学保持中文教学前沿阵地做出了重要贡献。其中杨觉勇(John Young)所做的工作独树一帜。杨觉勇1942年毕业于东京帝国大学,1946年派驻华盛顿担任战后"远东委员会"中国代表团秘书。1949年结束外交生涯,在乔治城大学教授历史并同时攻读约翰斯·霍普金斯大学历史学博士学位。1963年担任马里兰大学教授兼远东外语系主任。1964年转入夏威夷大学,担任亚洲太平洋语文学系教授、系主任,前后工作十年,充分表现出其招才纳贤的领导能力。如1966年成功地将知名学者德范克从西东大学请至夏威夷大学任教,又从台湾地区聘请了语言学家郑良伟和李英哲教授,极大地充实了夏威夷大学的汉语教学及研究力量。此外他还推动该校"东西文化中心"(East-West Center)实施诸多项

---

① 参见西东大学官网对亚洲研究历史的介绍,网址为:https://www.shu.edu/languages-literatures-cultures/history-asian-studies.cfm,访问日期:2020年12月30日。
② 陈东东(2018a、2018b)关于西东大学的发展发表了系列文章,其中涉及祖炳民、德范克等人的贡献。本书参考文中提供的基本史实以及西东大学网站的资料而进行了进一步梳理和分析。

目,其中有资助来自亚洲各国的学人边学习边任教、为期18个月的奖学金项目,使多位从事中文教学的人有所受益。1974年杨觉勇转至西东大学担任远东研究院主任,直到1990年退休。实际上,他一直教授日文而非中文,其笑谈自己不愿与同胞争饭碗,但他参与全美中文教师学会(CLTA)初创工作,并为学会发展做出了长期贡献:1967—1968年担任董事,1969年担任董事长,1978—1989年担任执行秘书兼财务总监,1993—1999年为荣誉董事。①

总体来看,西东大学的中文教学之所以取得重要成就,主要因素表现在三个方面:办学经费、交流平台和组建队伍。

首先,大力争取经费支持。

发展教育,首先要解决经费问题,保证具有稳定的经费来源。而大学里中文学生虽少,却也需占用教师、教室等资源,若遇缩减课程便首当其冲,遑论发展。充足的经费是发展事业的保障。1958年,《国防教育法》强调了"新三艺"教学,拨款力度前所未有。祖炳民获知信息后即与校方联系,建议积极申请国家经费支持,并成功获得数项资助,而且政府资助是滚动式的。此外,西东大学还扩大经费渠道,积极游说、争取其他财团的大力资助,如1962年依靠卡耐基基金创立了"国防教育法"暑期学院(NDEA Summer Institute),成为全美第一个中文师资培训中心,开设汉语语言文化课和中文教学法课,培训中文师资,培养了大批中文教师。到1970年,95%的美国中学中文教师毕业于西东大学和加州州立旧金山学院。1962年到1975年期间,西东大学多次获得经费支持,其中《国防教育法》经费16次、卡耐基基金3次、《教育专业发展法案》7次。② 美国国会1968年颁布《双语教育方案》之后,政府在双语教学方面又投入大量资金支持,西东大学再次抓住机遇,1975年获得大额拨款,创建了面向教育硕士和教育博士的"双语教育奖学金项目班"(双语为英语—汉语/日语/韩语/西班牙语),以及面向学士和硕士的"双语教育教师培训班"。1976

---

① 赵志超(2018)。关于其在乔治城大学教授历史一事见《环球时报》2005年12月2日版。杨觉勇(2005)回忆"我拍到了日本秘密档案(口述历史)"。

② 陈东东(2018a)。

年又获得高额资助,设立"亚洲双语课程发展中心"(Asian Bilingual Curriculum Development Center,简称 ABCDC)。到 1980 年,西东大学不仅拥有亚洲研究本科和硕士项目,还有中国研究硕士项目(含中文、中文教学、语言学、文学、文化、双语教学等不同方向)、日本研究硕士项目(含语言和文化、双语教学两个不同方向),成为美国双语人才的重要培训基地。直到 90 年代初,国家语言政策调整后方才终止。

其次,组建学术机构并设立交流园地。

1961 年,祖炳民与杨觉勇等几位中文教师一起在美国现代语言协会(MLA)年会上组建中文顾问委员会(Advisory Committee on the Chinese Language),中文教师可以通过该委员会参加现代语言协会的学术研讨会。1962 年,该顾问委员会成立了中文教师学会(Chinese Language Teachers Association,简称 CLTA),以推广中文教学、研发教学材料、培养合格教师为宗旨(详见第八章),从此成为专门从事中国语言、文化和教学研究的专业组织。祖炳民还与同事创办中文教师学会会刊《中文教师协会通讯》(*Newsletter of the Chinese Language Teachers Association*),[1]刊登汉语教学动态、业内信息、研究成果、项目发展、学术研讨会等重要信息,中文教师和研究者们有了发表的平台,极大地促进了中文教学的发展。德范克也在推动该刊的发展方面付出了很多心血,他曾于 1950—1955 年担任《美国东方学会杂志》的副编辑,在编辑出版方面有着丰富的经验,在他离开西东大学转往夏威夷大学后,于 1966—1978 年担任《中文教师协会通讯》的副编辑[2],为期刊的发展做出了重要贡献。

再次,招贤纳士的同时培养高质量人才。

西东大学在经费上获得资助的同时,也积极吸引人才、组建优质队伍以完成项目任务。历史有其必然性,但也有一定的偶然性,德范克从

---

[1] Chinese Language Teachers Association,简称 CLTA,最初成立时使用"中文教师协会"名称,刊物名为《中文教师协会通讯》。CLTA 网站所用中文名称现为"美国中文教师学会",刊物名为《美国中文教师学会通讯》。本研究统一使用现代名称"美国中文教师学会"。

[2] 陈东东(2018b)介绍"他曾担任两年的中文教师学会会长、十年的中文教师学会学刊主编",应有误,原文收入 Vivian Ling(2018:411)。

事汉语教学、编写汉语教材便是机缘巧合。德范克1933年获得耶鲁大学学士学位,1941年、1948年分别获得哥伦比亚大学硕士学位和博士学位。1961年底,德范克因受政治迫害而生计困难,该年刚创设亚洲学系并任系主任的祖炳民聘他为西东大学亚洲学系研究教授,主要任务是六个月内编写出适合高校的初级汉语教材。德范克如期交稿后,西东大学获得了联邦政府的更多资助,德范克也得以继续编写教材,五年内陆续编写并完成了共计12册的中文课本,直到1966年转至夏威夷大学任教。

西东大学1965年从汉语教学重镇耶鲁大学请来王方宇(Fred Fangyu Wang,1913—1997)。王方宇1936年毕业于北平辅仁大学教育系,1944年赴美留学,1946年获哥伦比亚大学硕士。在哥大一次同乐会上,王方宇表演了京剧《法门寺》,毕业于南京金陵大学的耶鲁大学中文教授都礼华在场向他祝贺,其有感于王方宇中国传统文化素养很高,北京话也很标准,就邀请他去耶鲁大学教中文。王方宇便利用假期去教课,毕业后就职于耶鲁大学。在耶鲁大学工作十年后,王方宇1965年赴西东大学任教,1972—1974年担任美国西东大学亚洲学系主任,1975年退休。他编写了侧重口语教学的《华语对话》、一套完整的《华文读本》,还主持改编了《中国话辞典》《普通话辞典》,他在中国古典文学及中国艺术史方面研究颇有造诣,也是八大山人书画研究的权威。[①]

除了完成汉语教材编写任务外,西东大学还承担了其他教材的编写工作。为了给双语教程中心物色中文教材编写专家,时任远东研究院主任的杨觉勇到台北找到了在办报及写作方面都很有造诣的王鼎钧,约请他到美国编写教材。王鼎钧于1978年来到西东大学担任双语教程中心高级研究员,专门编写双语所用的中文教材。在此工作七年间,他参与了历史、地理和中国语文的编写,其主编的《中国语文读本》课文之前有说明,课文之后有作者介绍和注释,课本之外还有类似教师手册的习作本。

---

① 王方宇的情况主要根据以下文章进行整理:闽人(1986),甘耀移(1997),方哲(2018),Vivian Ling(2018)。此外,王方宇还创制出书舞结合的艺术——墨舞,1984年在纽约首演,1986年赴京表演。

其编写设计充分考虑到教师和学习者的需求特点,其中习作本最费力气,每一课都有内容讨论、语文练习、写作方法、自由作业。①

除了西东大学之外,其他一些高校也在这一期间继续保持发展,如耶鲁大学、夏威夷大学、普林斯顿大学等。为了适应中文教学日新月异的发展,尤其是为了鼓励、加强学术研究,各高校也开始联合开展一些项目和活动。1963年,在康奈尔项目(Cornell Program,1956—1963)和斯坦福项目(Stanford Program,1962—1963)基础上,由福特基金会赞助,康奈尔大学、哈佛大学、哥伦比亚大学、普林斯顿大学、密西根大学、加州大学伯克利分校、华盛顿大学和斯坦福大学这八家拥有中国研究的研究生课程的机构联合创建了"美国各大学中国语文联合研习所"(Inter-University Program for Chinese Language Studies,简称IUP),地点设在台北。耶鲁大学次年加入,芝加哥大学1969年加入,这十个成员一直持续到1996年。IUP于1997年迁到北京。研究中国的大批学者都在这个机构进修学习过。②

1966年夏,美国中部十一所大学联合举办了一个远东语言学暑期班(简称CIC),后来每年由一个大学轮值开设十个星期,请各校有名的学者前往授课,如赵元任就曾应邀教过一个星期。③

2.2 德范克系列教材应运而生

如前文所述,德范克来到西东大学的任务便是编写汉语教材,在编写了初级教材之后,接着又编写了中级和高级教材,形成"德范克系列"教材。他将拼音与汉字分成不同的课本,共编写11册教材,另有一册全套教材索引。

初级汉语四册:拼音版口语会话和汉字版口语会话各一册,配套阅读上下两册。其英文名分别为:*Beginning Chinese*,*Character Text for Beginning Chinese*,*Beginning Chinese Reader*(*Parts I and II*)。

---

① 王鼎钧(2014)。
② James(2018)。
③ 苏金智(2012)。

中级汉语四册：拼音版口语会话和汉字版口语会话各一册，配套阅读上下两册。其英文名分别为：*Intermediate Chinese*，*Character Text for Intermediate Chinese*，*Intermediate Chinese Reader*（Parts Ⅰ and Ⅱ）。

高级汉语三册：拼音版口语会话和汉字版口语会话各一册，配套阅读一册。其英文名分别为：*Advanced Chinese*，*Character Text for Advanced Chinese*，*Advanced Chinese Reader*。

1963年耶鲁大学出版社出版了初级教材，1967年教材全部出齐。这套教材在该时代成为西方人学习中文的经典课本，人们亲切地称之为"德弗朗西斯课本"，其部分卷册在21世纪初还依然在重印和使用。[①]

中华人民共和国1958年颁布汉语拼音方案，1961年德范克编写系列教材时，接受祖炳民的建议，采用了这套最新的、由国家推出的汉语拼音方案。他纠正了ASTP教材中只注意听说能力的问题，注重汉字和阅读能力，分出不同级别，材料丰富，文法解释详细。教材特别适合美国高校的学习要求，因而得到高校的广泛采用。教材出版后又根据反馈及时修订，1976年推出第二版。这一版去除了一些硬伤，编写内容更为科学。各册教材封面见图5.1。第二版推出后，其使用范围更为广泛，德范克继续收集反馈意见，在内容和形式上进行调整，为再次修订教材做了大量准备。但不幸的是，2009年初，98岁高龄的德范克意外离世，第三版最终未能推出。

这套教材在语音、汉字、词汇、语法等语言要素方面的处理都比较科学，其阅读教材在字词复现率以及字词比上做了清晰的安排，各级教材所选汉字均以字频统计为基础，根据汉字覆盖率高低进行编排。从课文难度来看，阅读教材各级水平平均句长逐步增长，分别为14.86—20.81—28.57，每百字句子数逐步下降，分别为6.72—4.8—3.49，呈现出逐步变难的趋势。该教材甚至还考虑到使用者的阅读心理，各册字号和行距都表现出逐步过渡、循序渐进的特点，如初级每页字量270，使用小二号字；中级每页字量323，使用三号字；而高级每页字量783，使用四号字。在当时并无可以依据的大纲，编写理论方面也无成规可循，但"无论在字词复

---

① 任友梅、杨双扬(2003)。

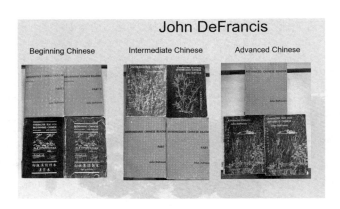

图 5.1 德范克系列教材

现还是难度指标上,德范克系列阅读教材都与现有实证研究的结果不谋而合,可以说体现出较高的编写水平"。①

除了语言方面的设计外,这套教材在内容设计上颇具匠心,将人物、故事、文化有机结合,男女主人公贯穿初、中、高三个级别,每一级都设计了完整合理的故事情节。教材设置的主要人物为高先生、高太太、高小姐,即高美英一家三口,再加上来华留学后又回来做研究的白文山。全书故事场景非常丰富,人物关系前后一致,形象塑造十分生动。教材通过这四个人的活动,将中国社会以及不同阶层人们的生活客观地展现在人们面前,同时将文化因素巧妙融入,行文幽默,引人入胜。②

(1)初级汉语课本

白文山来中国学习汉语,到高先生开的书店买书,两个人熟悉之后,白文山到高家吃饭,认识了高太太(擅长做菜)、高美英(喜欢画画儿,准备考大学)。他跟美英一起聊天儿、吃饭、看电影。美英从日本旅行回来后,又邀请白文山参加高家的家宴。白文山学习一年结束后,要回美国读大四,高家人为他送行。回美国后,白文山给高美英写信。后来,高美英也

---

① 王蕾(2020).课文难度统计数据及字号排版情况均引自该文。
② 德范克教材有两个版本,本研究的分析内容源自德范克《初级汉语》《中级汉语》《高级汉语》系列教材(第二版),耶鲁大学出版社,1976 年。

考上了大学。

此外,书中还设置了一些其他人物,构建起一个社会圈子。如书店店员毛先生,住得离高家很近的钱先生,高先生的英国朋友、文学家万教授,公共汽车售票员,等等。

(2)中级汉语课本

白文山三年前离开中国,回美国继续读书读到了博士阶段,得到一个项目资助,所以他又来到中国做研究,住在高先生的朋友华先生家。华先生是搞建筑的,他自己建造了一个三合院,外观是中式的,而里面的装修是西式的。教材中同样设计了一个由诸多人物构成的一个有很强代表性的社会圈子。华先生家有四口人:他、妻子和两个儿子,小儿子刚刚去世。家里还有个保姆,来自河北三河,其丈夫被日本人杀死了,子女们都长大能自己独立生活了。此外,教材中还提到白文山和华先生的大儿子一起去看球、参观大学等情节;谈到美英去看望生病的黄太太,说起看病难的问题等,涉及场景很丰富。

(3)高级汉语课本

白文山跟随马教授学习并研究,马教授的父亲为民国第一期留美学生。该教材中的生活性话题减少,而开展了很多讨论性话题。如针对汉语学习者的特点,第一课就谈到了汉语学习方法问题。白文山告诉马教授自己以前学生词时,每次研究十组左右,共约六十个生词,还会谈论词语的用法,他们约定今后也这样学习,这样在第一课就巧妙地提出了学习建议。"温习"中的句子都跟白文山的学习有关,均为扩展性的成段文章,如《三字经》《千字文》《百家姓》、私塾、科举、简体字等都被提及。有些话题用作讨论,如繁简字与教育的关系、男女受教育机会等。马教授解释词语和语言现象的方式特别适用于高年级水平,客观上也为教师提供了教学提示和示范。

这套教材出版后很快成为不少高校的首选教材,且使用时间很长。有调查显示,当时在45所高校中有10所学校使用了这套教材。[①] 同时,

---

[①] Wang(1989)。

在教学实践中,这套教材也获得了教师的好评。有教师回忆道"当时没有比这套教材更好的课本,所以 DeFrancis 的课本一直用到我离开密大后还在继续使用。这个课本对我的影响很大,受益颇多"。①

这套教材也较早受到中国对外汉语教学界的关注,盛炎(1989)发表了专评,除了肯定该教材的优点外,也发现教材中还有不少错病语句,认为可能是受英语、方言影响,对普通话不够熟悉等原因造成的。

德范克除了在教材编写方面独树一帜外,他还有许多研究语言的相关成果,深厚的理论基础是他成功的保证。他主编的《ABC 汉英词典》(*Alphabetically Based Computerized Chinese-English Dictionary*)1996 年由美国夏威夷大学出版社出版,中国汉语大词典出版社即于 1997 年出版,采用汉语拼音字母顺序进行排列,收词广泛,释义准确,周有光称之为汉英词典的"第四个"里程碑。② 后又在此基础上大量增补修订,编成《ABC 汉英大词典》(*ABC Chinese-English Comprehensive Dictionary*),2013 年以 1400 余页的篇幅由汉语大辞典出版社出版。在嘉惠中国的英语学习者的同时,也使中文教师和中文学习者广为受益。

2.3 高校汉语教学获得全面提升

二战极大地推动了美国外语教学发展,对于汉语发展来说也是极为重要的时期。高校所需教师职位增加,一些在中国留学或生活过的美国人返回了美国,而一些赴美留学或工作的中国人也滞留美国,使得不少对汉语及中国文化有深入研究的学者文人充实到中文教学领域,在教学理念、教学内容、教学方法、教材编写、辞书编纂等方面起到了积极的推动作用。

ASTP 项目刚开始时,几乎没有可供使用的现成教材,于是高校各显其能,纷纷自己编写课本。主要教材及编写者见表 5.3。③

---

① 马盛静恒(2018)。
② 沈永年(2000)。
③ 黄伯飞(1980)。文中将芝加哥大学的顾立雅译作魁友,而将哈佛大学使用赵元任的教材写成 *Chinese Primer*(《国语入门》)应有误。赵元任所编教材实际上是 *Mandarin Primer*,而 *Chinese Primer* 为 60 年代陈大端为普林斯顿大学所编写。

表 5.3　ASTP 项目使用教材

高校	教材	主要编写者
耶鲁大学	Speak Chinese（《中文口语》）	金守拙、赫德曼
哈佛大学	Mandarin Primer（《国语入门》）	赵元任
斯坦福大学	Elementary Chinese（《中国国语入门》）	陈受荣
印第安纳大学	Conversational Chinese（《国语会话》）	邓嗣禹
芝加哥大学	Literary Chinese（注重文言）	顾立雅
康奈尔大学	A First Course in Literary Chinese（注重文言）	沙岱克

邓嗣禹主持编写的 Conversational Chinese 主要面向一、二年级，继承了芝加哥大学将口语与汉字学习同步进行的传统。该教材经过进一步整理，加上了详细的语法注释，于 1947 年出版，到 1959 年重印共计五次，被认为是向美国学生教授汉语的最佳教材。[①] 邓嗣禹后来继续编写《高级中文会话》）(Advanced Conversational Chinese)，于 1965 年出版。

哈佛大学、芝加哥大学在 40 年代起均成为汉语教学的重镇，而耶鲁大学的汉语教学则当之无愧地成为标杆，无论是课堂教学还是教材编写都有着骄人成绩，其影响力广泛而持久。

金守拙在战前就在中国的成人扫盲课本基础上主持编写过"基本中文"教科书。1936 年，他从中国购置了中文铅字，耶鲁大学东方学系因此成为当时最完善的中文印刷所，在二战中发挥了重要作用。[②] 耶鲁大学接受 ASTP 任务后即迅速成立远东语文研究所，金守拙、赫德曼研制耶鲁拼音，用于 Speak Chinese（《中文口语》）中，1944 年出版，战后也依然广为使用，甚至不少准备到中国去的传教士也用这本书学习。之后，他们又编写出会话教材 Chinese Dialogue（《华语对话》）。这两本教材成为耶鲁大

[①]　关于该教材更为详细的介绍，可参见彭靖(2020)。
[②]　资中筠(1996)。文中"基本中文"及"东方学系"未附英文名称，予以保留。

学汉语教材系统的基础。① 不过耶鲁大学在汉字学习方面做法与芝加哥大学不同,芝加哥大学开课第一周就让学生开始学习汉字,而耶鲁大学开始得比较晚,在学完 *Speak Chinese* 的第十二课之后才安排学习汉字。

1950 年朝鲜战争爆发,耶鲁大学继续为军队开设汉语训练班,又相继编写了新的教材。五六十年代依旧注重"说""听",而忽略"读""写"。随着时代的推移,*Speak Chinese* 渐渐退出历史舞台,70 年代所编教材,听说读写已经综合平衡。在"耶鲁教材系列"中,使用最广泛、时间最长的是 *Talks on Chinese Culture*(《中国文化谈》)。这本教材于 1958 年以 12 场讲座形式编写,内容与中国社会相关,目的是为了让学生理解大学的中文讲座,1963 年又以 *Readings in Chinese Culture*(《中国文化读物》)为名出版;后经多次修订,1997 年更名为 *Talks on Chinese Culture*,直至 2017 年仍在使用。有十位教师参与编写该教材,这种合作编写的方式也保证了教材的成功。②

太平洋战争爆发后,一些书籍无法直接从远东运来,而汉语教学急需教材和词典。教材无现成可用之作,必须由教师重新编写;辞书内容虽相对稳定,但编写也需要更多时日,于是中国国内已有的成熟之作便成为首选。为了适应战时需要,哈佛大学出版社在洛克菲勒基金支持下,1942 年出版的由 Herny. C. Fenn 和 Chin Hsien Tseng 编写的《范式汉英袖珍辞典》(*The Five Thousand Dictionary*)就是一本从中国引进版权的词典。这本词典在中国已经多次再版。作者 Fenn 1894 年出生于北京,父母为传教士,一战时期回美国服役两年,1920 年回到中国后在中国儿童教会学校任教。他计划给 The North China Union Language School(华北联合语言学校)的学生提供一本汉字索引性工具书,于是将该校使用的汉语教材、教义经文课本中的汉字全部列出,编出了一本词典。初版于 1926 年在北京发行,出版后受到广泛欢迎,后再版。第二版出版时间不详,

---

① 黄伯飞(1980)。
② Vivian Ling (2018)。

1932、1936、1940年分别在北京发行了第三、四、五版。哈佛大学出版社出版的《五千汉字词典》是在第五版的基础上修订过的"美国版"。1960年,又出版了美国版的修订版。①

1931年,上海教会出版社出版了Robert Henry Mathews所编 *Mathews' Chinese-English Dictionary*(《麦氏汉英大辞典》)。这部辞典1943年也由哈佛燕京出版社引进出版。

这两套辞书在美国出版后,在帮助学生提高识字和书写能力方面起到了积极的促进作用,大受学习者欢迎。《范式汉英袖珍辞典》以214个部首查字,特别方便学生制作生词卡,学生将其戏称为"圣经"。《麦氏汉英大辞典》则利于更高水平的汉语学习者,内容比《范式汉英袖珍辞典》要丰富得多。

20世纪四五十年代美国通用的汉英词典除了上述两本外,还有哈佛大学出版社出版的赵元任、杨联陞所编《国语字典》、耶鲁大学远东出版社出版的黄伯飞(Parker Po-fei Huang,1914—2007)所编《口语常用辞汇》(*Vocabulary of Spoken Chinese*)。②

第三节　中美建交之后的中文教学

3.1 中美学界启动交流活动

在中美建交之前,美国的汉语教学界的汉语母语教师主要是民国时期前往学习和工作的精英移民,在汉语教学方面做出重要贡献的如王方宇、李抱忱(Lee Pao-chen,1907—1979)、黄伯飞、邓嗣禹。另外,从台湾地区也引入了很多教师,美国学生的汉语教学实践基地也多设在台湾,如前文所述的IUP项目。1972年《中美联合公报》发布后中美关系开始走向正常化。1974年美国语言学代表团来华访问,翌年发表了《在中华人民共和

---

① 温云水(2005)。
② 黄伯飞(1980)。

国进行语言考察》(Language Observation in the People's Republic of China),从汉字改革、推广普通话、语言的发展、语言教学与教材、语言材料、词汇变化等各个角度介绍中国汉语研究的情况。① 1974年到1979年间,美国派出语言学、词汇学和翻译学界的一些学者到中国各地进行访问,和中国同行进行学术交流,讨论合作事宜。随后,中国方面的同行也开始到美国的大学进行访问。②

1978年,中美建交。1979年1月,邓小平访美。从此,中美关系史揭开了新篇章,中美之间在汉语教学方面也进入了全新的历史发展时期。国内学界迅速聚焦美国的中文教学和研究,《语言教学与研究》1979年发刊第一期即刊登了《美国汉语教学和汉语研究概况》,对美国的汉语教学、汉语研究以及学术机构和刊物进行了较为全面的介绍。

中国改革开放之前,来华留学只能通过政府渠道,而且时间均为一年以上。1980年,教育部出台《关于1980年开办暑期汉语学习班的通知》,允许北京大学等院校通过民间渠道接受外国人来华短期学习汉语。当年6月,美国的民间教育机构"国际教育交流协会"(Council on International Education and Exchange,简称CIEE)即派遣25名短期汉语进修生进入北大进行为期8周的汉语学习,自此开启国内接受自费留学生、举办短期进修项目(短期班)事宜。同年麻州大学学生到北京师范大学学习,达慕思大学的学生也参与其中,为北京师范大学首批美国留学生。1981年麻州大学又派来了一批学生,组建了为期一年的汉语学习长期班。③

与此同时,根据中美双方政府签署的"一九八〇年中美两国教育交流项目备忘录",中国教育部委托北京语言学院于1980年8月12日至8月20日主办"中美汉语作为外语教学学术讨论会",美国教育部派遣美国的大学汉语教师和专家代表团一行8人赴会,中国参会代表20余人,分别来自北京语言学院、北京大学、南京大学、复旦大学、中山大学这五所高校及语言研究所、文字改革委员会等有关科研单位。两国学者、专家共同探

---

① 常宝儒(1979)。
② 李英哲(2018)。
③ 梁霞(2020)。其中达慕思大学1983年独立成团。

讨了以汉语作为第二语言教学这一专门学科的特点及规律,交流了以汉语作为外语教学的经验,同时,对语言学在外语教学中的作用也交换了看法。双方共报告论文 18 篇,当年《语言教学与研究》第四期发表专刊。①

前来参加研讨会的美方代表及最终发表论文见表 5.4。②

表 5.4　1980 年研讨会美方代表及最终发表论文

姓名	机构	专业	报告
理查德·T·汤姆逊 (Richard Thompson)	美国教育部 国际交流中心	(团长)	《美国汉语教学综述》(鲁健骥译)
黄伯飞(Parker Po-fei Huang)	耶鲁大学	语言学 (副团长)	《四十年代以来在美国所用的汉语汉文教材》
苏张之丙 (Chih-Ping Chang Sobelman)	哥伦比亚 大学	语言学	《中国语言教材编纂工作上的需要》
黎天睦 (Timothy Light)	伊利诺伊 大学	语言学	《美国的语言教学法——兼谈汉语教学》(姚道中译)
王靖宇(John Wang)	斯坦福大学	文学	《文学在把汉语作为第二语言教学中的作用》
王及耳(Gilbert Roy)	弗吉尼亚 大学	语言学	《美国汉语研究的意图及目标》
李又安 (Adele Rickett)	马里兰大学	文学	《对外语教学中文化问题的认识发展过程》(杨海平译)
李英哲(Ying-che Li)	夏威夷大学	语言学	《语言学在汉语作为外语教学中的作用》

美国教育部国际交流中心主任、代表团团长理查德·T·汤姆逊博

---

① 会议信息参见北京语言学院教学科研科(1980)。
② 参会成员专业信息参见李英哲(2018),英文名并同时参考 Vivian Ling (2018)。

士做了美国汉语教学报告①，指出汉语在美国属于"非普遍教授的语言"（uncommonly taught language），报告对美国的汉语教学进行了全面的介绍和深入的分析。他以二战作为分界点：一战以后美国外交政策实行孤立主义，直接影响了美国对外语研究的看法；二战爆发，外语研究的孤立状态突然中止而进入一个新的时代。该报告详细介绍了"全美学术团体委员会"（American Council of Learned Societies，即 ACLS）、"美国陆军专门计划训练部"（即 ASTP）、"现代语言协会的外语教学规划研究会"（Modern Language Association Foreign Language Program）等几个团体在语言规划方面所做的工作，并对《国防教育法》出台背景予以说明，认为其比之前任何一个外语教学规划都更重要，其中第六章以三种形式为外语教学的发展提供了广泛的援助，即建立语言及地区研究中心、设立国防外语研究基金、开展科研和学习。汤姆逊还介绍了美国针对"非普遍教授的语言"所进行的教学法，并通报了当时最新的汉语教学信息，诸如学生人数、学习动机、招生情况、使用教材、师资情况等。这个报告为国内同行提供了最新、最直接的美国汉语地位及教学情况。

1982年，应美国教育部和美中关系全国委员会邀请，中国汉语作为第二语言教学专家代表团于3月24日访美，参加4月1日至3日美国中文教师学会在芝加哥召开的年会。代表团由高校专家和教师9人组成，团长为北京语言学院副院长张道一。

1983年7月19日至28日，美国教育部再次派遣美国各大学汉语教师代表一行10人来华参加"中美汉语教学讨论会"，仍由汤姆逊（此次改用中文名汤瑞哲）博士担任团长，其时任美国教育部高等训练科研处处长，副团长为曾经来访过的马里兰大学教授李又安。美方访华团构成如表5.5。②

---

① 理查德·T·汤姆逊、鲁健骥(1980)。其报告中所使用机构的中文名称遵从原文。
② 美方参加两次会议人员情况依据来源：李英哲(2018)，同时依据"中美两国汉语教师代表团在北京举行第三次讨论会"报道而整理。所有大学都称作"大学"而未分"学院"，其中 Williams College 和 Wellesley College 实为学院而非大学，本书依从报道所述。李文将李又安所在学校误记作宾夕法尼亚大学，实为马里兰大学。

表 5.5　1983 年研讨会美方代表

姓名	机构	专业
汤瑞哲（Richard Thompson）	美国教育部	（团长）
詹姆斯·雷恩（James Wrenn）	布朗大学	语言学
马盛静恒（Ma Sheng Jing-heng）	威廉斯学院	语言学
戴祝念（Helen T. Lin）	卫斯理大学	语言学
杜尔文（James Dew）	密西根大学	语言学
赵志超（George C. C. Chao）	芝加哥大学	语言学
凌志韫（Vivian Ling）	欧柏林大学	语言学
丁爱博（Albert Dien）	斯坦福大学	历史
王及耳（Gilbert Roy）	弗吉尼亚大学	语言学
李又安（Adele Rickett）	马里兰大学	文学
李英哲（Ying-che Li）	夏威夷大学	语言学

讨论会着重就应用语言学和教学法、教材编写、语言测试等方面交换意见，并探讨了进行合作的初步方案。① 双方就以下 13 个合作项目达成了协议：

（1）基础汉语常用教科书句型统计；

（2）"了、着、过、是……的、在……呢"研究；

（3）修改"过时词语"及编译《新词汇编》；

（4）汉英语言对比研究；

（5）综合性中级汉语口语教材；

（6）带有方音的普通话听力理解教材；

（7）汉语综合听力教材；

（8）高级阅读教材；

（9）中国当代小说选读；

---

① 参见"中美两国汉语教师代表团在北京举行第三次讨论会"会议报道，后发表于《语言教学与研究》1983 年第 3 期。

（10）多用语言教学图片；

（11）汉语教学录像教材；

（12）文言文初级读本；

（13）汉语说话能力考试设计。

美国参加合作的大学有密西根大学、欧柏林大学、卫斯理大学、芝加哥大学、布朗大学、马里兰大学、斯坦福大学、夏威夷大学。中国参加合作的有北京语言学院、北京大学、北京师范大学、南京大学、复旦大学、暨南大学等16所院校。

这次会议闭幕宴会上，教育部部长何东昌出席，①体现出对于中美交流的重视程度。

1983年9月6日—11日，夏威夷东西方中心（East West Center）与夏威夷大学联合举办"华语社区语文现代化和语言计划会议"（简称"华语现代化国际会议"），是二战以后第一次召开的专门讨论华人语言问题的国际会议。与会者60余人，来自11个国家和地区。负责人德范克按照国际学术会议方式邀请了周有光等六位中国学者参会，但这样的邀请不能按国家派出办理，参会者机票及其他费用的外汇便无法落实，德范克为此努力筹资，将机票寄到中国，参会的一切费用、生活费用都由美方负担，中国学者方得以成行。②

1984年11月10日—30日，应美国教育部邀请，中国汉语作为外语教学专家代表团一行十人访美，北京大学教授林焘任团长，参加在芝加哥召开的美国中国语文教师协会年会，并就中美合作项目进展情况和问题交换意见。③ 代表团在三周内访问了八个城市十所大学，对美国的中文教学从教学条件、教学方法及教材使用等方面进行了多方位考察，他们赞叹美国"教学设备先进、学术思想活跃"，但也发现那里"缺乏合适的汉语

---

① Vivian Ling（2018）。

② 周有光（2015）。周有光回忆到夏威夷参加华语现代化国际会议，提到德范克"跟美国不知道哪一方面协商，搞到了钱……这样我们就去了"。

③ 施光亨、杨俊萱（1990）。

教材、课堂教学较弱",了解到"美国同行希望合作"。①

美国教育部所派遣的两次来华代表团中,斯坦福大学都有代表参加,有三位成员两次来访。中国代表团也两次赴美进行了深入的交流。四次会议中,中外代表都来自多所高校,这样的交流讨论对于双方的相互了解产生了非常重要的影响,也为后期彼此之间的进一步交流与合作奠定了良好的基础。

3.2 中美合作编写教材及研究取得成果

改革开放以后,中美之间学界频繁的交流往来促进了双方的合作,在举办国际研讨会、开设留学项目、编写教材和专书、举办师资培训班等方面都取得了实质性进展。

中美 13 个教学与科研合作项目中,教材编写是最重要的内容,而教材编写首先需要有科学依据,第一项"基础汉语常用教科书句型统计"和第二项语法释义都是基础性工作,可供编写教科书参考。威廉斯学院马盛静恒与北京语言学院刘月华合作,将中美双方最主要的基础汉语课本里的句型作了统计,合作编写了 *Chinese Language Patterns: A Computerized Resource*,分为两册,一册为美国三种教材中介绍的 290 个句型,一册为中国教材中所介绍的 545 个句型,1985 年由密西根大学中国研究中心(University of Michigan Center for Chinese Studies)出版。②

马盛静恒和刘月华也参与了合作项目中第二项"了、着、过、是……的、在……呢"研究,她们分别为美中双方负责人,项目成员还包括郑懿德(北京语言学院)和杨甲荣(中央民族学院)。这四位教师历经五年时间完成,研究成果包括有关的研究文献和为美国学生编写的语法难点教材及练习,后者汇集成册,定名为《汉语语法难点释疑》。③

中美合作编写的综合性中级口语教材由北京大学杜荣与美国卫斯理大学中文系主任戴祝念共同负责,教材定名为《话说中国》,这是中美合作

---

① 杨石泉(1985)。
② 马盛静恒(2018)。
③ 吕必松(1992)。

编写的第一部教材。其编写目标是通过学习该教材，不仅可以提高学生的汉语水平，同时也可以增进对中国文化的了解。其具体合作方式为：中方教师负责主课文、句型练习和语法解释的编写工作，美方教师负责生词翻译、练习和附课文的编写工作。话题方面特别考虑到中国当代社会和时代特点，分为中国地理、历史、政治、经济、社会、教育及哲学思想这七个单元，根据美国学制和学时需要，每个单元由若干课文组成，上下两册共编写了20课。考虑到美国的教学特点，体例上采用了简体汉字、繁体汉字和汉语拼音三种形式；在词性标注上列出中美两套注法；生词和句型中的例句都有英语翻译。① 该教材如实反映了时代特点，用语标准，词汇鲜活，内容包含中国各方面的知识，丰富有趣，词语例句的翻译都非常准确，"值得向外国朋友们推荐"。② 而当时中国国内基础教材大量涌现而中级教材缺乏，《话说中国》正好满足了这一教学需求，在国内也受到广泛好评。

"修改过时词语及编译《新词汇编》"项目由北京语言大学李振华与欧柏林大学凌志韫合作完成，其成果《汉英新词语汇编》1990年由北京语言学院出版社出版。

李英哲1982年起就开始研发美国的汉语水平测试(CPT)项目(1986年完成)，中方也计划研发汉语水平考试。不过双方目标和方式并不一致。李英哲认为应该考虑学生的母语情况，但是中方需要设计针对所有学习者的考试而无法针对某一种母语；李英哲不赞同编制《汉语水平大纲》，担心会导致汉语教学为水平考试服务。1983年，李英哲在一家期刊上发表了《汉语说话测试的设计》(Designing a Chinese Speaking Test)。赵志超与北京语言学院和京外九家机构合作，横跨七个方言区，覆盖20个地点，准备制作一套包括方音在内的听力理解材料，供中级汉语水平的学生学习。他争取到了美方的资助，接近完成时，国家汉办助其出版了录

---

① 《话说中国》具体编写情况见该教材"前言"。上下两册分别于1985年、1987年由华语教学出版社出版。

② 作为大事记，施光亨、杨俊萱(1990)也记录了此事，介绍该教材主要是供美国学生使用的。时隔17年后，即2002年，《话说中国》上、下册又出版了修订版。

音及口语语料文本。这一项目历时 20 年。①

1987 年 6 月,南开大学与美国明尼苏达大学合作编写的《开明中级汉语》由语文出版社出版。《开明初级汉语》1989 年 2 月由天津教育出版社出版。

与此同时,中国所编教材也被引入美国,刘珣主编的《实用汉语课本》被很多高校采用。1988 年对 45 所高校调查发现,该初级课本有 9 所高校在使用,使用量仅次于德范克教材(10 所)。②

3.3 中美合作向纵深发展

中美双方展开富有成效的合作的同时,北京语言学院院长吕必松有感于中国语言教学理论方面需要提高,筹划开设了相关理论学习班,邀请美国学者前来讲学。1983 年 9 月,参加首届中美对外汉语教学研讨会、以"美国的语言教学法——兼谈汉语教学"为题进行报告的俄亥俄州立大学教授、东亚语文系主任黎天睦教授应邀前来,向来自全国多所高校的汉语教师讲授"现代外语教学法理论与实践"。他系统介绍了近年来国外外语教学法的基本理论与实践情况,涉及结构主义语言学、转换生成语法、社会语言学、心理学等研究中的许多问题。黎天睦的母语为英语,他使用中文进行讲授,难免有表达不到位、难以理解之处,所以全程录音,北京语言学院有十余人参与了记录、整理工作。黎天睦回到美国以后又请劳严烜、马盛静恒、姚道中等专家审读讲稿,并为之提出建议。其中北京语言学院教师盛炎对讲稿特别用心,他每天帮助黎天睦预备讲课提纲、安排组织人员整理讲稿,后在美国又帮助他润色修改讲义。③

《现代外语教学法——理论与实践》是中国首部面向汉语作为第二语言教学的外语教学法理论著作。全书共 12 讲,具体内容如下:

---

① 关于李英哲和赵志超与中方合作情况见 Vivian Ling (2018)。李英哲和 Vivian 都确定李英哲发表了论文,但却无法找到发表刊物了。

② Wang(1989)。

③ 成书经过参见《现代外语教学法——理论与实践》(北京语言学院出版社,1987 年)出版说明、吕必松"欢迎词(代序)"及"自序"。

第一讲　现代外语教学法研究近况
第二讲　分阶段教学法与外语教学理论
第三讲　现代外语教学法的心理学基础
第四讲　现代外语教学法的语言学基础
第五讲　外语教学中的社会与文化因素
第六讲　话语分析与语义学
第七讲　外语学习错误的来源(一):对比分析
第八讲　外语学习错误的来源(二):错误分析
第九讲　教材编写
第十讲　外语测试的理论与方法
第十一讲　外语教学的调查研究方法
第十二讲　有关外语教学的其他几个问题

这些内容几乎全面涵盖了汉语作为外语教学的重要研究领域,其理论指导意义对于刚刚将对外汉语作为学科提出的学界来说,无疑是一场及时雨,对于建立学科意识、促进学科建设产生了极大的推动作用。

1986 年 6 月,北京语言学院与美国俄亥俄州立大学合作举办了为期一个月的中美汉语教师培训班,美方 13 人,中方 25 人参加。培训班教学内容系统而全面,在理论建设和教学实践方面双方都有进一步的融合和沟通。

对外汉语教学作为学科地位确立后,各方面迅速发展起来。中美双方的交流与合作也逐渐拓展并深入,合作研究、共编教材、联合进行师资培训、互相参会研讨、向美方派出教师等方面都渐入正轨,取得了突出的成绩。

美国高校开始聘请中方教师前往美国任教,最初是高校之间的"民间"行为。如达慕思大学(Dartmouth College)与北京师范大学 1982 年开始两校合作,1985 年选派教师赴达慕思大学任教。[①] 1987 年,教育部、汉办官方开始派出赴美教师。自此,越来越多的中国教师以国家公派教

---

① 梁霞(2020)。

师或校际交流方式赴美,极大地补充了美国高校的中文教师力量,促进了中美两国汉语教学在多方面同步进行、互通有无,有效地推动了中美之间的交流与合作。而以语言项目为依托,促进深度合作的典型当为斯坦福大学。1984年,斯坦福大学开始派送学生到北京大学研修汉语,1996年发展到选派教师先行到斯坦福大学教学五周,然后再带学生到北大学习4周的方式。后来进一步扩展了学习内容,2004年开办"中国学"英文授课项目。2012年,建成北京大学斯坦福中心,带动了两校整体的交流合作。

随着中国汉语学习环境适应性增强,美方高校也开始考虑与中国高校合作,利用美国的暑期时间,开设暑期项目,教学设置中教材和课时都按照美方高校学分规定,在华所修学分同样有效。北美在华项目开始酝酿。1983年,戴祝念在北京成立了"中文培训中心",1983年至1985年两年间培训中心分期培养了200多名美国学生[1]。1993年,普林斯顿大学与北京师范大学合作的"普北班"(简称PiB)源自1966年起开办的明德暑期中文培训项目,每年暑期派遣学生来华学习汉语数周。普北班所收学生并不限于普林斯顿大学,同时也招收美国其他高校的学生。随着汉语在美国的发展,学习者人数规模扩大,后来多家美国高校根据自身的教学目标和要求,与中国高校展开合作,将在华的暑期项目作为其汉语教学的一个组成部分,在中国形成了独特的"北美项目"。[2]

太平洋战争期间,外语具有实用需求,在教学目标、教学法和教学模式上都必须进行革新,ASTP项目的规范实施,使得中文教学走出象牙塔,获得迅猛发展。冷战时期推出的《国防教育法》,凸显了外语的重要性,使得外语成为"新三艺",政府拨付大量经费予以支持。而美国各基金会对于教育的支持也加大了力度。中文教学在一批有识之士推动下,借此良机,在课堂教学、教材编写、师资培训、机构团体设置、刊物出版等方

---

[1] 参见《华裔美籍教授戴祝念》,《浙江学刊》1985第3期。文后注摘自《北京晚报》,但没有具体日期。

[2] 顾立程(2019)。该书重点介绍了五个北美项目情况。

面获得全面发展,中文教学有了自己的交流和研究源地。中美建交之后,美国中文教学界与中国方面的合作与交流,全方位促进了中文教学的繁荣发展,中国的经济发展带来了积极的职业前景,他们在生活和工作中也有了更多的使用机会,促使更多的学习者来到中国,在目的语环境中学习汉语。

第六章　中文教学体系的建立与发展

美国中文教学体系的建立离不开关键大学的推动。美国耶鲁大学、哈佛大学、普林斯顿大学、哥伦比亚大学、夏威夷大学等高校中文教学历史悠久,在教学模式、教材编写等方面具有重要影响,形成了各自的教学特色。在不同历史阶段为促进美国中文教学与发展发挥了重要作用。从历史的角度探寻高校中文教学和研究的历程,对于了解美国中文教学体系的建立与发展至关重要。

美国每年投入大量经费对外语教师进行培训,建立了相对完善的师资培训体系。在中文教师培训方面,既有培养准教师的高校项目,也有针对在职教师的培训项目,如星谈计划等。教学法对于教学有着举足轻重的指导作用,新教学法的诞生往往会极大地提升教学效果。而美国成为多种教学法及教学模式的诞生地,如听说法、认知法、体演文化教学法等皆起源于美国。明德模式、沉浸式教学模式等对中文教学影响深远,人们甚至将基于明德模式的美国模式称为"北美模式"。教育技术和教学资源也为教学效果提供了保证。美国较早将教育技术引入语言教学,从早期的视听教学、远程教学,到近年来的慕课、翻转课堂等,均引领潮流,满足了学习者不同的学习需求,进一步提高了学习效果。总体来说,美国高校在课程、师资、教学模式及方法、教学资源等方面,全方位、立体化地促进了美国中文教学的发展。

第一节　大学中文课程设置

1.1 耶鲁大学

（1）历史发展

关于中文教学进入耶鲁大学的历史过程，前文已进行过详细阐述（详见第四章）。1877 年，从耶鲁大学毕业的容闳帮助母校建立了全美第一个中文教习，聘请曾任美国驻华参事兼翻译、后退休回美的卫三畏担任第一位中国语言文学教授。

1939 年至 1941 年，赵元任在耶鲁大学东方学系任教。第一学期，他为学生开设了两门课程——中文阅读课和中国语音学课。耶鲁大学是美国的语言学中心，赵元任经常积极参与各种语言学活动和学术会议。[①] 1940 年，赵元任继续开设中文阅读课和中国音韵学课，在阅读课上教授《孟子》等。1941 年，赵元任还把《马氏文通》纳入阅读课的教学范围。

二战爆发后，美国政府为应对国家紧急状态，创建了军队特别训练计划（ASTP），与包括耶鲁大学在内的 12 所大学签订了中文培训合同。耶鲁大学的 ASTP 团队由传教士和中国学者组成，在金守拙教授的带领下，1943 年成立了耶鲁大学远东语文研究院，对入门级的学生进行全天高强度培训。为了使语音教学更具针对性，耶鲁大学研发了耶鲁拼音系统，包括基于北京方言的汉语耶鲁拼音和粤语耶鲁拼音。1961 年，耶鲁大学成立东亚研究委员会（The Council on East Asian Studies，简称 CEAS），其首任主席便是研究中国历史的芮沃寿（Arthur F. Wright）教授。

据耶鲁大学中文项目官网介绍，耶鲁大学中文课程每年会招收大约 400 名学生，分布于不同的学科和专业。在莱特奖学金（Light Fellowship）和格林伯格基金会（Greenberg Foundation）的支持下，约有 100 名学生选择到中国参加暑期课程，通过沉浸式学习提高中文水平。许多学生

[①] 杨步伟(2014)。

毕业后在投资、法律、经济、医学、科学等许多与中国相关的领域寻求职业发展。①

(2)课程设置

耶鲁大学设有面向非继承语学习者和面向继承语学习者的中文课程,这种模式被称为"双轨制"(two-track system)。由于美国华裔群体规模庞大,其学习特点与非继承语学习者有很大的不同,所以不少高校的中文教学都采取这种双轨制。耶鲁大学的中文课程主要分为初、中、高三个级别。除语言课程外,还开设文学、商务、民俗相关的中文课程,所有学习者在达到高级水平后都可选修。表6.1为2020年春季学期中文课程。②

表6.1 耶鲁大学中文项目课程设置

对象	课程	中文译名
非继承语学习者(For Non-heritage Learners)	Elementary Modern Chinese Ⅰ (Fall) Elementary Modern Chinese Ⅱ (Spring)	初级现代汉语Ⅰ(秋季学期) 初级现代汉语Ⅱ(春季学期)
	Intermediate Modern Chinese Ⅰ (Fall) Intermediate Modern Chinese Ⅱ (Spring)	中级现代汉语Ⅰ(秋季学期) 中级现代汉语Ⅱ(春季学期)
	Advanced Modern Chinese Ⅲ (Fall) Advanced Modern Chinese Ⅳ (Spring)	高级现代汉语Ⅲ(秋季学期) 高级现代汉语Ⅳ(春季学期)

---

① 参见耶鲁大学官网:http://campuspress.yale.edu/chinese/,访问日期:2020年12月12日。

② 耶鲁大学官网上提供的课程名为英文,为方便读者阅读,中文译名为本书提供,可能有不精确之处。下同。参见耶鲁大学官网 http://campuspress.yale.edu/chinese/courses/,访问日期:2020年6月30日。

续表

对象	课程	中文译名
继承语学习者 (For Heritage Speakers)	Elementary Modern Chinese for Heritage Speakers Ⅰ（Fall） Elementary Modern Chinese for Heritage Speakers Ⅱ（Spring）	继承语学习者初级现代汉语Ⅰ（秋季学期） 继承语学习者初级现代汉语Ⅱ（春季学期）
	Intermediate Modern Chinese for Heritage Speakers Ⅰ（Fall） Intermediate Modern Chinese for Heritage Speakers Ⅱ（Spring）	继承语学习者中级现代汉语Ⅰ（秋季学期） 继承语学习者中级现代汉语Ⅱ（春季学期）
	Advanced Modern Chinese for Heritage Speakers Ⅲ（Fall） Advanced Modern Chinese for Heritage Speakers Ⅳ（Spring）	继承语学习者高级现代汉语Ⅲ（秋季学期） 继承语学习者高级现代汉语Ⅳ（春季学期）
高级水平课程 (Advanced Courses for all learners)	Chinese for Reading Contemporary Fictions（Fall）	中国当代小说阅读（秋季学期）
	Chinese for Reading Modern Fictions（Spring）	中国现代小说阅读（春季学期）
	Chinese for Current Affairs（Fall） Chinese for Current Affairs（Spring）	时事汉语（秋季学期） 时事汉语（春季学期）
	Chinese for Global Enterprises（Fall）	全球商务汉语（秋季学期）
	Chinese for Scholarly Conversation（Fall）	学术对话汉语（秋季学期）
	The Chinese Tradition（Fall）	中国民俗（秋季学期）

1.2 哈佛大学

(1) 历史发展

哈佛大学是稍晚于耶鲁大学第二所开设中文课程的高校,中文课程是哈佛大学开设的第一门东亚语言课程。有学者将哈佛大学的中文教学分为三个时期:萌芽期(1879—1936);发展期,即东亚语言系时期(1937—1971);成熟期,即东亚语言与文明时期(1972 至今)。① 虽然这一分期体现了哈佛大学东亚系从建立到发展的过程,但这种分期过于凸显语言和文化的分隔,而哈佛大学对中国语言和文化的研究和教学一直是同步的。本研究参考哈佛大学官网对各个历史阶段中文教学的发展介绍,结合历史背景,按时间线索整理了不同阶段美国国家发展、哈佛大学学校发展、哈佛大学中文教学发展之间相互关联的事件,重新界定"萌芽期""发展期"和"成熟期"三个阶段。

① 萌芽期

1879 年,哈佛大学聘请戈鲲化远赴哈佛大学讲授汉语(详见第五章)。遗憾的是,戈鲲化 1882 年任期未满即病故,哈佛大学汉语教学因之中断。1916 年,时任哈佛大学哲学系主任的伍兹(Woods)教授重建中文教学,设置了中文教职。1921 年,赵元任受聘为中文教师。1922 年春季,赵元任在戈鲲化去世后首次在哈佛大学开设汉语课,课程名为"汉语 1:汉语入门"。之后,这门课程由原计划的半年扩展到一年,又在 1923 年扩展到两年(一年是入门,一年是高级,都由赵元任教授)。1924 年至 1925 年,梅光迪接任赵元任的汉语课。1925 年至 1926 年,梅光迪增加了一门"汉语 3:中国文学与哲学介绍"。1927 年至 1928 年,梅光迪继续扩展了汉语课程,在文学与哲学课的基础上新增了"特别研究"(Special Studies)的课程。②

1928 年 1 月 4 日,依靠查尔斯·马丁·霍尔(Charles M. Hall)的捐

---

① 许霄羽(2018)。
② 参见哈佛大学东亚语言与文明系官网:https://ealc.fas.harvard.edu/1920-1930,访问日期:2020 年 12 月 12 日。

赠,哈佛大学与燕京大学成立哈佛-燕京学社,为哈佛亚洲研究奠定了坚实的基础。1936年哈佛-燕京学社开始发行《哈佛亚洲研究杂志》(*Harvard Journal of Asiatic Studies*),其发刊词即以回顾哈佛大学中文教学历史开篇。① 这一时期,哈佛大学中文相关课程的种类与数量增多,新增课程有"中国文学与历史理论""中国文明史""孟子的人性观与政治哲学"等。

②发展期

1937年,哈佛大学成立远东语言部门(Division of Far Eastern Languages),即东亚语言系。1942年,赵元任在哈佛大学开设了中国方言学课程"Chinese 9a: Chinese Dialectology"。② 二战之际,为适应战争需要,美国国防部委托哈佛大学开设中文和日文特训班(即ASTP项目),赵元任负责中文班的工作。这个时期,中文教学规模得到扩大,赵元任邀请了多名中国留学生及其家属担任助教协助教学,包括当时在哈佛的留学生周一良的夫人邓懿。教材的编写、课文的录音、大班课的讲授均为赵元任负责,小班(9—10人一班)语言训练交由助教完成,赵元任则担任课程指导。在教学上采用听说法和直接法,教师想方设法让学生跟所学语言多接触,多听多说。③ 据哈佛大学东亚语言与文明系官网介绍,赵元任1942年将现代语言学理论和方法应用于中文教学中,自此,哈佛大学的汉语教学法开启了一个新的时代。他们要求教学材料使用"真实的汉语口语",教学采用直接对话操练的方法。这两个传统深刻影响了哈佛大学日后的中文教学。④

1945年,哈佛大学发布《自由社会中的通识教育》文件,费正清与赖肖尔的课程"东亚文明史"成为哈佛大学通识教育课。1955年,哈佛大学

---

① Elisseeff & Ware (1936)。
② 参见哈佛大学东亚语言与文明系官网:https://ealc.fas.harvard.edu/1940-1950,访问日期:2020年6月30日。
③ 赵新那、黄培云(2001)。
④ 参见哈佛大学东亚语言与文明系官网:https://ealc.fas.harvard.edu/chinese,访问日期:2020年6月30日。

东亚中心(Far Eastern Institute)成立,后相继更名为"费正清东亚研究中心""费正清中国研究中心"。

③成熟期

1972年,哈佛大学东亚语言系更名为"东亚语言与文明系",突出语言与文化并重。韩南、杜维明等具有国际声誉的中国研究学者先后就任哈佛大学东亚语言与文明系主任,赵如兰等知名学者在此任教。2005年,哈佛大学与北京语言大学合作创办暑期汉语强化项目"哈佛北京书院",俗称"哈北班"。

(2)课程设置

哈佛大学的中文课程按初级、中级和高级水平安排。前三年每周学习5小时,四年级的高级阅读课程也是每周5小时,突出强调阅读和写作,五年级的课程侧重于正式的写作和演讲。从中级开始,课程全部用中文讲授。中级课程介绍中国文化、历史、地理、价值观、现代转型等,并逐步让学生接触文学作品原文。

哈佛大学在课程上也区分了继承语学习者和非继承语学习者。为继承语学习者提供的沉浸式课程分为初级、中级、准高级和高级水平。高级会话课程,每周授课3小时,并安排个别访谈。此外,高级阶段还有商务汉语(Business Chinese)、人文汉语(Chinese in Humanities)和社会科学汉语(Chinese in Social Sciences)课程。学习者将通过阅读和分析人文学科或社会科学学科的真实文本,进行高级语言实践。这些课程有的单独开设中文课程,有的与英文课程相连接,具体内容每年有所不同。

在汉字教学方面,哈佛大学采取先繁后简的方式。在初级课程中教授繁体字,在初级课程的最后阶段介绍简体字的基本原理。在中级课程的第一学期,大量引入简体字。此后,两种字体可以一起使用。[①]

---

① 参见哈佛大学东亚语言与文明系官网:https://ealc.fas.harvard.edu/chinese-courses,访问日期:2020年6月30日。

1.3 普林斯顿大学

(1) 历史发展

普林斯顿大学的中文教学始于 20 世纪 30 年代，首位中文教师为罗伯特·赖世和(Robert K. Reischauer)。1937 年，他在上海旅行时不幸在中日冲突中被误伤致死，饶大卫(David N. Rowe)接替了他的位置。饶大卫本科毕业于普林斯顿大学，博士毕业于哈佛大学。他先在普林斯顿大学任教，后来转到耶鲁大学。之后数年，因为种种原因，普林斯顿大学始终没有全职的中文教师。①

1956 年秋，影响普林斯顿大学中文教学的重要人物——牟复礼来到这里任教。1958 年，牟复礼向学校推荐了自己的金陵大学同学陈大端，陈大端当时正在印第安纳大学撰写博士学位论文并教授汉语。1959 年 9 月，陈大端入职普林斯顿大学，在全面接手中文教学工作后，开始探索新的教学体系，编写了《中文入门》(*Chinese Primer*)等一系列教材。普林斯顿大学坚持使用赵元任采用的教学法，对语音严格要求，大小班授课相结合，进行大量的口语训练，通过口语教授阅读，通过白话文教授古汉语。普林斯顿大学的中文学生语音标准，口语流利，在美国高校中享有盛誉。

牟复礼首先建立了普林斯顿大学中文本科和研究生教学体系。经过几年的努力，虽然只有本科生 1 人(1961)，研究生 2 人(1967)，但却成为重要的起点②。1969 年，牟复礼创办普林斯顿大学东亚学系。

1966 年，普林斯顿大学建立"中国语言学项目"(Chinese Linguistics Project)，搭建起语言研究的平台，赵元任、李方桂、梅祖麟等著名语言学家都曾积极参与。普林斯顿大学十分重视教师的作用，在培训合格师资方面做出了重要贡献。牟复礼和陈大端于 1966 年起连年开办暑期中文培训项目，让学生利用暑假集中进行沉浸式学习，采用普林斯顿大学中文教学的主要模式：注重口语训练，通过口语教阅读，通过白话文教古汉语。

---

① 顾钧(2012)。
② 同上。

1983年至1992年,负责普林斯顿大学中文教学的周质平同时担任明德暑校负责人,普林斯顿大学的学生也可以到明德暑校学习。可以说,普林斯顿大学的教学理念也是明德暑校的教学理念。80年代一些美国高校或项目相继到中国开设短期班进行强化学习,到目的语环境中学习的时机逐渐成熟。1993年,普林斯顿大学与北京师范大学合作,将暑期班移师北京,命名为"普北班"(PiB)。除普林斯顿大学学生外,也招收其他学校的学生,成为一个标志性北美项目。

普林斯顿大学不止在教学方面享有盛誉,同时也非常注意中文研究及中文教学研究。1993年,普林斯顿大学东亚研究中心及普林斯顿大学暑期北京中文培训班联合主办"对外汉语教学国际研讨会",此后每年四月下旬举行一次。[①] 会议控制人数,不收会议费,对参会者还有一定的交通补助。尽管这只是由一所高校主办的会议,但在促进中美学界交流以及促进美国的汉语教学研究方面做出了突出贡献,在美国具有很高的学术声誉。

普林斯顿大学使用自己编写的教材,周质平担任主编,编写了适合高校不同年级的系列教材。教材主要由普林斯顿大学出版社出版,不少教材都有修订版,广受美国高校欢迎。

(2)课程设置

普林斯顿大学的中文项目从入门到高级水平分五个级别。从一年级到四年级实行继承语学习者和非继承语学习者的双轨教学,四年级之后双轨合并,进行一些特殊主题的学习,比如现当代中国文学与电影等。课程设置情况见表6.2。[②]

---

① 2021年因为新冠疫情影响停办一年。
② 参见普林斯顿大学官网:https://chinese-language-studies.princeton.edu/curriculum/,访问日期:2020年6月30日。

表 6.2　普林斯顿大学汉语项目课程设置

课程编号 (秋季/春季)	水平	教材	备注
CHI101/102	Elementary Chinese 基础汉语	First Step (Textbook and Workbook) （《起步》）(教材和练习册)	针对零基础学习者
CHI103/108	Intensive Elementary Chinese 华裔基础汉语	Oh China （《中国啊，中国》） A Trip to China （《华夏行》）	针对有华裔背景的学习者
CHI105/107	Intermediate Chinese (Second Year Chinese) 中级汉语（二年级汉语）	A New China （《新的中国》）	
CHI301/302 （H.A.）	Introduction to Classical Chinese 古代汉语入门	Wisdom of China （《华夏智慧》）	针对学习汉语三年以上或具有同等水平的学习者
CHI303/304	Third Year Chinese 三年级汉语	All Things Considered （《事事关心》） Eyes on China （《我看中国》）	
CHI305/306	Intensive Third Year Chinese 华裔三年级汉语	（同上）	针对有华裔背景的学习者
CHI403/404	Fourth Year Chinese 四年级汉语	Anything Goes （《无所不谈》） Literature and Society （《文学与社会》）	

续表

课程编号 (秋季/春季)	水平	教材	备注
CHI405/406	Intensive Fourth Year Chinese 华裔四年级汉语	(同上)	针对有华裔背景的学习者
CHI407 (Fall，L. A.)	Readings in Modern Chinese Literature and Film 中国现代文学和电影阅读	Course Packet (教学材料)	针对汉语学习三年以上或同等水平的学习者
CHI411 (Fall. L. A.)	Readings in Modern Chinese Intellectual History 中国现代思想史阅读	Enlightenment and National Salvation (《启蒙与救亡》)	
CHI412 (Spring. L. A.)	Readings in Ming Fiction 明代作品阅读	Passion and Desire (《情色人间》)	
CHI418 (Spring， L. A.)	Advanced Chinese：Contemporary Literature and Film 高级汉语：当代文学与电影	Course Packet (教学材料)	

(3)普林斯顿大学在华项目——普北班

普北班从1993年暑期开班至今已有30多年的历史。普北班每期课程有八周时间,学生以美国大学生为主,其他学生来自世界各地。普北班在明德学院暑期教学模式的基础上,经过多年的不断发展创新,逐步形成了自己的模式和品牌。

"全沉浸式"教学模式要求学生承诺在整个学习期间只说中文,签署"语言誓约"。普北班强调准确的发音、严格的语法操练。学生上午参与小班课,下午进行个别辅导。除此之外,学生在校园生活中与教师和其他学生保持联系,并参与中国研究方面的专题讲座,如"现代中国文学的精神""气候变化:中国的政策和行动""把中文能力变成事业""中美关系"等。①

由于教学效果突出,普北班的教学模式成为国内外研究者关注的热点。有研究考察普北班中高年级课堂话语互动模式后发现,"普北班"最成功之处就在于师生之间、学生之间的多样化、高密度的话语互动。五年级课堂教学主要采取话题讨论带入生词、语言点为主的教学模式,师生谈话的认知水平已经达到"分析""综合"和"评价"较高的思想深度。②

1.4 明德学院

(1)历史发展

明德学院建于1800年,是美国佛蒙特州的一所私立文理学院,其暑期语言学校久负盛名。明德学院暑期语言学校创办于1915年,最初只有德语,现在已有法语、西班牙语、中文等十余种语言项目。

明德学院与普林斯顿大学有一定的渊源关系。20世纪60年代中期,时任明德学院校长的James Armstong希望增设日文和中文暑校,其好友牟复礼推荐了普林斯顿大学中文项目负责人陈大端。1966年,明德学院首次开设中文暑校,陈大端担任负责人并持续多年。陈大端将普林斯顿大学中文教学原则引入明德暑校,而普林斯顿大学的学生也可以去明德暑校上课。③ 1983年,普林斯顿大学中文项目负责人周质平接任暑校校长,连续在任十年。1993年,周质平创办"普北班",移师北京,明德暑校开始靠暑校自身力量独立管理运营。

明德暑校中文项目的学生群体包括本科生、研究生和社会人士。在

---

① 参见普林斯顿大学官网:https://chinese-language-studies.princeton.edu/princeton-in-beijing-study-abroad-program/,访问日期:2020年12月12日。
② 亓华、李雯(2009)。
③ 梁霞(2020)。

暑期八周的时间内,学校为学生提供了学习中国语言和文化的机会。①此外,明德学院还开设了汉语作为第二语言教学(Teaching Chinese as a Second Language)的硕士项目。

明德学院外语教学模式最主要的特点是全面沉浸式外语教学。以中文暑校为例,学生在正式入学之初还必须签署具有法律效力的语言誓约(英文),保证在学期间只说中文而不说母语,否则就可能受到退学但不退学费的处分。② 全沉浸式的外语教学法已为美国外语教学界广泛采用,也为诸多美国在华中文项目所遵从。③

(2)课程设置

明德学院的课程分了五个级别:Level 1、Level 2、Level 2.5、Level 3、Level 4,课程分别对应为初级、中级、准高级、高级 1 和高级 2,每个级别使用不同的教材。其中文级别、课程及使用教材对应情况见表 6.3。④

表 6.3 明德学院中文课程及使用教材

级别	课程	教材
Level 1	Beginning Chinese 初级汉语	*Integrated Chinese Level 1 (Part 1): Textbook, Workbook, Character Workbook* [《中文听说读写·初级》(第 1 册)] *Integrated Chinese Level 1 (Part 2): Textbook, Workbook, Character Workbook* [《中文听说读写·初级》(第 2 册)]
Level 2	Intermediate Chinese 中级汉语	(校方提供的电子资源)

---

① 参见明德语言学校官网:https://www.middlebury.edu/language-schools//languages/chinese,访问日期:2020 年 12 月 20 日。
② 施仲谋(1994)。
③ 曹贤文(2007)。
④ 参见明德语言学校官网:https://www.middlebury.edu/language-schools/languages/chinese/immersion/curriculum/levels,访问日期:2020 年 12 月 20 日。

续表

级别	课程	教材
Level 2.5	Pre-Advanced Chinese 准高级汉语	*A New China*（《新的中国》）
Level 3	Advanced Chinese I 高级汉语 I	*Beyond the Basics*（《乐在沟通》） *Taiwan Today*（《今日台湾》）
Level 4	Advanced Chinese II 高级汉语 II	（电子资源）

1.5 哥伦比亚大学

(1) 历史发展

哥伦比亚大学中文教学的创立与一位叫丁龙的华人密切相关。据哥伦比亚大学东亚语言与文化系官网介绍,1901 年,一封署名为 Dean Lung, a Chinese person(丁龙,一名中国人)的信由丁龙的雇主贺拉斯·卡朋蒂埃(Horace Walpole Carpentier)寄给哥伦比亚大学校长塞斯·洛(Seth Low),信中写道:"I send you here with a deposit check for ＄12,000 as a contribution to the fund for Chinese Learning in your university(兹寄奉 12,000 美元支票,充作贵校汉语学习基金)。"卡朋蒂埃也慷慨捐资 20 万美元,以资助该校的中文研究。哥伦比亚大学的东亚语言与文化系就是在这样的经费支持下建立起来的。1902 年,曾在慕尼黑大学任教的德国学者夏德担任首位中文教授。夏德打算用自己的藏书来支持哥伦比亚大学的中国研究,而同年哥伦比亚大学也收到中国政府捐赠的大量书籍,这些书籍成为日后建立的东亚图书馆的重要组成部分。[1]

(2) 课程设置

哥伦比亚大学的中文课程同样实行双轨制,在汉字学习方面秉承"识

---

[1] 参见哥伦比亚大学官网:http://ealac.columbia.edu/department/short-history/,访问日期:2022 年 2 月 18 日。

繁书简"的原则,一、二年级的综合课教授繁体字,三年级以上教授简体字,古汉语课程只使用繁体字。① 课程设置情况见表 6.4。②

表 6.4　哥伦比亚大学中文课程设置

	无中文背景	有中文背景
Level 1	Introductory Chinese（Ⅰand Ⅱ） 汉语入门 First Year Chinese N（Ⅰand Ⅱ） 一年级汉语(N)	First Year Chinese W（Ⅰand Ⅱ） 一年级汉语(W)
Level 2	Second Year Chinese N（Ⅰand Ⅱ） 二年级汉语(N)	Second Year Chinese W（Ⅰand Ⅱ） 二年级汉语(W)
Level 3	Third Year Chinese N（Ⅰand Ⅱ） 三年级汉语(N) Business Chinese 商务汉语	Third Year Chinese W（Ⅰand Ⅱ） 三年级汉语(W)
Level 4	Fourth Year Chinese（Ⅰand Ⅱ） 四年级汉语 Legal Chinese 法律汉语 Media Chinese 媒体汉语	Fourth Year Chinese ADV（Ⅰand Ⅱ） 四年级汉语(ADV)
Level 5	Colloquium in Modern Chinese Readings（Ⅰand Ⅱ） 现代汉语阅读专题研讨	

哥伦比亚大学在中国开设了两个暑期项目:一个是设在上海的暑期商务汉语课程,另一个是设在北京的暑期语言课程。暑期商务汉语课程重点学习专业词汇、语言风格和在专业环境中使用的适当行为,学习者还可以通过文章和案例研究了解不同的行业情况。学习者需要准备一份中文简历,练习面试技巧,并参加当地组织的面试方可进入语言实习。在课

---

① 刘乐宁(2013)。

② 参见哥伦比亚大学官网:http://ealac.columbia.edu/program/language-programs/chinese/clp—coursesoutline,访问日期:2020 年 12 月 12 日。

程最后四周,学习者还要赴当地或跨国公司进行语言练习,期末要写一份关于实习的中文分析报告,并用中文向老师、公司主管和同学做口头陈述。① 暑期语言项目与中国的大学进行合作,提供从一年级到四年级的四个级别的强化汉语学习,以及北京及周边的集体短途旅行。

1.6 夏威夷大学

(1)历史发展②

夏威夷大学的历史可追溯至1907年在火奴鲁鲁建立的农业和机械艺术学院(College of Agriculture and Mechanic Arts),1912年更名为夏威夷学院。这所学院之所以能升格为大学,很大程度上要归功于一位名叫叶桂芳(William Kwai Fong Yap,1873—1935)的华裔的积极推动。夏威夷大学一开始就开设了有关东方研究的课程,包括中文,是继耶鲁大学、哈佛大学、加州大学伯克利分校和哥伦比亚大学之后第五所开设中文的美国大学。

1920年,夏威夷大学独立开设中文课程,同其他高校一样,刚开始也遇到了雇请教师的问题。据其官网介绍该校"找一个合适的汉语教师特别困难,直到1920年12月才找到王天木博士"。王天木是中国科举考试的进士,日本中央大学的法学学士,在夏威夷大学教授中国历史和语言。1922年9月,王天木离开夏威夷大学,李照昌接替其位。李照昌1917年在耶鲁大学获得学士学位,1918年在哥伦比亚大学获得硕士学位。在李照昌的领导下,夏威夷大学中国研究项目的规模不断扩大,设立了中文系和日语系。到1930年,夏威夷大学开设的亚洲相关课程发展迅速,在美国高校中已排名第三。1933年,有100多名学生学习中国文学,60多名学生选修中国历史课程。1935年,中文系和日语系合并为东方学院,李

---

① 参见网址:https://global.undergrad.columbia.edu/program/columbia-summer-business-chinese?FuseAction=Programs.ViewProgram&Program_ID=10435,访问日期:2020年12月12日。

② 本部分内容主要源于夏威夷大学中国研究中心官网:https://manoa.hawaii.edu/chinesestudies/about/,访问日期:2020年12月12日。

照昌任首任院长,开始接收中国历史和文学的博士研究生。

1939年,赵元任离开南京来到夏威夷大学任教,为研究生和高年级的本科生讲授汉语沉浸式课程。在此期间,其夫人和女儿担任当地华侨学校明伦中学国语班的中文老师。

赵元任所教授的学生中有非常优秀的汉语学习者,肖孚(Edward Schafer)就是其中之一,他的文言文和白话文水平都很高,对汉学很感兴趣。肖孚于1940年在夏威夷大学获得硕士学位,1947年到加州大学伯克利分校任教,又与自己的老师赵元任成为同事。

德范克教授1966年从西东大学转入夏威夷大学,进一步加强了夏威夷大学的中文教学地位。德范克教授是中文教学的一面旗帜(详见第五章)。他担任中文教师学会第一届会长,并长期负责中文教师学会学报编辑工作。另一位在中文教学及研究方面颇有建树的姚道中于1995年到夏威夷大学任教,为了暑期班中文课程的需要,他和其他一些教师共同编写教材。1997年由美国剑桥大学出版社出版了《中文听说读写》(*Integrated Chinese*)。这部教材适应了美国大学学制和课程设置,语言文化方面也引人入胜,被美国不少大学采用。传统教材将繁简字体集于一册,而《中文听说读写》教材首次采取繁简字体分开印刷的方式,虽然增加了印刷成本,但却受到师生的热烈欢迎,因为不仅书本变薄了,而且可以各取所需。2010年,鉴于姚道中卓越的中文教学成就,美国中文教师学会授予姚道中"终身成就奖"。

夏威夷由许多岛屿组成,高校校区比较分散,地理阻隔导致其必须开发有别于常规的面对面教室上课方式,因此夏威夷大学1995年起就通过设置"互动电视"进行远程教学①,其远程和网络中文教学在美国高校中独树一帜。

(2)课程设置

从夏威夷大学中国研究中心公布的2019年秋季学期课程表来看,其开设的汉语及相关课程非常丰富。在语言课程方面,初级五个班、中

---

① 姚道中(2014)。

级两个班、三年级一个班、四年级一个班,还包括汉语会话(Mandarin Conversation)、高级汉语读写、英汉翻译、学术/专业汉语等课程。在文化课程方面,涵盖中国历史、政治经济、法律、文学、哲学、艺术等多方面的内容。[①]

整体来看,美国高校的汉语课程设置都不是仅关注语言本身的教学,而是兼具语言和文化两方面,体现了多元文化教育的特点,有利于学生在自身文化的基础之上,通过整合后的课程学习并了解不同族群的文化,实现知识重构,减少文化偏见,建立平等和谐的文化氛围。汉语课程注重分级,在华裔较多的地区,"双轨制"是不少学校采纳的教学模式。从各高校情况来看,都存在师资、课程、教材等需要解决的共通性问题,但高校又发挥各自的特色,避免同质化,形成了美国高校中文教学多样性的特点。

第二节 师资及师资培训

2.1 美国中文教学师资情况

美国中文教学师资主要包括高校的语言讲师、副教授和教授。一项对216位北美(主要是美国)各大学中文部负责人的调查显示,高校中文课教师职称绝大多数是语言讲师,兼职比全职的更多,教授和副教授较少。[②] 在职前教师培养方面,有高校开设国际中文教育类专业的学位项目,如哥伦比亚大学的TCSOL(Teachers of Chinese to Speakers of Other Languages)项目。针对在职教师的培训,从政府到民间组织,再至高校,都针对不同对象而层层展开,如国家层面的星谈计划培训;民间机构如中文教师学会、大学理事会等机构组织的各方面培训;一些高校在华汉语暑期项目,如普北班、哈北班等,也会对参与教学的教师进行全方位培训。这些培训一方面增强了准教师和在职教师的教学能力,另一方面

---

① 参见夏威夷大学官网:http://manoa.hawaii.edu/chinesestudies/wp-content/uploads/sites/14/2019/08/CCS-courses-F19.pdf,访问日期:2020年12月20日。
② Li, Wen & Xie(2014).

也为美国高校培养了储备师资。不少在华项目教师在项目结束后赴美担任语言讲师或助教，他们一般按照合同完成教学任务，不会进入职称系列。

一项针对部分中文教师师资培训的需求调查显示：(1)教师希望以演示而不是告知的方式来学习；(2)教师希望参加针对性强的培训；(3)重视来自学生的反馈，希望在多元化教学环境下被评价；(4)教学信念方面认为教师应帮助学生提高自主学习能力。[①]

2.2 美国外语教师培养标准

合格的师资对于教学质量起着保障作用。美国一直非常重视对教师的培养及教师标准体系的建设。1988年，美国外语教学委员会（ACTFL）推出了《外语教师教育指南》。1998年，ACTFL加入全美教师教育认证委员会（National Council for Accreditation of Teacher Education，简称NCATE）。2002年，ACTFL发布了经NCATE认证的《外语教师培养标准》。[②] 该标准在2012年和2015年经过两次修订，修订后的标准于2016年春季实施。[③]

《外语教师培养标准》分为两部分。

第一部分是外语教师培养要求，主要针对外语教师教育相关组织和院校，内容包括以下几个方面：

(1)培养准教师在各领域的语言熟练度，所有语言课程要注重培养教师口语的流利度。高年级的课程应该使用目的语进行授课。

(2)对于教师职位申请者口语的流利程度进行持续的测评，并对他们的口语状况提供诊断性的反馈。

(3)提供语言、语言学、文化、文学课程。

(4)外语教学法课程由一名专业合格的外语教师教育者传授，该教师应熟知当前外语界的教学方法和观点。

---

① 转引自温晓虹(2017)。
② 崔凯(2010)。
③ 李永宏(2018)。

(5)提供实习前的外语教学课堂体验的机会。

(6)实习体验过程中,由合格的专业教师监督,该教师熟知当今外语界的教学方法和观点。

(7)为申请者提供学习技术并在教学中运用技术的机会。

(8)为申请者提供机会去国外学习或在目标语社区参与沉浸式体验。

第二部分是针对准外语教师的标准和要求,分别是:

(1)语言能力,包括人际沟通、解释性、表现性;

(2)文化、语言学、文学及其他学科的概念;

(3)语言习得理论和关于学生及其需求的知识;

(4)教学设计、课堂实践和教学资源应用的整合;

(5)语言和文化的评估——对学生学习的影响;

(6)职业发展,倡导和道德规范。[①]

2.3 汉语教学师资培训相关项目

(1)星谈计划的师资培训

"9·11"恐怖袭击事件之后,语言安全上升到国家战略的高度,美国政府 2006 年推出了《国家安全语言计划》,确立"关键语言",第二年正式实施。星谈计划(STARTALK)是一个由美国国家安全局资助的联邦资助项目,由马里兰大学国家外语中心(National Foreign Language Center)管理。STARTALK 是该项目教学理念首字母的缩写[②],即:

Standard-based,Student-centered(以标准为基础,以学生为中心);

Target language(使用目标语言);

Appropriateness(适应性);

Reflection(反思);

Time on task(任务投入时间);

Application to new contexts(在新语境中应用);

---

① 具体参见 https://cpb-us-e1.wpmucdn.com/blogs.gwu.edu/dist/d/129/files/2016/05/ACTFL-2013-Standards-24t0q0r.pdf,访问日期:2020 年 12 月 20 日。

② 丁安琪(2010)。

Learning outcomes(学习成果);

Knowing is doing(做中学)。

星谈计划资助的关键语言数量和项目会随着国际局势变化而适时追加或调整(详见第二章)。通过这些项目,星谈计划寻求实现三个目标:增加学习重要语言的学生人数,增加美国高校的关键语言教师的数量,增加向掌握急需语言的教师和学生提供的高效材料和课程的数量。①

在师资培训方面,主要包括三个层次:确定项目目标、表现评估和项目准备。培训内容分为六个板块:语言和语言学能力,文学文化理解能力和跨学科教学意识,语言习得理论和教学实践,理解课程标准及教学,语言和文化评估,个人能力的专业化。② 星谈项目的师资培训实践性较强,受训教师除了参加集中培训,还要全方位参与教学的各个方面,完成课堂观察、教学设计、独立教学等任务。③

(2)在华项目的师资培训

普北班不仅培养出了多位优秀的中文学习者,也培训出了千余名国际中文教师,对国际中文教育产生了很大影响。④ 这种兼具保障课堂教学与师资培养质量的模式被称为"双效模式"。⑤

普北班对教师的选拔非常严格。选拔对象一般来自中国高校的语言学及应用语言学、国际中文教育等相关专业的在读研究生,也有来自美国的相关专业研究生和汉语教师。普北班由 2—5 年级四个年级组成。每个年级都根据学生人数配有 1—2 名普林斯顿大学教师作为带队老师。岗前培训第一天是全体教师参加,首先对各个年级情况和教学计划进行详细介绍,之后是课堂教学示范,普北班负责人会亲自演示。⑥

普北班教师岗前培训在正式开课前一周进行,负责培训的老师是普

---

① 参见星谈计划官网:https://startalk.umd.edu/public/about,访问日期:2020 年 12 月 20 日。
② 王添淼、尹雪雪(2014)。
③ 丁安琪(2010)。
④ 顾利程(2019)。
⑤ 王学松(2008)。
⑥ 娄开阳(2016)。

林斯顿大学中文教学项目的资深教师,项目新招教师和回任教师一同进行培训。培训师与受训者既是师生,也是同事。培训内容主要分为理论介绍和模拟实践练习两部分。理论介绍主要是讲座的形式,模拟实践则主要通过试讲进行练习。主要训练教师通过对课堂的设计和有效提问,使学生在操练过程中习得汉语。①

(3)高校的汉语教师培训

随着美国中文师资力量的壮大,一些在语言教学和研究方面实力雄厚的高校也开展了高层次学历教育。明德学院开设了汉语作为第二语言教学的硕士研究生项目。课程由中美两国教师教授,包括12个单元(units):②

汉语教师所需的语言学知识(Linguistics for Chinese Language Teachers),3个单元;

课程、教学和评估(Curriculum, Instruction & Assessment),4个单元;

文化,即沟通的核心和表现(Culture: Core and Manifestation of Communication),2个单元;

特殊话题(Special Topics),2个单元;

体验式学习/教学实习(Experiential Learning/Teaching Practicum),1个单元。

此外,哥伦比亚大学教育研究生院(Teachers College)国际外语教师教育中心(Center for International Foreign Language Teacher Education,CIFLTE)提供四个与汉语教学相关的项目,其中两个为文凭项目:对外汉语教师一年证书项目(the TCSOL One-year Certificate Program)、TCSOL/TESOL暑期双证书项目(TCSOL/TESOL Summer Dual Certificate Program),旨在为有兴趣教授汉语或英语的学生和专业人士提供培训课程。另外两个项目是中文辅导项目(Chinese Tutoring

---

① 吕妍醒(2012)。

② 参见明德语言学校官网:https://www.middlebury.edu/language-schools/languages/chinese/graduate,访问日期:2020年12月20日。

Program)和访问学者项目(Visiting Scholars Program)。前者为学习者提供一对一的专业辅导,包括面对面和在线的混合式学习;后者为与中心研究相关的学者提供学习机会。①

第三节 教学模式及教学法

3.1 短期速成语言教学模式——明德模式

美国明德汉语教学模式(简称"明德模式")指的是在美国明德学院暑期中文学校发展出来的一种汉语短期速成教学模式。该模式最早可以追溯至二战时期,美国政府主导密集外语教学(intensive foreign language training),要求高校的 ASTP 特训班都采用这种教学模式。普林斯顿大学中文教学负责人牟复礼当年便在哈佛大学 ASTP 跟从赵元任学习中文,对这种教学模式非常了解并认同。前文已经说明明德学院与普林斯顿大学之间的渊源,因此可以说"明德暑期中文学校(Middlebury Chinese Summer School),基本上仍旧沿用赵元任的密集教学法"②。

明德模式以沉浸式语言教学为内核,在发展中逐步加入了听说法、功能法和任务法的元素,课堂教学主要采用"大班讲练——小班操练——一对一谈话"的范式。③ 其教学目标是短期速成,采用密集强化操练法,操练类型包括单纯机械型和引导编码型两类,④在教学理念上强调"学以致用"⑤、在教学方法上遵循"循序渐进"⑥。该模式是北美高校中文教学的主流教学模式之一,同时也被诸多美国在华中文项目所采用。⑦

---

① 参见哥伦比亚大学官网:https://www.tc.columbia.edu/arts-and-humanities/tcsol-certificate/program-offerings/,访问日期:2020 年 12 月 20 日。
② 周质平[2015(02):87]。
③ 曹贤文(2007)。
④ 娄开阳、吕妍醒(2011)。
⑤ 张喜荣、田德新(2004)。
⑥ 汝淑媛(2006)。
⑦ 娄开阳(2016)。

3.2 基于学科内容的教学模式——沉浸式学科教学

明德模式的特色之一是使用中文进行沉浸式教学，这里的"沉浸"指中文既是教学语言，也是教学目标。除此之外，还有一种沉浸式教学模式，指的是使用外语进行学科内容教学，即基于内容的外语教学（content-based instruction），此处称"中文沉浸式学科教学"以示区别。美国沉浸式学校始于20世纪70年代，首先是西班牙语沉浸式学校。2006年，美国明尼苏达州明尼阿波利斯市的英华汉语学校被批准为美国第一所中文沉浸式特许学校。其后发展迅速，根据Mandarin Immersion Parents Council（简称MIPC）的统计数据，截至2018年8月，美国已有264所中文沉浸式学校。[1]

按照目的语和母语使用的比例，沉浸式学校可分为半沉浸式学校和全沉浸式学校。K-3年级课程50%使用中文讲授为半沉浸式中文学校，90%使用中文讲授则为全沉浸式中文学校。据统计，美国148所中文沉浸式学校中，在K-3年级采用半沉浸式的占60.81%，全沉浸式占22.97%，到K-4年级及以上，绝大多数学校的中文课时量与英语课时量基本相同。[2] 沉浸式中文教学项目规模和方式也会受到州政府的政策影响，如犹他州政治家积极推动双语沉浸式项目的发展，2008年犹他州议会通过法案，为开设包括汉语、法语、西班牙语沉浸式项目设立专门基金。[3] 2020年至2021年，犹他州语言沉浸式项目中有中文项目的学校高达70所。[4]

按照学习者母语背景，沉浸式教学可以分为"单向沉浸"（one-way immersion）和"双向沉浸"（two-way immersion）。单向沉浸指学习者都

---

[1] 参见网址：https://miparentscouncil.org/2018/08/28/weve-now-got-264-mandarin-immersion-schools-in-the-united-states，访问日期：2020年12月20日。
[2] 梁德惠（2014:121—124）。
[3] 央青（2016）。
[4] 参见网址：https://www.schools.utah.gov/file/1c5af035-5431-4231-b4a0-cab79bf7e94a，访问日期：2020年12月20日。

只说一种相同语言,如均为英语母语者;双向沉浸则招收两种语言的学生,英语母语者和少数族裔学生在同一个课堂。相比于西班牙语、法语等沉浸式项目,中文和英语语言距离较远,沉浸式具有较大难度。不过,美国中小学沉浸式中文教学多数项目达到了预期的效果,不论是单向沉浸还是双向沉浸,小学生和中学生的中文能力多数能达到高级水平,此外其学术水平、跨文化能力也有所提高。①

近年来,关于美国中文沉浸教学项目的研究渐趋深入,如关于美国沉浸式中文教学的课堂奖励研究②、对美国小学中文沉浸式课堂的教师话语研究③等。

3.3 美国推出的多种教学法

(1)听说法(Audio-lingual Approach)

听说法在美国二战爆发后产生,提倡者为外语教学家弗里斯(Charles C. Fries)。如第五章所述,二战爆发,特别是太平洋战争爆发后,美国急需流利使用德语、日语、法语、意大利语、汉语等口语人才,承担翻译和电码解读工作。为了培养能够真正运用语言的军队人才,美国军方启动了"军队特别训练计划"(ASTP),用不同于传统的教学方式强化训练士兵的听说能力,新的教学法体现出极大的优势,这便是"听说法",又名陆军法、军队法(Army Method)。听说法的理论基础主要是结构主义语言学和行为主义心理学,教学法主张以口语为中心、以句型结构为纲。

听说法强调"听说领先",对语音要求极其严格,通过句型练习掌握目的语,学习者采用模仿、重复、记忆的方法反复操练。同时利用幻灯片、录音等方式强化刺激,培养学习者语感,直接用目的语进行表达。

二战后,美国一些语言机构、学校继续采用集中教学和听说法进行外语教学,在短时间内培养了大批外语听说能力较强的外事人员。1956年,现代语言学会外语方案指导委员会发表了《外语教学九点方针》,提出

---

① 江新、邢滨钰(2017)。
② 孔令跃、赵鹏飞(2018)。
③ 司甜(2018)。

把战时语言教学原则用到平时语言教学中。但听说法是为战时外语训练服务的,到 60 年代末 70 年代初,听说法的缺陷与不足越来越突出,如学习模式过于机械化、对读写重视不够、忽略语言使用的交际场景和意义等,因此外语教学领域开始探索新的更具创造性的教学方法。①

(2)认知法(Cognitive Approach)

20 世纪 60 年代,美国著名心理学家卡鲁尔(J. B. Carroll)针对直接法和听说法的弊端,提出了认知法,称它是"升级的、现代的语法翻译法"。认知法理论基础包括乔姆斯基的语言理论、皮亚杰的"发生认识论"、布鲁纳的"发现法"及美国认知教学心理学家奥苏泊尔的"有意义学习"理论。②

认知法认为语言学习不是简单的"刺激—反应",而是要在充分了解学生的基础上,进行有意义的学习和操练,充分发挥学生的认知能力。在教学内容方面,强调听说读写并进,口语和书面语并重;重视阅读和词汇学习;提倡使用直观教具和电化教学手段,使外语情景化、交际化。以汉语基础语法教学为例,可以通过建立新语法点与学生已掌握的一般表述的联系、与相关的系列性语法点的联系、与学生掌握的其他语言对应的语法点的联系等方式,在了解学生的基础上进行有意义的学习。③

1997 年,印第安纳大学出版了基于认知法的汉语教材《互动汉语:初级汉语的认知教学法》(第一册和第二册)。该教材在进入课文前首先系统介绍汉语的特点、方言、汉语拼音系统、汉字系统,使学习者对汉语先有整体的认识。每课呈现方式为先给出简繁体字的对话,然后是拼音版本、英文翻译。生词表首先按照在课文中出现的先后顺序排列,然后按词性排列,并增加了与生词相关联的补充词汇,这些做法都是基于"认知法"的特点而设计的。④

(3)全身反应法(Total Physical Response,简称 TPR)

全身反应法由美国心理学家詹姆斯·阿谢尔(James Asher)于 1977

---

① 董玲(2011)。
② 武和平、武海霞(2014)。
③ 刘若云、徐韵如(2003)。
④ 任友梅、杨双扬(2003)。

年提出,它强调把语言学习和身体动作行为结合在一起,建立言语和行为协调一致的教学方法。该教学法主张外语学习的过程应该与儿童学习母语类似,即在理解了"听"的基础上才能"说",因此强调听力理解领先,学生通过身体动作提高理解力。教学语言多为指令语和祈使句。

TPR 目前多应用于少儿外语教学中。有研究发现 TPR 教学法对于提高儿童注意力、学习积极性、加强理解和提高回忆率方面具有显著效果①,其教学原则非常适合中文沉浸式项目教学初期阶段。② 全身反应法自 20 世纪下半叶到 21 世纪初,在美国的中小学外语课堂中较为流行,后随着语言学和心理学研究的发展,在此基础上又加入了故事构建、阅读等更多元素。

(4)体演文化教学法(Performed-culture Approach,简称 PCA)

体演文化教学法最早由美国俄亥俄州立大学东亚语言文学系的吴伟克(Galal Walker)教授带领的教学团队提出,其核心理念是"在文化中学习语言"。PCA 是美国专门针对中文等东亚语言教学创立的教学法,将语言、文化和交际有机融合在一起,以培养学生在目的语文化社区中的参与能力为教学目标,以体演作为学习的主要形式。③ PCA 在教学中不仅强调语言的准确性,更强调文化的得体性。俄亥俄州立大学东亚语言文学系在多个中文项目中实践该教学法,集中培养了一大批精通中国文化的美国人。

在体演文化教学法中,"文化事件"是基本的教学单位。PCA 要帮助学生建立起对未来的记忆,即帮助他们通过不断的"体演"来形成对目的语行为文化的记忆。体演的五要素包括:特定的时间、特定的地点、特定的角色、特定的台词(规则)和观众。④ 在具体教学中,PCA 分为 FACT 和 ACT 课型,FACT 课型主要是对语言和文化进行解释(主要用学生母语),ACT 主要是在情境中体演(主要用中文)。从课型来看,主要将体演文化教

---

① 商艳涛、杨恒(2014)。
② 吴丹(2015)。
③ 秦希贞(2017)。
④ Galal (2000)。

学法应用于中文口语课、综合课和文化课中,其中口语课的应用较多。

从战争时期为快速培养士兵外语能力的听说法,到现代社会为培养能得体交流、精通跨文化交际人才而产生的体演文化教学法,都顺应了社会对于语言教学的要求。美国的教学法在适应多变时局的过程中不断创新,留下了浓厚的时代印记。听说法适应战时美国对听说能力的迫切需求,优先听说能力的培养;认知法充分运用成人已有的知识结构,发挥了成人的主观能动优势;全身反应法则特别适合儿童的年龄和认知特点;体演文化法则是将语言和文化视为一体。这些教学法的产生和发展与语言学、心理学的发展相契合,针对不同人群的特点发挥其效力。同时也说明美国在外语教学法方面引领时代,其所创的教学法对世界外语教学界做出了重要贡献,而这些教学法运用于中文教学,极大地提高了中文教学效能,使美国中文教学界能够持久保持教学活力。

第四节　教育技术及教学资源

4.1 技术辅助中文教学

由于非目的语环境中多数学生外语课时较少,为方便学生自主进行扩展学习,学习资源的开发成为当务之急。美国的汉语教材一般都配备丰富的配套资源,包括多媒体资源、网站讨论区等,利于学生课下进行预习、复习和提问等。

美国较早开始探索基于计算机的网络课程。夏威夷大学李英哲于1991年获得政府资助制作了一套中高级网上课程"中闻:中文新闻网路课程(ChiNews:Chinese News CALL Software)",学生可以在网上免费学习中文。这套课程包括50课电视新闻和90课广播新闻,每课都有提示问题引导学生,课文采取多种显示方式。每课有理解测试,以便学生了解自己的学习成果。[①] 视频网站YouTube上也有丰富的中文教学视频、

---

① 姚道中(2014)。

学习资源等。

随着网络技术的发展,美国不少教师尝试将虚拟现实技术、社交媒体等应用于中文教学中。比较流行的平台如第二人生(Second Life)、"脸书"(Facebook)等,使学习者能在虚拟的情境中练习中文。在中小学,不少老师使用如 Quizlet、Kahoot 等游戏化学习和测试工具调动学生的积极性和参与度。

近年来,随着教育资源的开放,兴起于美国的微课、慕课(MOOC)等新型网络学习资源对高等教育和远程教育产生了重大影响,与之相关的翻转课堂(Flipped Classroom)、SPOC(Small Private Open Course)等创新的教学模式探索也方兴未艾。翻转课堂指的是学习者在课前首先观看老师或他人准备的课程内容(一般是学习视频),到正式课堂中对所学知识练习、讨论等。因为这种模式将传统的"课上教学,课下练习"的方式转变成"课上练习,课下教学",因此被称为"翻转课堂"。这种教学模式兴起于美国。2004 年,孟加拉裔美国人萨尔曼·可汗(Salman Khan)为远程解答表妹的数学问题录制了很多教学视频,并发布到网上,受到欢迎,浏览量很大,很多学生用他的教学视频学习。萨尔曼后来决定辞掉工作,把制作教育视频作为新工作,成立了网上"可汗学院"。2007 年,美国科罗拉多州落基山的林地公园高中的两位化学老师乔纳森·伯尔曼(Jonathan Bergmann)和亚伦·萨姆斯(Aaron Sams)为给缺课的学生补课,把录制好的教学视频发布到网上供这些学生学习使用。这些视频不仅受到缺课学生的好评,同时其他学生也利用这些资源进行复习和强化学习。这些实践进一步推动了翻转课堂的发展。翻转课堂在美国的中文教学中得到了广泛应用,特别是在保持学生学习兴趣、强化学生学习动机方面效果显著。

此外,信息技术在提升美国中文测试效率方面发挥了巨大作用(详见第七章)。人工智能技术的高速发展也对中文教学资源、教学模式以及学习者的自主学习等方面产生重大影响。

4.2 网络技术促进师资培训

网络技术除了在辅助中文的教与学方面发挥作用，也能在一定程度上丰富中文师资培训的形式，提高培训效率。以上文提到的星谈项目为例，美国加州大学伯克利分校的星谈项目自 2014 年起在教师培训中加入了线上学习及混合式教学应用的演示，希望能让参与的教师在数字化学习环境中与时俱进。2015 年暑假培训时，学员先进行两周的网上课程学习，观看讲师预先录制好的微视频，在线上边学习边做笔记。教师团队可以随时观看学员笔记，掌握学习者的进度、遇到的问题及吸收情况。同时利用异步讨论版进行问题澄清与深化讨论。再通过线上同步讨论时间，回答学员的疑问。[1] 夏威夷大学的星谈师资培训项目中，教师在晚上要完成自己的学习总结，并发布在项目的网络论坛里，大家进行分享学习。[2]

4.3 "科技与中文教学"研究专门化

为了加强以技术为基础的中文教学的交流，汉密尔顿学院（Hamilton College）于 2000 年 6 月发起了首届 21 世纪技术与中文教学会议（1st Conference on Technology and Chinese Language Teaching in the 21st Century，简称 TCLT1），TCLT 常务委员会也随之成立，旨在通过会议、出版、服务和社区互动等方式，促进教育科技在中文学习和教学中的研究和应用。[3] 自 2000 年以来，TCLT 会议采用高校轮办的方式每两年举办一次，通过小组讨论与工作坊等形式，架设科技、教学法与课程建设间的桥梁。

新冠疫情的爆发，给语言教学带来深刻的影响。传统的课堂教学不得不停滞，人们转为线上学习。这客观上也促使线上教育技术必须向成熟

---

[1] 郑安中、陈姮良、郭誉玫(2015)。
[2] 丁安琪(2010)。
[3] 参见美国中文学会网站：http://www.tclt.us/about/index.php，访问日期：2021 年 2 月 20 日。

和完善迈进。2021年,第十一届国际汉语电脑教学研讨会由耶鲁大学主办,会议的主题是"中文教学与研究中的智能技术及新的教学法"(Smart Technologies and New Pedagogies in Chinese Language Teaching and Research),涉及内容为"在线中文教学法、混合式语言教学与翻转课堂""自然语言处理技术、机器学习技术在中文教学中的应用""大数据、云计算和个性化学习""汉语学习中的语料库和数据库研究""技术辅助的语言测试和评价"等。受到新冠疫情影响,会议无法采用传统的线下形式,转而运用教育技术服务,以线上举行的方式召开。①

美国高校中文教学虽始于耶鲁大学、哈佛大学,但不同学校在发展的过程中都形成了各自的特色。高校中文教学离不开人的推动,上述高校都聚集了一批理念先进、富有能力、为中文教学的创建与发展做出了重要贡献的关键人物,部分人员的流动也使不同高校之间在教学模式上有所传承和创新。美国注重外语教学师资的培养,在外语教师标准方面不断更新和完善,不同层面的中文师资培训项目较多,但高校相关专业储备师资相对较少。美国在特定时代背景下提出的听说法、认知法、体演文化教学法等教学法,都引领时代之先,并可创造性地应用于不同目标的教学之中。与教学法相配备的教材、教学资源与技术等的发展,科技与中文教学研究相关的学会、会议、刊物,不仅对中文教学是一个良好的促进,也极大地推动了中文教学研究向纵深发展。

---

① 参见第十一届国际汉语电脑教学研讨会主页:http://www.tclt.us/tclt11/cfp.php,访问日期:2022年1月20日。

第七章　中文测试的建立与发展

汉语作为美国众多外语之一,其发展与外语教学和研究的整体生态息息相关,测试也不例外。语言测试对语言教学起着反拨作用(washback effect),对个人、教育体制乃至整个社会产生一定的影响。① 追溯美国外语测试发展史,20 世纪 40 年代可以说是其发展关键期。之前社会交往中外语需求有限,外语教学以语法翻译法为主,培养的是静态的阅读能力,书面语输入训练是重点,因此在教学目标、课程设置、教学方法等方面都不注重口语能力的培养。中文教学在这样的大背景下也概莫能外,正如第四章所述,早期的中文教学主要为汉学研究服务,重视"目治"而非"口说",导致学习者的书面语阅读能力较强,而口语交际能力欠缺。

太平洋战争爆发后,由于缺乏语言实际应用能力,大多数美军人员无法进行外语交际。为了帮助军人在其岗位上更好地完成关键任务,培养外语口语能力至关重要。② 因此,提高听说能力成为外语教学的重要目标,在教学内容和教学方法上也相应必须有所突破。1942 年,美国推出了"军队特别训练计划"(ASTP),外语教学方面突出听说技能训练(详见第五章)。由此对于语言学习的评估也变得迫切起来,促使美国审视其外语测试的设计与实施,政府语言学校的教学与测试也可进一步促

---

① Bachman & Palmer (2010).
② Kaulfers (1944).

进语言的实际运用。① 早期的测试方式对外语能力的判定有很多局限，如美国国务院外交学院(Foreign Service Institute，简称 FSI)与其他测试平台的语言测试主要采用多项选择题或其他分离性测验(discrete-point testing)②，这些方式无法很好地测试考生是否能有效使用语言。③ 时代对语言测试提出了新的要求，迫切需要人们开展具有针对性的测试研发工作。

第一节 中文测试的研发背景

1.1 外语能力量表与大纲的开发

军队特别训练计划(ASTP)于 1942 年 12 月实施。1943 年美国进攻西西里，军队人员短缺，ASTP 学员回归部队导致学员人数大幅度下降，ASTP 于 1944 年 2 月正式终止。④ 虽然 ASTP 前后仅持续了一年多，但一定程度上带动了美国外语测试的发展。当时 Kaulfers 作为斯坦福语言和区域学校的测量与测试顾问，负责为相关课程规划语言测试。他提供了一个听力理解(aural-comprehension)表现量表(performance scale)，将考生的聆听能力分为 5 个分数级别：0 分、1—5 分、6—10 分、11—15 分以及 16—20 分，各个级别分别都有相应的能力描述。如最低级别(即 0 分)代表考生完全不理解口语语料，具体表述为："Cannot understand the spoken language."相比之下，最高级别(即 16—20 分)则说明考生能理解广播、电话通话和方言变体等不同语料，在听力方面不会遇到大的困难，具体表述为："Can understand popular radio talks, talking-pictures, ordinary telephone conversations, and minor dialectal variations without

---

① Chalhoub-Deville & Fulcher (2003).
② 分离性测试旨在测试学习者对单个语言构成部分的掌握，如词汇、语音等。
③ Clark & Clifford (1988).
④ Velleman(2008).

obvious difficulty."①

除了关注外语能力,Kaulfers 也阐释了口语能力的测试方式。以西班牙语为例,口语测试分三个部分:寻求服务(securing services)、询问信息(asking for information)及提供信息(giving information)。测量工具包含两个方面:口语表现的范围和质量,前者分 A、B、C、D 四个等级,后者分 0、1、2、3 四个级别。在设计相关测试时,Kaulfers 考虑到语言的实际运用,认为评分应以考生的实际表现为依据,并提出相关实践与研究建议。② 尽管其构想没能进一步实现,但其所提出的测试和相关量表突出了表现性测试(performance assessment)③的重要性,在当时来说具有重要参考价值。Kaulfers 指出,早期外语教学与测试对口语能力的侧重是出于实际的现实需要,具备时代特点,然而这并不意味着阅读与写作能力不重要。

第二次世界大战结束后,美国对外语教学与测试的热忱逐渐消失,直至 50 年代朝鲜战争爆发,说话技能教学与测试才再次引起人们关注,④对外语水平的重视也为后来的"水平运动"(proficiency movement)⑤奠定了基础。

1952 年,美国公务员委员会(Civil Service Commission)接到指示,要求记录政府工作人员的语言能力、背景与经验,然而该委员会并没有合适的参照系统,也缺乏相关的水平测试和测试标准。整体而言,全国普遍缺乏标准化的评分制度,而能供参考的只有员工的语文课程等级和自我评估(self-report)。委员会认为美国政府需要一套客观的、适用于多种语言且脱离于具体语言课程的系统。由于学术界没有现成系统可资利用,政

---

① Kaulfers (1944:139).
② Chalhoub-Deville & Fulcher (2003).
③ 表现性测试要求学生运用相关语言技能,展示某种行为表现(如写一篇文章和说一段话),此测试方式与传统的多项选择题测试不同。
④ Chalhoub-Deville & Fulcher (2003).
⑤ Bachman & Savignon (1986)、Kramsch (1987)都曾提及"proficiency movement"一词。

府唯有自行研发,这为美国外语水平量表和测试的开发带来契机。①

在亨利·史密斯(Henry Lee Smith)的领导下,美国国务院外交学院和其他政府机构联合研发出一个语言量表,共有六个等级。量表将语言能力看作是一个整体能力,而未进行听说读写这样的技能区分。其他政府机构后来对此量表失去兴趣,国务院外交学院则继续对量表进行修订和改进。1955年,在使用新研发的量表对外交官进行测量后,发现语言水平能够"有助于服务"(useful to the service)的外交官不足一半。1958年,所有的外交官都被要求必须通过语言水平测试。同年,国务院外交学院测试办公室成立,根据量表研发了口语测试"the FSI Interview",也叫"the FSI",被政府和机构广泛采用。②

美国外语测试在60年代和70年代得到进一步发展。跨部门语言圆桌(Interagency Language Roundtable,简称ILR)③项目组将国务院外交学院所研发的量表中关于相关语言能力的表述进行了调整;由原先的单个短句表述发展成段落式描述。④ 美国外语教学委员会(ACTFL)于1967年成立,成为美国外语教学的重要组织,极大地推动了美国外语教学的发展(详见第八章)。美国总统卡特(Jimmy Carter)于1978年成立了外语和国际研究委员会(Commission on Foreign Language and International Studies),ACTFL积极参与相关策划和讨论,⑤进一步推动了外语教学与测试的研究和发展。

80年代,外语测试领域兴起"水平运动",学界开始关注如何界定语言水平的构念(construct)。1982年,ACTFL推出《暂定口语水平大纲》

---

① 此内容来自Herzog(n.d.),参见网址:https://www.govtilr.org/Skills/IRL%20Scale%20History.htm,访问日期:2021年2月20日。
② Herzog(n.d.).关于量表研发的详细情况参见该文献。
③ 关于ILR的更多详情,参看网址:https://www.govtilr.org/,访问日期:2021年2月20日。
④ Liskin-Gasparro(1984).
⑤ 本文有关ACTFL的重要里程碑(包括下文所提及的相关事件),参考了以下文件:https://www.actfl.org/sites/default/files/membership/ACTFL%2050%20Years%20Timeline.pdf,访问日期:2022年1月20日。

(Provisional Oral Proficiency Guidelines),并于1986年颁布第一版《ACTFL语文能力大纲》①(ACTFL Proficiency Guidelines,简称《大纲》)。《大纲》的研制建立在FSI量表的基础上②,带动了外语教学与测试的整体发展,成为ACTFL对美国外语教学与测试学界做出的重要贡献之一,也可以说是美国强调语言水平测验③的重要标志。

《大纲》推出后,学界也并非一片叫好声,不少学者提出了批评。如Savignon(1985)认为《大纲》对语言使用(language use)的界定过于狭隘,《大纲》把文化从语言四种技能中独立出来,作为第五个技能进行单独处理,她对此提出疑问。Kramsch(1987)则认为作为一种教学工具,《大纲》有其不足,而且《大纲》有违人们对第二语言习得的理解,忽视学习者在交际成长(communicative growth)中的差异性。

尽管如此,《大纲》的推出无疑带动了相关测试的研发。二战时期大多数军事人员缺乏外语能力,解决这一问题成为人们研发口语测试的动因。④ 1989年,ACTFL提供了口语能力面试(Oral Proficiency Interview,简称OPI)测试员认证(OPI Tester Certification),并出版了OPI测试员培训手册。1991年,ACTFL首次实施OPI商业测试。从外语口语能力切入,一定程度上有助于解决美国人普遍缺乏外语能力的问题。也有学者提出改进意见,如Salaberry(2000)指出尽管OPI具备表面效度(face validity),但并不能够满足效度要求,学界需要从理论出发,进一步阐明第二语言水平的构建,建立一套清晰的指导方针,以更好地测量考生的口语能力。

总的来看,美国自身语言生态和重大事件(如战争)直接推动了美国外语教学与测试的发展,与此同时,美国的外语测试也在一定程度上受到语言测试领域整体发展的影响。20世纪80年代,交际语言教学(communicative

---

① 此文件的翻译名称有所不同,本书采用的是ACTFL网站的官方翻译。参见:https://www.actfl.org/resources/actfl-proficiency-guidelines-2012/chinese,访问日期:2021年2月20日。
② Liskin(2003)。
③ 水平测验(proficiency test)与成绩测验(achievement test)性质不同。水平测验基于语言能力理论,不与任何课程绑定,而成绩测验与具体的课程对应。
④ Chalhoub-Deville & Fulcher(2003)。

language teaching)和交际语言测试(communicative language testing)盛行①，交际语言测试问题引起学界的热烈讨论。Morrow(1979)提出设计交际测试(communicative test)应考虑以下几点：(1)所测试的表现(performance operations)；(2)考生水平(proficiency)；(3)启动技能(enabling skills)；(4)内容(content areas)；(5)形式(format)。也有学者认为，在界定交际测试时，必须在目的、内容、方法、评分和阐释方面，体现真实语言的属性，因此交际测试须具备目的性、互动性、真实性，同时也具有情境化和人性化的特点，是一项有意义的活动，此外，它也应具备信度与效度，测试设计包含七个方面：事件(events)、活动(activities)、模式(mode)、社会关系(social relationships)、话题范围(topic areas)、任务(tasks)以及启动技能(enabling skills)。②

有关交际语言测试的讨论不同程度上影响了美国外语教学与测试的开发。结合语言测试学界对交际语言测试的理解，再与《大纲》(1986年版)进行对照，可以看出《大纲》体现了交际的重要性，强调语言在日常生活中的使用，以满足基本的个人与社会需要。从相关表述中也可看出对表现性测试和直接测试(direct testing)③的重视。但也有学者认为，《大纲》对交际语言水平(communicative language proficiency, CLP)的理解过于狭隘，交际语言水平内容应至少包含语法(grammatical)、语篇(discourse)和社会语言能力(sociolinguistic competence)。④

随着全球外语教育的推广，《大纲》与其他语言能力标准对接的问题受到关注。2010年，ACTFL和美国德语教师协会(American Association of Teachers of German，简称AATG)主办首场ACTFL-CEFR对应会议(ACTFL-CEFR Alignment Conference)。这是一个系列会议，侧重实证研究，旨在建立《大纲》《欧洲语言共同参考框架》(Common European Framework of Reference for Languages，简称《欧框》)与相关考试的对应

---

① 相关讨论参见Canale & Swain(1980)。
② Carroll(1981)。
③ 在直接测试里，我们可通过尽可能真实的任务测试被试使用相关技能的能力。
④ Bachman & Savignon(1986)。

关系。来自美国、加拿大和欧洲三地的语言专家参加了会议。会议促使ACTFL与欧洲现代语言中心（European Center for Modern Languages，简称ECML）正式合作，对相关课题进行探讨。该系列会议意义深远，促使外语学界关注《大纲》与《欧框》的关系，扩大了《大纲》在全球外语教学与测试学界的影响力。

1.2 外语教育标准的制定

为了落实教育的公共责任，各国政府陆续推出各种教育标准，使教育政策透明化，维持公众对教育质量的信心；标准的确立直接影响课程的开发和测试的设计，同时也有助于人们理解课程与测试在标准参照（standards-referenced）系统中的关系。① 教育标准的确定对于全球教育发展有着积极意义。

在此背景下，美国掀起了"基于标准的革命"（standards-based reform），②明确了对学生在各个核心科目的要求。1996年，美国推出《21世纪外语学习标准》，共有11名成员被委任为工作小组成员，他们背景各异，负责确定外语学习的内容标准。工作小组在不同研发阶段都会与民众沟通。该《标准》的推出意义重大，代表着各界人士（包括教育工作者、商界领袖、政府与社群）对美国外语教学的界定及地位达成共识。③

《标准》强调语言和交际的重要性，指出美国必须培养学生的语言能力与文化素养，以便学生能在国内外与他人沟通；同时也期望学生能够掌握至少两种语言。《标准》并不以指导课程为目的，也没有具体的课程内容描述和学习顺序建议。使用者根据各州和当地的标准和课程框架，为学生制订最佳方案并拟定合理的要求。

《标准》对美国的外语教学与测试具有直接的指导作用，之后得以不

---

① Klenowski & Wyatt-Smith（2014）。
② Schwartz & Robinson（2000）。
③ 关于《标准》，参见网址：https://www.actfl.org/sites/default/files/publications/standards/1996%20National%20Standards%20for%20FL%20L%20Exec%20Summary.pdf，访问日期：2021年2月20日。

断修订、更新,第四版《面向世界的语言学习标准》①于2015年推出。新旧《标准》都强调五个目标域,分别为:交际、文化、贯连、比较和社区,统称5C。每个目标域之下列出标准,共有11个。值得一提的是,新版本强调"world-readiness"的概念,凸显了全球化精神,有助于学生为全球化做准备。此外,新的《标准》名称定为"语言学习"(Learning Languages),与1996年版的"外语学习"(Foreign Language Learning)相比,显然突破了原有局限,视野更为宽阔。

与此同时,《大纲》也在不断修订、更新,目前使用的是2012年修订版②,将语言水平划分为五个等级:初级、中级、高级、优秀和优异。前三个级别又细分为初等、中等和高等三个子级。《大纲》针对四项语言技能列举了不同的文本类型,并分别归入三个交际模式:人际交际、理解诠释、表达演示。以阅读技能为例,"理解诠释"的文本包括书籍、作文、报告等,而"人际交际"的文本则包括短信、电子邮件等。《大纲》中这一部分的内容与《标准》有关交际目标域的三大交际模式相互呼应,强化了《大纲》和《标准》之间的关系。

《标准》与《大纲》具有权威性,带动了其他纲领性文件的制定。1998年,ACTFL推出了《ACTFL K-12学习者表现大纲》(*ACTFL Performance Guidelines for K-12 Learners*,简称《表现大纲》),依据《标准》的内容描述对学习者的要求。之后,ACTFL进一步修订《表现大纲》,推出了《ACTFL语言学习者表现描述》(*ACTFL Performance Descriptors for Language Learners*,简称《表现描述》)③,此文件被定位为《大纲》的附属文件(companion)。④

---

① 参看网址:https://www.actfl.org/resources/world-readiness-standards-learning-languages,访问日期:2021年2月20日。
② American Council on the Teaching of Foreign Languages (ACTFL) (2012a).
③ 关于《表现描述》的更多内容参看:https://www.actfl.org/resources/actfl-performance-descriptors-language-learners,访问日期:2021年2月20日。
④ American Council on the Teaching of Foreign Languages (ACTFL) (2012b).

《大纲》和《标准》推动了一系列外语测试的研发,如 ACTFL 语言四项技能的相关测试、Advanced Placement 世界语言和文化考试(AP World Language and Culture Exams)、ACTFL 语言表现水平测试(ACTFL Assessment of Performance toward Proficiency in Languages,简称 AAPPL)①,以及世界语言国家考试(The National Examinations in World Languages,简称 NEWL)②等。而美国大规模中文测试也在外语测试的整体生态环境中获得良性发展。

1.3 大规模中文测试的推出

如前所述,第二次世界大战的爆发为美国外语的发展提供了助力,也为外语测试的发展提供了契机。《大纲》与《标准》这两份文件适用于所有外语,自然对作为外语之一的中文教学和评价也起着指导作用。尽管学界对《大纲》评价并不完全一致,但不可否认的是,随着《大纲》和《标准》的颁布,美国中文教学与测试有了相应的指导,并和其他世界语言产生了交集。在某种意义上,《大纲》和《标准》提升了中文在美国的地位与层次,并直接带动了美国大规模中文测试的研制与实施。

美国第一个标准化中文测试为中文水平测试(Chinese Proficiency Test,简称 CPT),由应用语言中心(Center for Applied Linguistics)于 1984 年开发③,1986 年完成。CPT 由美国教育部资助,李英哲和 John Clark 联合主持,测试内容包括听力、阅读和语法。④ 测试基于真实世界的语言使用情况,而非教材语言(textbook language);听力和阅读部分依据 ILR 和 ACTFL 的相关水平大纲,即对应 ILR 的 1 级至 3 级,相当于

---

① 相关测试具体内容参看网址:https://www.actfl.org/assessment-research-and-development/actfl-assessments/actfl-k-12-assessments/actfl-assessment-performance-toward-proficiency-languages,访问日期:2021 年 2 月 20 日。
② 相关测试具体内容参看网址:https://www.americancouncils.org/newl,访问日期:2021 年 2 月 20 日。
③ Stansfield, Kenyon & Jiang (1992).
④ 姚道中(2007)。

ACTFL的中级、高级和优秀级别。① 随着CPT使用人数的增加,应用语言中心1991年推出了中文水平初试(Preliminary Chinese Proficiency Test,简称Pre-CPT),与CPT相比,中文水平初试较为容易,主要面向初学者,包括听力、阅读和结构三个部分,所有试题均为多项选择题。②

1994年,美国各地开始实施SAT中文测验(SAT Chinese with Listening Subject Test)。测试对象原为无中文背景的中学生,但实际上考生多为华裔子弟,其中文水平远远超过了SAT中文测验的水平。SAT中文测试委员会于1998年建议为中文设立AP课程③,不过AP课程早在1955年就已经推出④。直到2003年,美国大学理事会批准了AP世界语言课程和考试的方案,中文成为正式获批的语言之一,这一方案在推动美国多元文化和多语教育方面意义重大。⑤ AP中文与文化考试(AP Chinese Language and Culture Exam)⑥于2007年正式推出,至此,SAT中文测验和AP中文测验的对象才有了更为明确的区分。

综上,我们可以看出,自CPT推出以来,从Pre-CPT到SAT中文测验,再到AP中文与文化考试,美国中文测试有着清晰的发展轨迹。考试目的明确,并考虑到考生的差异性,方能测出真实水平。美国大规模中文考试的研发标志着中文已经发展为一门成熟的外语,市场对中文考试也有着强劲的需求。

大规模测试(large-scale assessments)包括以下主要特征:考生人数众多,测试过程(如实施和评分)规范,采用常模参照(norm-referenced)模

---

① Stansfield et al. (1992)。
② 相关测试内容参见:Stansfield et al. (1992);姚道中(2007)。Pre-CPT中文翻译名称参考姚道中(2007)。
③ 姚道中(2015)。
④ 有关现行AP课程,参见网址:https://aphighered.collegeboard.org/about-ap,访问日期:2021年2月20日。
⑤ 当年一共有四种语言获得批准,分别为汉语、意大利语、日语、俄语。详见The College Board (2006)。
⑥ "AP Chinese Language and Culture"名称翻译有待统一,娄毅(2006)使用"AP汉语与文化",而姚道中(2015)将其译为"AP中文"。考虑到学科名称"国际中文教育"、英文表述以及考试内容,本书译为"AP中文与文化"。

式,因成绩能影响考生的一生而属高风险测试。① 大规模语言测试可用于不同的语境,并具备多元功能,包括:推进问责工作,确保问责制度的有效性;为各协作伙伴(教师、学生、家长、学校、行政人员等)提供诊断性信息;筛选申请者(移民、职业认证、就业机会)等。② 美国外语测试系统成熟,类型多元。由 ACTFL 所研制的大规模中文测试③系列包括以下几种:

(1)ACTFL 语言表现水平测试(ACTFL Assessment of Performance toward Proficiency in Languages,简称 AAPPL 测试);

(2)ACTFL 听力水平测验(ACTFL Listening Proficiency Test,简称 LPT 测验);

(3)ACTFL 阅读水平测验(ACTFL Reading Proficiency Test,简称 RPT 测验);

(4)ACTFL 口语水平面试(ACTFL Oral Proficiency Interview,简称 OPI 测验);

(5)ACTFL 口语水平面试—电脑版(ACTFL Oral Proficiency Interview-computer,简称 OPIc 测验);

(6)ACTFL 写作水平测验(ACTFL Writing Proficiency Test,简称 WPT 测验)。

美国大学理事会推出的是 SAT 中文测验④与 AP 中文与文化考试⑤。这两个大规模中文测试的指示语和题目说明均以英语形式呈现,也就是说,无论是作为"超超中心语言"的英语,还是作为美国中文学习者的母语英语,都是说明指示语的首选语言。这个设计原则有助于确保考生理解任

---

① Kunnan (2016).
② 有关大规模测试的内容,参见以下文献:Fox (2014);Kunnan (2008);Kunnan (2016).
③ 有关 ACTFL 研制的中文测试,参看网址:https://www.actfl.org/center-assessment-research-and-development/actfl-assessments,访问日期:2021 年 2 月 20 日。
④ 相关测试具体内容,参看网址:https://collegereadiness.collegeboard.org/sat-subject-tests/subjects/languages/chinese-listening,访问日期:2021 年 2 月 20 日。
⑤ 相关测试具体内容,参看网址:https://apcentral.collegeboard.org/courses/ap-chinese-language-and-culture/exam,访问日期:2021 年 2 月 20 日。

务要求,在一定程度上帮助考生正常发挥,从而确保构念效度(construct validity)。此外,由于美国中文学习者背景多元,有的学习繁体字,有的学习简体字,具有一定的差异性,在呈现考试文本时,AP中文与文化考试采用了简繁两种字体,同样在写作环节,考生可根据需要选择一种字体进行作答。简繁字体的采用在一定程度上反映了测试的包容性和公平性。

美国大规模中文测试均依据或参考了几个重要的语言水平描述或标准。如ACTFL语言四项技能的测试参考了《大纲》,最新版本的《大纲》列有五个主要级别:初级、中级、高级、优秀和优异。上述ACTFL系列测试的LPT、RPT、OPI、WPT等主要关注初级至优秀四个级别,而无优异一级。增设优异级别对于测试高水平汉语作为外语学习者的语文能力更为有效,可更好地为不同汉语水平的学习者服务。另外,AP中文与文化课程与考试强调《标准》所提及的三种交际模式,并在其任务设计方面得到体现。① 总的来说,美国大规模中文测试理念与《大纲》和《标准》相关内容对应,已自成一套完整体系。

美国大规模中文测试相关的机构、考试名称、主要功能、主要对象、测试技能及考试方式以及主要参考文献等测试基本信息,见表7.1。②

表7.1 美国大规模中文测试的基本信息

机构	考试名称	主要功能	主要对象	测试技能及考试方式	主要参考的文件
美国外语教学委员会(ACTFL)、国际语言测试公司(LTI)	ACTFL语言表现水平测试即AAPPL测试	分班、学分授予等	学生(Grades 5—12)	听说读写,机考	《标准》:任务设计依据所提及的三种交际模式;《大纲》:任务受所提及的级别指导;《表现描述》:用以评分

---

① 有关AP中文与文化课程框架,见The College Board(2020:12)。
② 本章重点归纳美国中文测试的主要特点,各个中文测试的具体内容可参看各自官网和Liu(2017)。

续表

机构	考试名称	主要功能	主要对象	测试技能及考试方式	主要参考的文件
美国外语教学委员会（ACTFL）、国际语言测试公司（LTI）	ACTFL 听力水平测验，即 LPT 测验	入学、分班、毕业、课程评估、雇用、升职等	学生、成人	听，机考	《标准》：测试体现"理解诠释"交际模式；《大纲》（听）（2012年版）：用以区分考生级别
	ACTFL 阅读水平测验，即 RPT 测验	同上	学生、成人	读，机考	《标准》：测试体现"理解诠释"交际模式；《大纲》（读）（2012年版）：用以区分考生级别
	ACTFL 写作水平测验，即 WPT 测验	同上	学生、成人	写，机考或纸笔	《标准》：测试体现"人际交际"与"表达演示"交际模式；《大纲》（写）（2012年版）：用以区分考生级别
	ACTFL 口语水平面试，即 OPI 测验	同上；在某些州，可用于师资认证，证明说话能力	学生、成人	口语（听+说），真人对话	《标准》：测试体现"人际交际"模式；《大纲》（说）（2012年版）：用以区分考生级别
	ACTFL 口语水平面试-电脑版，即 OPIc 测验	分班、毕业、课程评估、认证、升职等	学生、成人	口语（听+说），机考	《标准》：测试体现"人际交际"模式；《大纲》（说）（2012年版）：用以区分考生级别

续表

机构	考试名称	主要功能	主要对象	测试技能及考试方式	主要参考的文件
美国大学理事会（The College Board）	AP中文与文化考试	学分授予、预修	高中生	听说读写（包括文化知识），机考	《标准》：任务设计依据所提及的三种交际模式；《表现描述》：用以说明学习者的语言能力
	SAT中文测验	升学、学分授予	高中生	听、读使用（通过多项选择题完成句子），CD机与做答卷	与高中课程对应

第二节 大规模中文测试相关特征

2.1 测试功能与课程的关联

美国大规模中文测试种类多元化，并具备不同的功能，测试对象包括学生与社会成人。针对在校学生的如 AAPPL 测试、AP 中文与文化考试、SAT 中文测验，相关机构以考生的成绩作为升学与分班的依据。针对社会成人（也可包括学生）的如 ACTFL LPT、OPI、RPT 和 WPT 测验，既有学术用途的，也有专业用途的。学校可将成绩作为入学或毕业要求，公司与企业可参考成绩决定是否雇用或擢升。这些考试均为高风险测试,被视为"敲门砖"(door-opener)或"守门人"(gate-keeper)[1],具有相当大的影响力。

除了测试功能与测试对象的不同,现行大规模中文测试与课程的关系也体现出差异,一类考试与相关课程绑定,如 AP 中文与文化考试,可视为成绩测试,体现出教学与测试的有机联系,课程的设置将学习系统化,有助于学习者提高学习效率,并帮助他们在考试中更好地发挥;另一类考试不和任何课程产生直接联系,也不与任何教学法绑定,如 OPI 和 WPT 测验。[2]

AP 中文与文化考试采用了教学与测试紧密结合的方式。考试内容围绕六个主题:(1)不同社会的家庭;(2)语言和文化对身份所带来的影响;(3)美与艺术的影响;(4)科学和科技如何影响我们的生活;(5)影响生活质量的因素;(6)环境、政治和社会所带来的挑战。教师可参考 AP 题库,在课堂上采用相关考试问题,同时也能利用进度板查看班级和学生的进展,了解学习难点;学生完成练习后可获得反馈[3],能够自我监督,及时跟进,以改善自己在考试中的表现。

SAT 中文测验也同样与教学紧密结合,但面向高中生,因此与相关高中课程对应,通过考生的表现判断他们是否能够满足相关大学科目的要求。而 AP 中文与文化考试的考试难度属于大学水平。这两种考试在内容上可能有所差异,但由于并非所有的学生都有机会报读 AP 课程,在这种情况下,考生可提交 SAT 中文测验成绩来证明自己的语言能力。[4]

2.2 语言技能和文化知识的处理

大规模中文考试可根据处理语言技能的方式分为单项技能测试和多

---

① 参见 Bachman & Purpura (2008)。
② 参看相关考试手册,即 American Council on the Teaching of Foreign Languages (ACTFL) (2020a)与 American Council on the Teaching of Foreign Languages (ACTFL) (2020b)。
③ 有关 AP 考试的更多详情,参看 The College Board (2020)。
④ 参见网址:https://collegereadiness.collegeboard.org/sat-subject-tests/about/faq,访问日期:2021 年 2 月 20 日。

项技能测试两大类。单项技能测试主要考查考生个别技能(即听、说、读、写)的掌握,考生可根据自身的需要选择相关考试。由 ACTFL 开发的 LPT、RPT 测验是典型的单项技能测试。多项技能测试涉及两种或两种以上语言技能,如 SAT 中文测验测试考生的听力与阅读能力,AAPPL 测验和 AP 中文与文化考试则全面考查语言四项技能的掌握。

除了单项或多项技能测试外,部分考试用于测试考生综合使用语言技能的能力。如 AP 中文与文化考试的会话任务之一要求考生根据交际场景与虚拟人物展开一段对话,考生必须听懂对方的问题才能顺利完成对话。该考试的写作任务之一要求考生回复一封电子邮件,考生必须读懂邮件内容才能回复。上述两个任务皆属综合技能测试,分别测试考生的听说能力与读写能力。与分离性测试和单项技能测试相比,综合技能测试更具真实性(authenticity),能较好地模拟现实世界的交际任务,也能更有效地预测考生在日常生活中使用语言的能力。①

美国外语测试对口语能力有所侧重。以 OPI 测验与 AP 中文与文化考试有关说话技能的测试方式为例,OPI 测验根据《标准》测试考生的"人际交际"(听说)能力,共分四个阶段:热身、级别鉴定、试探和结束。在热身环节,考官和考生寒暄,帮助考生进入状态;在级别鉴定环节,考官和考生开展对话,内容涉及不同的话题,通过提问,考官鉴定考生的能力水平以及所能驾驭的语言任务和情境;在试探阶段,在确定考生的级别后,考官将继续提问,通过提高问题难度测出考生的最高水平;在结束阶段,考官调整对话难度,回到考生能应对的级别,在愉悦的气氛中结束对话。总的来说,OPI 考官通过一系列的问题鉴定考生的水平,整个过程属即兴互动,均无提前演练。②

AP 中文与文化考试的说话环节则包括两个任务,即对话和文化呈现。前者属"人际交际"模式,后者属"表达演示"模式。在完成对话任务时,考生根据所提供的交际情境进行角色扮演,回答预录的六个问题。每

---

① 有关综合技能测试,参见以下文献:Plakans (2013);Yu (2013);Cumming (2014)。
② 参见相关测试手册:https://www.actfl.org/sites/default/files/assessments/OPI%20Familiarization%20Guide%202020.pdf,访问日期:2021 年 2 月 20 日。

道题预留20秒供考生回答。在文化呈现部分,考生需根据交际情境介绍一个文化点,如节日、食物、景点等。考生有四分钟的准备时间及两分钟的作答时间。①

OPI测验和AP中文与文化考试在说话技能方面的处理主要区别于以下几个方面:

其一,交际模式有所不同。OPI测验重视人与人的双向沟通,而AP中文与文化考试的说话任务则涵盖"人际交流"和"表达演示"两种交际模式,既重视双向沟通,也重视单向的输出。AP中文与文化考试的说话任务范围明显较广,因而可将考生的表现扩展到更为广泛的语言使用场域,推测出考生在其他日常说话任务中的表现。二者也有共同的不足,就是尽管都重视人际沟通,但都漠视其他的口语任务,如小组讨论。

其二,交际途径设计有异。在OPI测验中,考官和考生开展即兴对话,双方可根据考官问题的难度、考生的答复水平等实际情况调整语言,彼此适应。虽然口试需按照四个阶段进行,但对话进展有其灵活性。相比之下,AP中文与文化考试为机考,会话任务属模拟对话,问题都是预先录制的,考生只要回答问题即可。两类考试所采用的方法有利有弊。就测试的真实性而言,OPI测验的话语结构灵活多变,考官和考生根据实际情况转换话轮;AP中文与文化考试对话任务的话语结构则是固定的,虽然设计方式有所局限,但考生可比性更高。此外,AP中文与文化考试的两个说话任务都提供了具体的交际情境,如2019年提供的情境为:你的朋友Wang Meiying即将到你的国家旅游,通过视频电话征求你的意见,你需要回答朋友的问题并提供建议(如几月份最为理想、该去哪个旅游景点等)。② 考生须进行角色扮演,回答预录的问题,实现交际目的。从这点看来,AP中文与文化考试所设计的交际情景更贴近考生的生活,凸显语言在日常生活中的运用情况。

其三,测试目标各有侧重。OPI测验侧重听说技能,而AP中文与文

---

① 相关样题详见:https://apcentral.collegeboard.org/courses/ap-chinese-language-and-culture/exam,访问日期:2021年2月20日。

② 取自2019年考题,见The College Board (2019a:9)。

化考试所涉及的构念较为复杂,除了语言技能外,还同时测试考生对中国文化知识的掌握。这一点在文化呈现任务中得到充分的体现,如 2019 年的相关任务要求考生想象自己正在为中文班的同学做口头报告,向他们介绍一个中国传统节日(如端午节、中秋节)。① 在外语教学方面,语言与文化的关系是一个重要的议题。② 与其他测试相比,AP 中文与文化考试在任务设计中较有意识地融入文化内容。③ 考生必须具备一定的文化知识才能完成任务,而相关评分量表在"任务达成度"(task completion)方面也考虑到内容是否准确与充足。④ 此外,AP 中文与文化考试的四个开放式任务——叙述故事、回复电子邮件、对话与文化呈现——的量表都在"表达"(delivery)这一维度强调了语域(register)的重要性。⑤ 整体而言,AP 中文与文化考试的设计原则具有前瞻性,体现了美国对多元文化教育和社会语言学的重视。

2.3 信息技术在测试中的运用

从考试媒介来看,大规模中文测试以机考为主,如 AAPPL 测试、AP 中文与文化考试、OPIc 等。随着教育技术的普及化,机考取代纸笔考试已成为必然趋势。如在完成 AP 中文与文化考试的回复电子邮件任务时,考生可根据需要选择简体字或繁体字阅读文本,打字时,可选用汉语拼音法或注音符号输入汉字。⑥ 某种程度上,信息科技的使用为相关任务的设计和完成提供了便利,但在操作方面还需要具有一定的预见性。2007 年 AP 中文与文化考试为网络测试(internet-based test),考试当天遇到了未能预料的问题:有些学校电脑陈旧,缺乏网络设备;有些测试中心当天网络发生故障等。因此大学理事会第二年在考试时采取了一些替

---

① 引自 2019 年考题,见 The College Board (2019a:13)。
② 相关文献包括:Brooks (1968); Galeano & Torres (2014)。
③ 朱瑞平重点分析了 AP 中文与文化课程与考试设计的"文化"成分。见朱瑞平(2008)。
④ The College Board (2019b)。
⑤ 同上。
⑥ The College Board (2019a)。

代措施,如用 CD 传送试题、考生通过网络或 U 盘提交答案,保证给学生提供便利,以让更多学生能参加考试。① 尽管大学理事会 2008 年无法全方面实施网络测试,但 AP 中文与文化考试作为使用网络测试一个尝试,还是取得了一定的突破。

科技手段的使用会对测试的真实性与相关的构念界定产生影响。机考意味着考生不必手写汉字,只需借助键盘打字完成写作任务即可。这种形式符合现代社会特点,因为事实上人们早已适应电脑或手机输入,而很少手写汉字。至于是否有必要测试考生书写汉字的能力,就必须正视目的语使用场域(target language use domain),即日常生活中有哪些情境需要人们手写汉字,并适当地将这些交际场景融入测试任务中。若考试开发者认为书写汉字是语言能力的构成部分之一,测试就要在纸笔考试和机考之间取得平衡,设计合理的交际情境,如写贺卡、便条等,测试考生书写汉字的能力。

科技手段的使用尽管有时会影响测试的真实性,从而影响构念效度,但其优势也很突出。以 AP 中文与文化考试为例,其会话任务采用半直接测试(semi-direct test)的形式,考生通过网络与虚拟人物展开对话,并回答事先录制好的问题。考生所接触的信息,无论是在内容、语速、语气或画面等方面都是一致的,这有助于减少对话者差异性所带来的干扰,确保测试公平,提高学生表现和分数的可比性。

第三节 走向体系化的中文测试

3.1 设计标准化

20 世纪初,汉语作为外语的测试还处于萌芽阶段。以学者费正清的个人经验为例,他从哈佛大学毕业后即前往牛津大学攻读博士学位。为了提升汉语水平,费正清最终决定到中国进修。他请指导老师苏慧廉测

---

① 姚道中(2008)。

试他的汉语能力,并为他出具书面证明,最后于 1932 年前往中国。① 成功通过测试可以说是为费正清开启了一扇门,关系到他日后的发展。费正清的这段经历凸显了语言测试在学习者求学道路上的重要作用,但当时并无可用的规范化测试,测试内容完全靠教师自己把握。

经过数十年的努力,美国中文测试已经实现标准化。整体来看,《大纲》与《标准》的推出是美国外语教学界重要的里程碑,对外语教学有着极大的指导作用,直接促进了美国外语教学与测试的发展,作为外语之一的中文测试也因之受益。

以 OPI 测验为例,OPI 测验侧重《标准》所提及的"人际交流"模式,通过一系列的问题测试考生的口语能力;而问题的难易度对应 2012 年版《大纲》(说话技能)的相关等级,根据以《大纲》为依据的 ACTFL Rating Scale 进行评分。OPI 考官需要经过专门培训并获得 ACTFL 的认证,而且每四年必须重新认证。口语水平测试的任务设计、问题的难易度判定、评分过程、考官的培训与认证等各方面都有机联系,自成系统。中文 OPI 测验在这套系统内和其他外语共存,贯彻统一的考试原则,从而保证了与其他外语同步发展。

3.2 手段科技化

随着科技的日新月异,教育技术为语言教学带来革命性的变化,在语言测试方面也同样体现出其不可替代的作用。语言测试越来越偏向基于电脑的测试(computer-based testing),21 世纪美国中文测试在科技的使用上不断突破。

OPIc 测验于 2006 年开发,其测验目标和 OPI 测验一致,只是通过电脑完成,考生面对机器上的虚拟考官(avatar)图像回答问题。②

---

① 顾钧(2017)。
② 相关测试具体内容,参看以下网站:https://www.actfl.org/center-assessment-research-and-development/actfl-assessments/actfl-postsecondary-assessments/oral-proficiency-interview-computer-opic;https://www.languagetesting.com/oral-proficiency-interview-by-computer-opic,访问日期:2021 年 2 月 20 日。

2003年中文被认定为AP课程。① 2006年春季,有关机构试行自由作答任务,准备在AP中文与文化课程和考试中使用,约125名学生参加了这次试考。学生主要以纸笔形式完成写作任务,部分学生以电脑输入答案;考生在完成说话任务时以电子形式录音。② 2007年,AP中文与文化考试正式推出通过电脑进行机考的方式,尽管首次实施时遇到前述的一些技术问题,但却证明了机考的简便性和有效性。

值得强调的是,21世纪以来,语言测试学界从单项技能的测试转向综合技能的测试,并越来越重视考生综合使用语言技能的能力。相较于ACTFL的单项技能测试(如LPT与RPT),AP中文与文化考试涵盖四项语言技能,部分任务也转向了综合技能测试,顺应了测试的发展趋势。在实际操作方面,AP中文与文化考试运用信息科技,较好地实现了综合技能测试。基于电脑测试的AP中文与文化考试的推出,在美国大规模中文测试的发展过程中具有里程碑意义。

3.3 类型多样化

全球对中文考试需求一直呈增长态势,中国自1990年起陆续推出标准化汉语考试,如汉语水平考试(简称HSK)1990年于国内推广,次年推向海外,商务汉语考试(简称BCT)2006年开考,新汉语水平考试于2009年推出等。③

作为一个中文教学历史较长的国家,美国立足于自身教育语境,为美国的中文学习者服务,积极开发相关中文测试。目前美国中文考试类型多元,美国应用语言学中心的外语测试目录(Foreign Language Assessment Directory)列出了三十多种中文考试④,从考试性质看,有水

---

① The College Board (2006).
② 参看网址:https://apcentral.collegeboard.org/courses/ap-Chinese-language-and-culture/exam/free-response-question-tryout,访问日期:2021年2月20日。
③ 参看网址:https://iscs.snnu.edu.cn/xygk/sylxszsxf/HSKks.htm,访问日期:2021年2月20日。
④ 数据截至2020年12月3日,具体参看:http://webapp.cal.org/FLAD,访问日期:2021年2月20日。

平考试、诊断性考试等;从考试用途看,有入学、分班、获得学分、专业用途、认证考试等;从考试对象看,有面向 K-12 学生、大学生、社会成人等的考试。学习者可根据自己的需要报考不同类型的中文考试。

除了前文所述美国大规模中文测试外,美国也设有专业类型的语言测试,本研究将其统称为"职业考试"。这类考试反映了不同领域对中文人才的市场需要,同时也对中文人才质量提出要求。以下重点介绍几种富有特色的职业考试,分别面向教育、国防与医疗领域。

(1)教育领域的考试

美国教育考试服务中心(Educational Testing Service,简称 ETS)推出了中文教师资格考试"Praxis Chinese(Mandarin)测验",测试考生的听说读写能力。就测验的难易度来看,听说部分的难度对应《大纲》的高级初等级别,而读写部分则对应中级高等级别。除了测试考生的听说读写能力,该测验输入性技能(听与读)部分也同时测试考生的文化知识。例如听力部分,其中一道多项选择题(样题)为:"根据你对中国文化的了解,普通话是以下面哪一种方言为语音基础的"。① 由此可见,该测验适当地突出了《标准》所提及的"文化"目标域。Praxis 中文测验为一个系列,该系列的科目测试共有 90 多种。② 美国约 40 个州与属地要求申请者提供 Praxis 测验成绩,合格者方可应聘相关职业。③

(2)国防领域的考试

美国联邦调查局(Federal Bureau of Investigation,简称 FBI)在聘用语言学家时,要求应聘者必须具备熟练的英语能力并通过联邦调查局外语测试单元(FBI Foreign Language Test Battery)的要求。此套测试包含四个部分,分别测试听力、阅读、翻译和口语(英语和相关外语)能力。在翻译环节,须将短文译成英语,确保内容准确。若某种外语测试无翻译环节,则以英文写作任务替代。考生必须达到 ILR 量表所注明的普通专

---

① 相关测试内容具体参看:Educational Testing Service (2018)。
② 有关 Praxis 科目测试,具体参看:https://www.ets.org/praxis/about/subject/,访问日期:2021 年 2 月 20 日。
③ Educational Testing Service (2018)。

业水平(general professional proficiency range)才能满足 FBI 的要求。①这些要求适用于不同外语,包括中文在内。

美国国防部(Department of Defense,简称 DoD)采用的在职中文考试为"国防部语言水平测验 5(中文)"(Chinese-Mandarin Defense Language Proficiency Test 5,简称中文 DLPT5)。国防语言学院外语中心(简称 DLIFLC)包括中文在内有几十种语言测验。② DLPT5 中文测验旨在测试国防部相关人员的听力与阅读能力。测试对应 ILR 量表的 0 至 4 等级。考试成绩与奖励工资挂钩,也决定着今后的培训内容安排。DLPT5 测验内容包括社会、文化、政治和军事等话题,采用真实性语料,包括报纸、电视广播等。③

除了 DLPT5 测验,DLIFLC 也开发了线上诊断测试(Online Diagnostic Assessment,简称 ODA),旨在辨识学习者在外语学习方面的优势和需要,并为学习者提供反馈。ODA 属形成性测试,虽然了解这一测试的人不多,但它是唯一能和欧洲 DIALANG 媲美的网络形成性测试,而 DLPT5 为终结性测试。

(3)医疗领域的考试

医疗界也是使用外语非常频繁的领域,为了更好地为医患服务,医疗界推出了医疗口译员考试(Health Care Interpreter Assessment,简称 HCIA)④。测试基于两种国家认证考试模式,有书面和口语两个部分。书面部分包含 75 道多项选择题,测试考生对相关医疗词汇的理解与使用以及道德与职业操守情况。口语部分包含交替传译(consecutive interpreting)与视译(sight translation)两个环节。交替传译提供 5 个不同的情境,考生将根据病人与医疗人员互动的情境进行传译;视译则由考生读一份简

---

① 参看网址:http://manoa.hawaii.edu/careercenter/wp-content/uploads/2020/04/Linguist.pdf,访问日期:2021 年 2 月 20 日。
② DLIFLC 官网上可查看其设有的语言测验,网址为:http://www.dliflc.edu/resourees/dlpt-guides/,访问日期:2021 年 2 月 20 日。
③ 相关测试说明参看上面的网址。
④ MasterWord Services (2013)。

短的文件,并完成语音翻译(voice interpretation)。① 在 HCIA 的任务设计中,语言的运用得到了凸显,而口语部分属表现性测试,同时具备真实性测试(authentic assessment)的一些特征。

以上这些考试呈现出美国中文测试受众群体的多样性,除了普通的大学生和高中生,也包括军人、公务员和其他专业人士。随着全球化步伐的加快,中文学习者背景越来越多元,其学习动机也呈现出更多差异性,多样化的测试类型,可以满足不同群体和不同领域的需要。测试目标准确定位,测试任务进一步具体化,较好地实现了测试的实用价值,并保证了测试的有效性。

纵观美国外语测试的发展,在以国家安全为导向的外语政策指导下,从 20 世纪 40 年代出于实际需要而重视口语能力开始,测试作用便显现出来,逐渐受到重视而得以研发。从 20 世纪 80 年代起,《大纲》《标准》的推广与实施直接促进了美国中文测试的研制,随着美国外语测试体系而同步发展、充实起来。目前,美国具有不少影响力较大的大规模中文测试,既在设计上遵循了考试的普遍性要求,又在内容上保留了各自的特色。美国中文测试系统设计标准化、手段科技化和类型多样化,使得美国中文教学能够在较为科学的评估和考量之下进行合理规划和调整。

美国中文测试取得了不俗的成绩,但也有一些新的问题摆在面前。首先,标准化测试的受众群体呈现出多样性,除了在校学生,也包括各领域的专业人士。随着汉语学习者背景越来越多元,以及全球化步伐的加快,美国汉语学习者的学习动机也将体现出更多差异性,因此有关机构有必要开展大规模的需求分析,确保考试满足不同类型的考试使用者(如学习者、教师、大学、公司等)的需要。测试任务应根据测试功能与使用者的需要进一步具体化,以加强相关测试的实用性。其次,美国大规模中文测试的开发也应借鉴语言测试学界的最新研究成果。例如,基于情境的测

---

① 相关测试具体内容,参看网址:http://www.masterword.com/wp-content/uploads/2018/10/Interpreter_Assessment_Overview.pdf,访问日期:2021 年 3 月 8 日。

试(scenario-based assessment,简称 SBA)[①]在近年来越来越受到重视,测试开发者可思考如何有效地借助相关设计理念,提高语言测试的真实性,确保被试能在真实世界里有效使用中文完成各种交际任务。最后,现代教育技术已经在语言教学中广泛使用,人工智能也为语言教学带来新的机遇。由于肆虐全球的新冠疫情影响,大规模测试的实施遇到了前所未有的挑战,这时信息科技在设计测试任务、实施测试,以及评分各方面的功能方面都表现出无可替代的优势。随着科技的进步,教育技术领域不断发展,美国中文测试也会与时俱进,在国际舞台上继续保持其竞争力。

---

① 有关 SBA 的内容,可参看网址:https://www.etsglobal.org/xk/en/blog/news/do-scenario-based-assessments-hold-new-promise-for,访问日期:2022 年 2 月 20 日。

第八章　重要专业组织及项目的作用

在美国中文教学的发展过程中,除了著名高校和关键人物外,专业性组织机构及项目的推动作用也不容忽视。美国外语教学相关组织机构,如美国现代语言协会(MLA)、美国外语教学委员会(ACTFL)、国家外语中心(NFLC)、美国大学理事会等,在推进包括中文在内的外语教育方面发挥了重要作用。不同机构各有工作重心,形成相互支持和互补的格局。如现代语言协会在获取资金支持、影响国家外语政策制定、发布权威报告方面发挥着重要作用;外语教学委员会从外语教学标准、测试等多方面促进了美国的外语教学规范;国家外语中心主导的星谈计划等项目指导了中小学生的汉语学习和教师培训;大学理事会的 AP 中文项目则不仅提高了美国中小学设置汉语课程的积极性,同时也获得了家长对子女学习中文的支持。这些组织和项目通过经费资助,得以制定专业的行业标准、教学大纲、教学指导,在规范外语教学、保障师资等方面功不可没。

除外语教学组织机构之外,美国成立了不少与中文教学密切相关的学会,为中文教师和研究者开展交流合作提供了平台。美国中文教师学会(CLTA)、全美中文学校联合总会(NCLCC)和美国高校"科技与中文教学学会"(TCLT)等大型学会,定期开展教学研讨及学术交流活动,及时分享和反馈,有利于落实教学标准、促进中文教师专业发展。此外,美国在外语教育政策上以国家安全为导向,也开展了与中文教学相关的重大项目,如星谈计划、中文领航项目(Chinese Flagship Program)(也译作"旗舰"项目)等,在资金上为高校中文教学、师资配置、学生赴华留学等提供大力支持,不仅有效推动了中文教学规模和教学质量,也保证了中文教学在美国的可持续性发展。

第一节　外语教学专业组织

1.1 美国现代语言协会(MLA)

美国现代语言协会成立于1883年,目前有100多个国家的会员20,000多名[①]。现代语言协会在二战之前就在争取基金会支持、发布外语教育调查报告、提出政策建议等方面对美国的外语教育产生过重要影响。20世纪50年代起,现代语言协会在洛克菲勒基金会的资助下开展外语教育规划项目,并为《美国教育法案》第六章(即 Title VI)项目的成功实施以及应用语言学中心(Center for Applied Linguistics)的成立都做出了重要贡献。[②]

MLA每年举办一次年会,并出版相关的书籍、期刊、文献标准等,旨在通过项目、出版物、年度会议和倡导性的工作来促进语言文化的教学。其年会堪称盛况,活动丰富,与会者众多。如2019年年会,共有4500余人参会,3263人做报告,199场特别会议(special sessions),299场论坛会议(forum sessions),83场委员会会议(committee sessions),规模盛大。

MLA发布的关于外语教学的调查报告涵盖范围非常广,如《美国高校外语学习者注册情况》(*Enrollments in Languages Other than English in United States Institutions of Higher Education*)、《成功的高校外语教育项目(1995—1999)》[*Successful College and University Foreign*

---

① 关于MLA的介绍,主要参考美国现代语言协会官网:https://www.mla.org/About-Us/About-the-MLA,访问日期:2021年3月8日。
② 龚献静(2013)。

Language Programs（1995—1999）]等。这些报告为外语教学和研究者提供了重要的依据和参考。以《美国高校外语学习者注册情况》为例,其数据最早从1958年开始,对美国各高校不同年级、不同语种的外语学习人数及变化进行了详细统计,并从整体上分析了每一阶段学习者人数变化的原因。该报告自2002年起基本为每四年更新一次,不过2020年、2021年连续两年都公布了学习人数。①

1.2 美国外语教学委员会(ACTFL)

美国外语教学委员会是美国影响力最大的外语教学协会。它最早是美国现代语言协会的一个组成部分,1967年独立并壮大。之后,在建立行业标准、制定语言熟练度指标、提升外语教育经费等方面做出了巨大贡献。②

ACTFL制定的外语学习标准不仅影响了美国,其核心为"5C"的《21世纪外语学习标准》对世界外语教学也影响深远。自1996年出版之后,经过三次修订,2015年第四版更名为《面向世界的语言学习标准》。此外,ACTFL和美国教育考试服务中心(Educational Testing Service,简称ETS)共同制定了面向外语教学的语言能力标准——ACTFL大纲,对听、说、读、写各项技能进行能力等级描述。该量表的制定可以追溯到20世纪80年代早期,美国教育部意识到外语教学领域需要一套能力标准,因此首先委托ETS组织对早期口语FSI口语量表进行修订,之后又委托ACTFL进行完善,在1986年形成ACTFL/ETS量表,③后经1999、2001和2012年进行三次修订,最终版本为《ACTFL语文能力大纲2012》(*ACTFL Proficiency Guidelines 2012*)。

在测试方面,ACTFL为全世界60多种语言进行语言评测,尤其是

---

① 参见美国现代语言协会官网:*Language Enrollment Database*（1958—2021）。网址:https://apps.mla.org/cgi-shl/docstudio/docs.pl?flsurvey_results,访问日期:2023年11月20日。

② 具体可参见美国外语教学委员会官网:https://www.actfl.org/,访问日期:2021年3月8日。

③ 韩宝成(2006)。

OPI 外语口语测试体系得到广泛认可(详见第七章)。在师资培养方面,ACTFL 在 2002 年与全美教师教育认证委员会(NACTE)共同开发颁布了《外语教师培养方案标准》(*Program Standards for the Preparation of Foreign Language Teachers*)。ACTFL 每年举办年会及世界语言博览会。参会对象包括全美及世界各地的外语教师、学习者、出版商、语言科技公司等。年会或博览会一般为期三天,有不同外语的分论坛,可以进行深入交流和研讨,中文教学是其中一个议题。其会议论文遴选严格,极大地促进了语言及教学相关研究。

1.3 国家外语中心(NFLC)

美国国家外语中心成立于 1986 年,工作围绕国家语言政策和语言资源展开。最初设在约翰斯·霍普金斯大学的高等国际研究学院(School for Advanced International Studies),负责人是 Richard Lambert。1990 年,在福特基金会的支持下,NFLC 组建了"国家较少被教授语言委员会"(National Council of Organizations of Less Commonly Taught Languages)。2000 年,NFLC 隶属于马里兰大学,驻地移至马里兰州的 College Park。

2007 年,由美国国家安全局资助、NFLC 管理的星谈计划启动。星谈计划最早旨在增加 K-16 教育阶段阿拉伯语和汉语的学习人数,以及促进这两门语言教师的专业发展。2008 年,新增了海地语、波斯语和乌尔都语。期间,NFLC 还得到美国教育部的支持,开发阿拉伯语、汉语学习的阅读材料。2008 年 8 月,星谈项目得到五年的续约,又新增了斯瓦希里语和土耳其语;2010 年新增了达利语、俄语;2011 年新增了葡萄牙语(参见第二章)。①

除了星谈计划,NFLC 推动的项目还有"教师语言学习效能感"(Teacher Effectiveness for Language Learning,简称 TELL)、"教育专业人士推动研究和语言学习"(Professionals in Education Advancing

---

① 参见美国国家外语中心官网:https://www.nflc.org/history/list,访问日期:2021 年 3 月 8 日。

Research and Language Learning，PEARLL)、"电子门户"(e-Learning Portal)等,主要促进外语教师的专业发展、外语教育的研究及语言学习电子资源的发展。以 e-Learning Portal 网站为例,用户可以下载和上传语言学习资源,有超过 100 种语言和方言的 15,000 多个条目。以汉语为例,"Chinese"下共包括汉语(Chinese，Mandarin)(128)、汉语(简体字)〔Chinese，Mandarin (Simplified)〕(591)、汉语(繁体字)〔Chinese，Mandarin (Traditional) 〕(365)、汉语闽南方言(Chinese，Southern Min)(120)、汉语吴方言(Chinese，Wu)(140)。①

1.4 美国大学理事会(The College Board)

美国大学理事会(简称"大理会")于 1900 年成立,是一个非营利性、会员制的教育组织②,其宗旨是帮助中学生为进入高等教育阶段的学习做准备并获得成功。

AP(Advanced Placement)即美国大学预修课程,是由大理会在高中阶段开设的具有大学水平的课程,不少大学如哈佛大学、耶鲁大学等将 AP 学分认定为入学参考标准和增添的大学学分。2003 年 12 月,美国大学理事会和中国驻美大使馆联合宣布成立 AP 中文项目。2004 年至 2005 年,一个由 15 人组成的工作小组对 AP 课程以及测试的范围及内容进行策划。2006 年开始,各地中学相继开设 AP 中文与文化课程。

AP 中文课程从技能、主题、模式和任务模块四个方面对其课程做出要求。以主题为例,AP 中文课程分为"家庭和社区"(Families and Communities)、"个人和公共身份"(Personal and Public Identities)、"美与审美"(Beauty and Aesthetics)、"科学与技术"(Science and Technology)、"全球挑战"(Global Challenges)、"当代生活"(Contemporary Life)六个板块。在任务模块中,则包括"回复邮件""叙述故事""文化展示"等具体任务。

---

① 参见美国国家外语中心官网:https://www.nflc.org/history/list,访问日期:2021 年 3 月 8 日。

② 参见美国大学理事会官网:https://www.collegeboard.org/,访问日期:2021 年 3 月 8 日。

AP 中文与文化测试于 2007 年正式施行。AP 中文的设立堪称美国中文教学界的一件盛事,不但提高了中文在美国外语中的地位,同时也推动了美国中小学开设中文课程的热潮。① 除此之外,美国大学理事会还支持各地的 AP 中文教师培训。

据美国大学理事会报告统计,2019 年参与 AP 中文考试的学校有 2007 所中学,共 13,853 名考生②,2007 年至 2020 年提供 AP 中文考试的高中学校数量、参与考试的人数和大学数量如表 8.1 所示。③

表 8.1 AP 中文考试相关的高中学校数量、考试总人数及大学数量(2007—2020)

年份	高中	总人数	大学
2007	433	3261	290
2008	740	4311	325
2009	835	5100	330
2010	1026	6388	400
2011	1201	7970	400
2012	1335	9357	400
2013	1460	10,121	400
2014	1528	10,728	529
2015	1640	11,633	500
2016	1776	12,524	546
2017	1873	13,091	509
2018	1978	13,825	553
2019	2007	13,853	593
2020	2063	14,663	380

---

① 姚道中(2011)。
② 数据来源:https://secure-media.collegeboard.org/digitalServices/pdf/research/2019/Program-Summary-Report-2019.pdf,访问日期:2021 年 3 月 8 日。
③ 数据来源:https://research.collegeboard.org/programs/ap/data/participation,访问日期:2020 年 12 月 12 日。

从上表可以看出,美国开设 AP 中文的高中学校数量、参与考试的人数总体呈逐年上升趋势。

一方面,据美国现代语言协会的统计,2013 年至 2021 年美国大学选修外语课的学生人数在逐年下降(如西班牙语、法语、意大利语等),汉语也从 2013 年的 61,084 人下降到 2021 年的 45,272 人;另一方面,根据美国大学理事会的统计,参加不同语种的大学先修课程的考生人数从 2014 年到 2018 年都有增减的波动,唯独汉语和西班牙语逐年有增无减,持续上升。这说明美国大学的汉语教学进入一定的瓶颈期,而汉语学习呈现低龄化的趋势。①

1.5 语言资源中心(Language Resource Centers, LRCs)

前文第二章有所提及,1990 年由美国政府依托高校建立起第一个语言资源中心,截至 2020 年,共建立了 16 个语言资源中心。②

语言资源中心的目标是通过改进教师教育、评估措施和开展研究来促进美国的外语学习和教学。语言资源中心制作语言学习和教学材料,为语言教师提供专业发展机会,进行外语学习研究。语言资源中心创建了一个通用的 LRC Web 门户,为所有语言资源中心的材料和资源提供了一个可搜索的数据库。虽然每个资源中心有自己的工作重心,但作为语言资源中心网络主要致力于八个方面的内容:研究(research)、教学材料(teaching materials)、数字化工具和资源(digital tools and resources)、评估(assessment)、专业发展(professional development)、促进较少被教授语言(less commonly taught languages initiatives)、创新 K-12 教育(K-12 initiatives)、扩展和传播(outreach and dissemination)。

在促进较少被教授语言的发展方面,语言资源中心做出了重要贡献。2015 年,语言资源中心发展的 152 个项目中都包括至少一种较少被教授

---

① 何宝璋(2019)。
② 数据来源于美国语言资源中心官网:https://www.nflrc.org/#about,访问日期:2021 年 3 月 8 日。

语言,覆盖了126种较少被教授语言①。在数字化工具和资源方面,语言资源中心开发了一系列虚拟环境中的语言学习工具,如 Virtual and Augmented Reality for Language Training(简称 VAuLT),学习者可以进入一个沉浸式的语言学习虚拟环境;电子档案,如 Catalyst,教师可以设定目标、分析自己的优势,进行反思等;在线课程,如为继承语教师开发了培训课程等。整体来说,语言资源中心的设立扩大了美国外语教学的规模及区域问题研究的深度,丰富了外语教师培训的形式,通过重视外语教学评估凸显了服务全民外语教育的理念。②

从目前16所语言中心的名称来看,对亚洲语言比较关注的包括1993年成立的俄亥俄州立大学国家东亚语言资源中心(National East Asian Languages Resource Center)、2002年成立的印第安纳大学中亚地区语言中心(Center for Languages of the Central Asian Region)以及2014年成立的加利福尼亚州立大学富勒顿分校国家亚洲语言资源中心(National Resource Center for Asian Languages)。与中文教学密切相关的是俄亥俄州立大学国家东亚语言资源中心。为教师和学习者提供语言和文化学习的材料,包括教材、练习册、教师指南、音频和视频记录、项目开发资源指南等,同时提供教师培训、沉浸式暑期学校等。俄亥俄州立大学是体演文化教学法的发源地。在中文教学方面,俄亥俄州立大学国家东亚语言资源中心发挥了该校的优势,开发了体演文化教学法的教材《春草》(*Spring Grass*)、《体演苏州》(*Perform Suzhou*),还有一套专为5—10岁儿童研发的一套中文学习教材《非常中文》(*Chinese Out of the Box*),主要也是采取"体演"的方式。③

---

① International and Foreign Language Education (2019).
② 滕延江(2018)。
③ 具体参见美国语言资源中心官网:https://nealrc.osu.edu/about,访问日期:2021年3月8日。

第二节 中文教学专业学会

2.1 美国中文教师学会(CLTA)

(1)学会发展沿革

美国中文教师学会成立于1962年,是专门从事中国语言、文化和教学研究的专业机构。其主要使命是在国际范围内促进中文和中国文化的研究,具体发展目标包括:(1)在美国建立一个高质量、可持续发展的汉语教学领导组织;(2)发展、改进和增强汉语及文化教学;(3)建立一个信息沟通、专业互助、思想碰撞、经验交流的论坛;(4)通过专业服务增强组织发展;(5)以理论和实证研究为基础,支持学术发展。[①]

CLTA致力于在以下方面推动中文教学:协调中文学校、中小学及高校之间的教学标准以促进顺利衔接;提供各种岗前及岗中培训以提升师资质量;促进以课堂内外教学为中心的各类语言习得及教学理论研究;提供关于建立中文项目的各种专业咨询;推动使用科技辅助教学的计划与教材教法等。CLTA作为非官方的组织,为汉语教学实践和研究的发展做出了重要贡献。

CLTA每年举办大型年会,各地区分会每年也会举办会议,且参会条件相对灵活。

由于美国的中文教师分布在全国各地,不同地区的人们建立起自己的区域性学会,教师之间切磋教学、互通有无。目前有加州中文教师协会、大纽约地区中文教师学会、德州中文教师学会等13个分地区的学会(详见表8.2)。[②] 每个学会定期组织一些区域性的活动,由于距离较近,一般会期为一天。如加州中文教师协会每年春季和秋季都举办

---

① 参见美国中文教师学会官方网站:https://clta-us.org/about-clta/mission-statement/,访问日期:2021年3月8日。
② 参见美国中文教师学会官方网站:https://clta-us.org/about-clta/regional-cltas/,访问日期:2021年3月8日。

研讨会,并颁发最佳展示奖(Best Presentation Awards)以及面向学习者的语言文化比赛等。① 美国地区性中文教师学会被评价为"教授汉语、传播中国文化的实干家""在不同的教学层面上全面提高汉语教学质量,成为汉语教师资源共享、互通有无的信息网络"。② CLTA 各州分会见表8.2。③

表8.2　CLTA 各州分会

英文名称	中文名称
Chinese Language Teachers Association of California (CLTAC)	加州中文教师协会
Chinese Language Teachers Association of Texas (CLTA-Texas)	德州中文教师学会
Chinese Language Teachers Association of Virginia (CLTA-VA)	维州中文教师学会
Chinese Language Teachers Association-Washington State (CLTA-WA)	华州中文教师学会
Chinese Language Teachers Association of Indiana (CLTA-IN)	印第安纳州中文教师协会
New England Chinese Language Teachers Association (NECLTA)	新英格兰地区中文教师协会
Oklahoma Chinese Language Teachers Association (OKCLTA)	俄克拉何马州中文教师协会

---

① 参见美国中文教师学会官方网站:https://www.clta-us.org/,访问日期:2021年3月8日。
② 何宝璋(2009)。
③ 关于 CLTA 各州分会的中文名称,有的翻译为"学会",有的翻译为"协会",此处采用 CLTA 官网上各州分会的中文名称,这与各分会自己官网上的命名也是一致的。参见 https://clta-us.org/about-clta/regional-cltas/,访问日期:2021年11月21日。

续表

英文名称	中文名称
Chinese Language Teachers Association-Oregon（CLTA-OR）	俄勒冈州中文教师学会
Chinese Language Teachers Association-National Capital Region（CLTA-NCR）	大华府中文教师学会
Chinese Language Teachers Association of Greater New York（CLTA-GNY）	大纽约地区中文教师学会
Chinese Language Teachers' Association of Southern California（CLTA-SC）	南加州中文教师学会
Chinese Language Teachers Association of North Carolina（CLTA-NC）	北卡中文教师学会
Chinese Language Teachers Association of Western Pennsylvania（CLTA-WPA）	西宾州中文教师学会

（2）学术会议及出版物

美国中文教师学会每年一度举办学术研讨会，参会者众多，是美国中文教学界最重要的会议。

在学术刊物方面，《汉语教学研究》（*Chinese as a Second Language*）是在《美国中文教师学会学报》（*Journal of the Chinese Language Teachers Association*）的基础上发展而来的，主要发表经过同行评议的中文或英文原创论文，内容涉及中文教学、语言习得、课程管理和设计等。此外，还发表书评和短篇稿件，报告汉语作为第二语言研究领域的新成果。该刊每年春季、夏季和秋季各出版一期，共三期。

美国的高校外语教学特点和中小学还是有很大不同的，中文教师学会专门创办了《中小学汉语教学》网络期刊，于2015年10月创刊，主要为学龄前儿童及中小学学生中文教学提供信息服务。目前官网上发布的期刊共有三期，分别为：2015年10月第一期；2017年3月第二期；2019年6

月第三期。发表的文章后留有评论互动空间。①

(3) 奖项

为了鼓励在教学和科研方面做出突出贡献的教师和学者,CLTA 设立了多种奖项和基金,如沃顿终身成就奖(Walton Lifetime Achievement Award)、姚道中纪念奖(Tao-chung Ted Yao Memorial Award)、Cheng & Tsui 职业发展奖(Cheng & Tsui SIG Award)、圣智汉语教学创新奖(Cengage Learning Award for Innovative Excellence in the Teaching of Chinese as a Foreign Language)、CLTA 行动研究奖(CLTA Action Research Award)、皆得学术研究基金(Jiede Empirical Research Grant)等。这些奖项和基金的设置激励了教师和研究者改进汉语教学,加强汉语研究,促进了学科的交流与发展。根据官网提供的信息,CLTA 比较重要的奖项设置见表 8.3。②

表 8.3　CLTA 重要奖项一览

奖项	简介
沃顿终身成就奖	创立于 1998 年,由 Ronald Walton 的朋友和同事共同创立。2005 年 Cheng & Tsui 公司为该奖项提供资助,以纪念 Ronald Walton 对中文教育及跨文化方面的成就和贡献。Ronald Walton(1943—1996)是 CLTA 的长期会员,是国际公认的语言教学、政策和规划方面的专家,主要研究较少被教授语言,特别是中文。Ronald Walton 在制定 ACTFL 汉语测试相关标准及开发 NFLC 汉语项目等方面发挥了重要的指导作用。Walton 有 20 年的中文教学经验,曾在康奈尔大学、宾夕法尼亚大学和马里兰大学的沉浸式语言课程担任重要职位。在 2015 年 11 月 19 日圣地亚哥举行的会议上,CLTA 董事会决定暂停沃顿终身成就奖。沃顿终身成就奖历年获得者见表 8.4。

---

① 具体参见美国中文教师学会网站:https://clta-us.org/publications/k-12-chinese-language-teaching/,访问日期:2021 年 11 月 21 日。

② 各奖项的介绍根据 CLTA 官网提供的英文介绍翻译整理而成。参见 https://clta-us.org/awards/,访问日期:2021 年 3 月 27 日。

续表

奖项	简介
姚道中纪念奖	由"姚道中纪念基金"赞助。该基金由美国中文教师学会于 2015 年在姚道中教授夫人姚张光天女士的支持下，以及姚教授的朋友和学生的帮助下成立。根据姚教授的意愿，该奖支持美国的研究生在由 CLTA 主办或组织的国内或国际会议上独立发表论文。每年有两到三个获奖名额。获奖者将获得证书以及 750 美元的奖金，用于支付会议费用。
Cheng & Tsui 职业发展奖	由 Cheng & Tsui 公司捐赠，主要为了增强中文教师，尤其是新手教师的职业发展。该奖项是为了支持在基础教育和高等教育领域的中文教师参加在当地、国家或国际层面的学术会议、培训式工作坊（主要是教学领域的），特别是初次参加这些活动的教师。该基金每年有 1000 美元，至少奖励两名教师。
圣智汉语教学创新奖	由 Cengage 公司赞助。旨在鼓励 CLTA 会员通过设计、开发和应用新的教学方法，创新课堂实践和教学工具，奖励为美国的中文教育做出突出贡献的人。
CLTA 行动研究奖	该奖项为进行行动研究的 CLTA 会员提供 500 美元的资助，以改进课堂教学实践。获奖者须提交研究成果，并能够证明其研究改进了汉语作为第二语言教学的教学方法等。奖励资金可用于购买研究所需用品和教学工具，或用于在 CLTA 会议上展示研究成果。
皆得学术研究基金	该基金最初由一位匿名者于 2003 年设立，此后由原始捐赠者和其他捐赠者提供资助。资金主要支持中文教学和应用语言学的实证研究。获奖者要在 CLTA 年会上提交一篇论文，或者在资助期结束时提交一份进度报告。皆得学术研究基金最高可奖励 1500 美元，申请者的研究项目应在 CFL 领域表现出创新和长期的教学效益。

沃顿终身成就奖可以说是 CLTA 曾经的最高奖项，1998 年至 2014

年历年得奖者姓名及其所在院校见表8.4。① 这些获奖者均来自高校,在中文教学方面有突出成就,如《中文听说读写》系列教材的编者刘月华、姚道中等,在汉语测试方面做出重要贡献的李英哲,在汉语教育技术方面成就突出的谢天蔚等。这些获奖者有母语为汉语的中国人或华裔,也有母语为非汉语的美国人,如John DeFrancis,Galal Walker,Mike Everson等。

表8.4 美国中文教师学会沃顿终身成就奖获得者(1998—2014)

年份	姓名	所属学校
1998	德范克(John DeFrancis)	夏威夷大学
1999	邓守信(Shou-hsin Teng)	台湾师范大学
2000	陈曼莉(Madeline Chu)	卡拉马祖学院
2001	杨觉勇(John Young)	西东大学
2002	赵志超(George Chao)	芝加哥大学
	屈承熹(Chauncey Chu)	佛罗里达大学
	苏张之丙(Chih-Ping Chang Sobelman)	哥伦比亚大学
2003	刘月华(Yuehua Liu)	哈佛大学
2004	叶德明(Te-ming Yeh)	台湾师范大学
2005	晋聪(Tsung Chin)	马里兰大学
2006	马静恒(Jing-heng Ma)	卫斯理学院
2007	凌志韫(Vivian Ling)	欧柏林学院
2008	李英哲(Ying-che Li)	夏威夷大学
2009	黎天睦(Timothy Light)	西密西根大学
2010	姚道中(Yao Tao-chung)	夏威夷大学
2011	麦文贤(Mike Everson)	爱荷华大学
2012	吴伟克(Galal Walker)	俄亥俄州立大学

---

① 名单根据CLTA官网提供的相关信息整理,网站未完整提供获奖者的中文名,本书补入一些,但仍有欠缺,后又经圣路易斯华盛顿大学东亚语言和文化系梁霞教授进一步查询补缺,终成此完整名单。网站来源: https://clta-us.org/awards/clta-walton-award-walton-presentation-prize/,访问日期:2021年11月21日。

续表

年份	姓名	所属学校
2013	陈清海（Qinghai Chen）	密西根大学
2014	谢天蔚（Xie Tianwei）	加州州立大学长滩分校

沃顿终身成就奖奖励那些长期以来为推动汉语教学事业做出了重要贡献者，是一种综合性奖项。在关注研究特别是实证性研究、促进学术发展方面，皆得学术研究基金具有十分重要的推动作用。皆得学术研究基金历年获奖人及研究主题见表 8.5。① 从这些研究题目中我们可以发现，研究焦点都是国际中文教育的重要问题，既有具普遍意义的语言及文化教学研究，同时也体现出美国的中文教学特色，如华裔学生的继承语学习问题。

表 8.5 皆得学术研究基金历年获奖人及研究主题

年份	姓名及学校	研究题目	研究题目翻译	领域
2003	Helen Shen 爱荷华大学	Linguistic Complexity and Reading Comprehension Among CFL Beginning Learners	中文初学者的语言复杂性和阅读理解能力	习得、阅读
2004	Meng Yeh 莱斯大学	Exploring Chinatown: Integrating Language, Culture and Community	探索唐人街：语言、文化和社区的融合	文化
2005	Miao-fen Tseng 弗吉尼亚大学	The Attrition of Production and Reception Skills in Mandarin Chinese	普通话的产出和接收技能的损耗	习得

---

① 网站仅提供了英文人名和论文题目，此处遵从原文，为方便读者阅读，本书将论文题目粗译为中文，可能存在不精确之处。来源：https://clta-us.org/awards/jiede-empirical-research-grant/，访问日期：2020 年 12 月 12 日。

续表

年份	姓名及学校	研究题目	研究题目翻译	领域
2006	Chan Lu 卡耐基梅隆大学	The Properties of Textbook Characters and its Influence on Character Learning for Learners of Chinese as a Second Language	教材汉字的属性及其对汉语第二语言学习者汉字学习的影响	教材、汉字
2007	Sun-A Kim 伊利诺伊大学香槟分校	Developmental Stages in Reading Chinese Characters as a Second Language	阅读汉字作为第二语言的发展阶段	汉字
2008	Chang Pu 得州大学圣安东尼奥分校	Chinese American Children's Bilingual and Biliteracy Practice and Development in Heritage Language and Public Schools	美国华裔儿童在继承语及公立学校中的双语和双语实践和发展	继承语、习得
2008	Dongbo Zhang 卡耐基梅隆大学	Teacher Questioning in Chinese-as-a-Foreign-Language Classrooms: A Sociocultural Approach	作为外语的中文课堂教学中的教师提问：社会文化视角	教学
2009	Shu-Ling Wu 夏威夷大学马诺阿分校	Learning to Express Motion Events in L2 Chinese	学习用汉语作为第二语言表达运动事件	习得
2009	Chunsheng Yang 俄亥俄州立大学	The Acquisition of Mandarin Prosody by American CFL Learners	美国中文学习者对普通话韵律的习得	语音

续表

年份	姓名及学校	研究题目	研究题目翻译	领域
2010	Chen-huei Wu（吴贞慧）伊利诺伊大学香槟分校	A Corpus Study of Native and Non-native Accented Speech: Learning Chinese as a Foreign Language	母语和非母语口音的语料库研究：汉语作为外语学习	语音
	Li Yang（杨黎）爱荷华大学	Pragmatic and Grammatical Awareness in CSL and CFL Contexts	汉语二语和外语情境中的语用和语法意识	语用、语法
2011	Yi Xu 匹兹堡大学	Instructional Instrument to Develop the Reading Ability in Chinese	发展中文阅读能力的教学工具	阅读、教学
2013	Yingling Bao 印第安纳大学伯明顿分校 Wenhao Diao 卡耐基梅隆大学	Writing to Build Shi: Chinese Learners' Rhetoric Structure as Cultural Praxis	诗的写作：作为文化实践的中文学习者修辞结构	写作、文化
2014	Yun Yao 伊利诺伊大学香槟分校	Chinese Character Recognition in Native and Second Language Learners	母语和第二语言学习者的汉字识别	汉字、习得
2015	Haomin Zhang 卡耐基梅隆大学	Lexical Inference Ability in Chinese as a Heritage Language Learners	汉语作为继承语学习者的词法推理能力	词汇

续表

年份	姓名及学校	研究题目	研究题目翻译	领域
2016	Eric A. Pelzl 马里兰大学	Native Chinese Listeners' Comprehension and Processing of Foreign-Accented Mandarin Speech	中文母语者对带有外语口音的普通话的理解和处理	语音
2017	Tianyu Qin（秦天玉）卡耐基梅隆大学	Dynamic Assessment of L2 Chinese Implicature Comprehension	汉语作为第二语言含义理解的动态评估	习得
2018	Hang Zheng 伊利诺伊大学香槟分校	Processing Strategies in NSs and NNSs' Reading of Chinese Formulaic Sequences: What can Think-aloud Protocols Tell Us?	母语和非母语者阅读汉语公式序列的处理策略：出声思维可以告诉我们什么？	阅读

2.2 全美中国语言文化联盟(NCLCC)

全美中国语言文化联盟（The National Chinese Language and Culture Coalition,简称 NCLCC）由全美中小学中文教师协会（Chinese Language Association of Secondary-Elementary Schools,简称 CLASS）、全美中文学校协会（Chinese School Association in the US,简称 CSAUS）和全美中文学校联合总会（National Council of Associations of Chinese Language Schools,简称 NCACLS）组成,俄亥俄州立大学东亚语言资源中心（National East Asian Languages Resource Center,简称 NEALRC）为其提供支持,NCLCC 致力于提高美国年轻人用中国语言和文化进行

交流的能力。①

(1) 全美中小学中文教师协会。其成立于1987年,最早名为"全美中学汉语教师协会"(American Secondary School Chinese Teachers Association),后来成员扩大,1994年更名为"全美中小学中文教师协会",是代表中小学各级中文教育工作者的非营利性专业组织,在美国PreK-12学校推进中国语言和文化的教学与学习。1995年秋,该协会与美国法语、德语、西班牙语等协会及ACTFL共同组成美国国家专项外语学习标准制定联合总会(National Standards in Foreign Language Collaborative Project Board),负责召集组织中文学习目标制定委员会,其制定的《全美中小学中文学习目标》成为《21世纪外语学习标准》(1999年版)的一部分。② 2006年,《21世纪外语学习标准》(第二版)出版,汉语标准也得以修订。③ 此外,全美中小学中文教师协会还有自己的一些奖项,包括姚道中优秀教师奖、优秀中文教师奖、终身成就奖、推动中文教学奖、中文教学服务奖等④,多种奖项激励一线中小学教师在教学和研究方面不断发展。

(2) 全美中文学校协会。其成立于1994年,也是非营利组织。协会旨在促进全美中文学校之间的合作与交流,促进美国的中文教育发展,为中美文化交流与合作做出贡献。其成员包括美国44个大中城市的400多所中文学校,有10万多名学生和8千多名教师。⑤ 该协会定期举办全国性中文学校年会,讨论中文教育相关问题,在推动华裔中文教育及文化传承、促进中美友好交往等方面做了很多工作。

(3) 全美中文学校联合总会。其1994年在美国首都华盛顿正式成

---

① 参见全美中国语言文化联盟官网:http://nclcc.org/aboutnclcc,访问日期:2020年12月12日。
② 罗青松(2006)。
③ 参见全美中国语言文化联盟官网:http://nclcc.org/aboutnclcc,访问日期:2020年12月12日。
④ 参见全美中小学中文教师协会官网:https://www.classk12.org/en/awards/class-awards,访问日期:2020年12月12日。
⑤ 参见全美中国语言文化联盟官网:http://nclcc.org/aboutnclcc,访问日期:2020年12月12日。

立。在这之前,由南加州华人学校协会首先发起,立即得到各地区华人学校协会的一致积极响应。目前拥有 15 个成员协会,遍布美国各地,服务于成员学校,学生总数约 8 万人。①

NCLCC 还包括俄亥俄州立大学东亚语言资源中心,该中心为其他几个组织提供一定的支持,其主任吴伟克(Galal Walker)同时担任联盟的主席。

2.3 美国高校"科技与中文教学"学会(TCLT)

在本书第六章中提到,汉密尔顿学院(Hamilton College)于 2000 年 6 月发起了首届 21 世纪技术与汉语教学会议,并成立了"TCLT 常务委员会"。该学会主要通过会议、出版、服务和社区互动等方式,促进教育科技在汉语学习和教学中的研究和应用。

除了以上活动外,TCLT 自 2000 年起推出了"双盲"、同行评议的在线期刊《科技与中文教学》(*Journal of Technology and Chinese Language Teaching*,简称 JTCLT),在美国国会图书馆管理的美国 ISSN 中心注册(1949—260X),由 ESCI、MLA、谷歌学术和 EBSCO 索引,并于 2012 年与中国社会科学出版社合作出版了《美国科技与中文教学系列》纸质增刊。JTCLT 每年发行两期在线刊物,与中国社会科学出版社合作不定期出版纸质刊物。② 主要发表有关技术和汉语学习与教学问题的文章和评论,包括定性和定量的研究论文和软件应用、多媒体教材和其他(在线)材料及资源的评论等。这种在线刊物便于介绍最新的技术发展和教学应用,对于一线教师交流探讨技术运用、提高技术辅助教学的实践和研究能力具有重要的推动作用。

---

① 参见全美中国语言文化联盟官网:http://nclcc.org/aboutnclcc,访问日期:2020 年 12 月 12 日。

② 参见《科技与中文教学》官网:http://www.tclt.us/journal/editors.php,访问日期:2020 年 12 月 12 日。

第三节 中文教学发展重要项目

3.1 Title VI 项目

Title VI 项目因 1958 年《国防教育法》第六章"Title VI: Language Development"得名,在美国历史上第一次以联邦立法的形式规划了美国外语发展战略,是二战后美国最重要的关于高校外语教育政策的项目。《国防教育法》规定通过建立语言和区域中心、提供奖学金、开发专门的教学材料、开办暑期学校等方式扩展和改善美国的外语教育。该项目本来只授权 4 年,后来延长,并在 1966 年《国际教育法》、1972 年《教育修正案》中得到进一步扩展。在 20 世纪七八十年代,Title VI 项目关注的焦点包括提高资助金额,将项目扩展到整个高等教育体系及应该更多资助哪些语言。[1]

Title VI 项目目前依托的是《1998 年高等教育修正案》,规定了 Title VI 项目的三大目标:(1)支持大学通过研究中心、项目、奖学金等增加国家外语、区域领域研究,研发外语教学材料、技术资源,尤其加强较少被教授语言的研究;(2)为美国各级教育机构及政府、商业、民间等提供并传播国际知识、外语知识及研究成果;(3)协调联邦政府自主的外语、区域研究等项目。[2] Title VI 资助的项目类型主要包括以外语、地区研究和国际教育研究为重点的项目(如国家资源中心、语言资源中心)。

Title VI 项目使包括中文在内的较少被教授语言得到重视,而依托 Title VI 项目成立的语言资源中心等,对加强中文教学的研究、开发中文学习资源等,具有重要的意义。

3.2 星谈计划 (STARTALK)

"9·11"恐怖袭击事件之后,美国政府于 2006 年正式推出了《国家安

---

[1] 龚献静(2013)。
[2] 龚献静(2010)。

全语言计划》，美国各部门制定了一系列子项目推动该计划顺利进行，星谈计划①便是其中一个很有影响力的项目。

本书第二章曾提及星谈计划，这是一个由美国国家安全局（National Security Agency）提供的联邦资助项目，由国家外语中心（National Foreign Language Center）管理，资助关键语言的学生和教师项目。星谈计划2007年实施，当年全美在21个州和华盛顿特区范围内就设立了34个汉语和阿拉伯语项目，第二年由于财政拨款增多，又增加了9个州，学员人数多达3700人。2014年夏天，星谈计划在美国41个州开设了95个培训项目②。而2021年中文项目数量有67个，是所有语种中最多的，其次是阿拉伯语（39个）、俄语（30个）、韩语（22个）、海地语（15个）、乌尔都语（11个）、西班牙语（9个）、土耳其语（8个）、波斯语（8个）。

星谈计划在教学方面提出"有效教与学的准则"（Principles for Effective Teaching & Learning），包括以下几个方面：

（1）实施基于标准和主题组织的课程（Implementing a standards-based and thematically organized curriculum）；

（2）进行基于表现的评价（Conducting performance-based assessment）；

（3）整合文化、内容和语言（Integrating culture, content, and language）；

（4）使用目标语言并提供可理解的输入（Using the target language and providing comprehensible input）；

（5）促进以学习者为中心的课堂（Facilitating a learner-centered classroom）；

（6）调整和使用符合学习者年龄的真实材料（Adapting and using age-appropriate authentic materials）。

星谈计划目前的项目分为以下三种类型。

（1）学生项目（student programs）。主要是为K-12的学生提供暑期语言课程。学生一般不需要付费或只需要支付很少的费用。所有学生项

---

① 有关星谈计划的介绍，可参见星谈项目官网：https://startalk.umd.edu/public/about，访问日期：2020年2月12日。

② 顾利程（2019）。

目的实施均依据"有效教与学的原则"及实现 ACTFL 制定的《面向世界的语言学习标准》。

(2) 教师项目(teacher programs)。主要为教师提供一门或者更多种语言的暑期培训。一般免费或只需支付较少的费用。许多项目还提供继续教育或者大学学分,或是为希望成为语言教师的人提供认证途径。所有教师项目的实施均依据"有效教与学的原则"及"教师语言学习效能"框架。

(3) 实习项目(practicum programs)。为教师创造一种全面的体验,包括教学培训、课堂观察和实践体验的机会,同时以较低的师生比例来促进培训。

通过这些项目,星谈计划寻求实现三个目标:增加学习重要语言的学生人数、增加美国高校的关键语言教师的数量、增加向掌握急需语言的教师和学生提供的高效材料和课程的数量。星谈计划一方面通过给中小学生提供暑期课程,促进较少被教授语言的学习;另一方面通过增强对较少被教授语言的教师的培训,提高师资储备。

每年 3 月份之前,国家外语中心征集并确定合作单位。申请机构需详细列明自己的教学培训资质和经验、项目课程安排和时间表、项目资金的分配及流向,以及项目对于受训人提供的帮助和保障,出具详细的自我陈述表、预算表等。[①] 星谈计划为师生提供充分的支持,包括项目管理工具、学生项目的指导任务和资源、学习计划、教师的教学参考等。

3.3 中文领航项目(Chinese Flagship Program)

中文领航项目是美国公立大学语言学习项目之一,由美国国防部资助,隶属于美国国家安全教育计划。该计划是美国冷战后由参议院于 1991 年提出、从国家安全角度设立的首个国家教育计划。汉语和阿拉伯语是其中最重要的两个语种,这映射出美国语言政策中地缘政治的考

---

① 王添淼、尹雪雪(2014)。

量。① 此项目立足于美国国家战略,主要为国家安全培养外语人才。和其他项目相比,领航项目的创新之处在于将语言教学和职业教育结合起来,培养全球化的专业人士。②

领航项目以小型试点开始,第一批领航资金于2002年发放,主要招收获得学士学位的学生,选择的语言有韩语、阿拉伯语、俄语和汉语。2006年,联邦政府拨款1.14亿美元正式启动大规模的语言领航项目,在其所有中心都推出了本科生课程。这样一来,领航模式可以满足全国各地有意愿在本科学习期间专业语言达到熟练程度的学生的需求。其目标不仅是培养熟练掌握专业语言的研究生,而且要将这种模式推广到中小学。K-12的领航计划就是为学生进入大学做好准备,使他们具备既定的、可衡量的第二语言技能。

截至2021年1月,领航项目在美国各地资助了13个中文领航项目,与其他语种相比,中文是最多的(俄语8个,阿拉伯语6个)。③ 这些院校包括:亚利桑那州立大学、杨百翰大学、亨特学院、印第安纳大学、旧金山州立大学、夏威夷大学、明尼苏达大学、密西西比大学、北乔治亚大学、俄勒冈大学、罗得岛大学、华盛顿大学、西肯塔基大学。④

从地理位置分布上来看,领航项目高校覆盖了美国的战略要点,从东西到南北,辐射全国;从学校性质来看,多数为学生众多的公立大学,领航项目的雄厚资金为这些学校发展中文教学提供了极大的帮助。⑤

中文领航项目的教学由各项目自己安排,并无统一的教学大纲和教学方法,但教学成果由语言能力标准测定。以罗得岛大学为例,其制定的语言能力目标是第一学年+暑期达到OPI测试中等中级,第二学

---

① 康晓亚(2013)。
② 何文潮(2015)。
③ 参见领航项目官网:https://www.thelanguageflagship.org/content/domestic-program-1,访问日期:2021年11月21日。
④ 参见领航项目官网:https://www.thelanguageflagship.org/chinese,访问日期:2021年11月21日。
⑤ 顾利程(2019)。

年+暑期中国留学强化达到 OPI 测试高等低级①。对领航项目学习者的要求包括:双学位(中文和另外一个专业)、每学期至少上一门中文课(领航项目课程每周 50 分钟)、每周参加四次辅导课程、参加短期国内暑期沉浸式课程、参加在中国的短期沉浸式课程、语言能力达到高级/优秀水平等。②

领航项目非常注重开展海外学习与实习,其"顶石"(Capstone)海外计划为人所知。学生达到要求后可以申请海外学习。美国在中国天津和南京设立了两个中文领航项目教育中心,这里不仅是参加项目学生的海外学习中心,也是测试中心,学生在结业前要通过严格的考试才能拿到文凭。测试内容包括 ACTFL 的 OPI 测试、听力、阅读和写作测试。此外,学生还需要到美国驻华企业或驻华机构进行实习。

可以看出,美国中文领航项目对学生的要求很高,同时注重学生的语言能力和专业水平。该项目以语言测试标准为导向,且非常注重学习者在目的语环境中进行学习和工作。③

整体来看,美国外语教育的发展依靠官方和非官方两种力量的推动。就中文教育来说,二战以后美国在战略方面的布局更为体系化和专业化。一方面,政府层面主要在资金方面提供支持,针对高等教育(如领航项目)、K-12 教育(如星谈计划)有针对性地推动项目,确保学习者语言学习和外语教师培训的质量,同时通过设置语言资源中心等将资源开发和语言研究专业化、成果化;另一方面,非官方组织(如美国中文教师学会)通过自发聚集形成教学、科研交流的平台,定期组织交流活动,并通过会费或基金会的支持,设置一定的奖项,奖励对汉语教学和研究做出贡献的教师,促进了教师的专业发展,提升了领域内教学及研究的质量。无论是官方还是非官方,美国汉语教学都注重遵循通用的语言能力、测试标

---

① 何文潮(2015)。
② 参见罗得岛大学领航项目网页:https://web.uri.edu/chineseflagship/academics/overview/,访问日期:2021 年 11 月 21 日。
③ 李中山(2014)。

准、教师和师资培训标准,这使得不同项目的教学工作者有了共同的依据和目标,同时不同的项目又有所侧重,这样既能满足国家不同层面对外语人才的需要,同时也为教师的专业发展、学生学习的选择提供了多种可能性。

第九章　美国中文学习者的特点

作为典型的移民国家,多民族、多语言、多文化、多宗教是美国社会的重要特征。很多人认为多元文化的环境为不同民族语言的保持提供了理想的条件。但以盎格鲁-撒克逊的文明趋同主义为核心的美国文化直接支配了美国政府对语言的基本立场和观点,①从殖民地时期至今,"语言一致性,即坚持英语统一北美大地上的其他语言"②,一直是美国语言政策的主流倾向。美国联邦政府并没有统一的外语教育政策,语言的多样性通常会受到隐性的或隐蔽的政策以及非正式惯例的影响,这些政策和惯例通常具有与正式官方政策相同乃至更大的影响。③ 美国各州在移民构成、社会经济发展状况等方面千差万别,不同地区甚至同一地区的不同学区之间,中文学习者的数量及中文学习动机都有着显著的差异。另外,中文学习者在成长、学习的过程中,其学习动机必然会受到不同时期的时代背景和国家政策、不同年龄的认知能力、生活环境以及周围人的影响。本研究结合Bronfenbrenner(1995)提出的"过程—人—背景—时间"(PPCT)生物生态模型,在对学习者人数变化进行梳理的基础上,对影响美国中文学习者学习动因的相关因素进行讨论。

---

① 周玉忠(2011)。
② 周玉忠、王辉(2004)。
③ 詹姆斯(2014)。

第一节 中文学习者的数量和分布

1.1 外语学习者的规模消长及原因

据美国现代语言协会统计,1958 年美国高校外语注册学生人数为 433,639 人,到 2021 年,美国高校外语注册学生为 1,182,562 人。总体来看,美国高校外语课程注册人数呈上升趋势,见图 9.1:

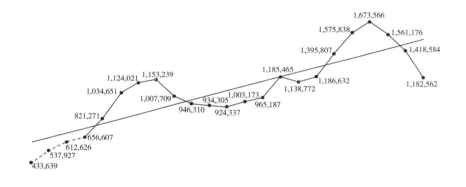

图 9.1 大学外语注册人数历年变化①

受国际形势和国内政策的影响,自 1958 年以来,美国大学注册外语课程的学生数量几经起伏,外语学习人数不断变化。21 世纪前十年,在美国相关语言教育政策的支持和促进下,美国外语学习人数持续增长。美国高校外语注册人数在 2009 年达到顶峰后,外语学习人数呈减少趋势。2006 年到 2009 年间,除古希腊语、圣经希伯来语和现代希伯来语之外,其余外语学习人数均有所上升。而到了 2013 年,除汉语、韩语和葡萄牙语之外,所有外语注册人数均明显下降。到 2016 年,除日语和韩语之

---

① 图 9.1 和表 9.1 均基于 Lusin et al. (2023)的数据做出。

外,其余外语注册人数均显著减少,有的语言(圣经希伯来语)甚至减少了23.9%。而到了2021年,外语注册人数下降趋势更加明显,除了韩语和圣经希伯来语注册人数有一定增长外,其余外语均有较大幅度的减少。各学年注册人数及增减比例变化见表9.1。

表9.1 秋季新学年外语注册人数及增减比例变化

语言	年份						
	2009	2013	2009—2013 变化(%)	2016	2013—2016 变化(%)	2021	2016—2021 变化(%)
西班牙语	861,015	789,888	−8.3	712,962	−9.7	584,453	−18.0
法语	215,244	197,679	−8.2	175,710	−11.1	135,088	−23.1
美国手语	92,068	109,567	19.0	107,059	−2.3	107,899	0.8
日语	72,357	66,771	−7.7	68,810	3.1	65,661	−4.6
德语	95,613	86,782	−9.2	80,594	−7.1	53,543	−33.6
汉语	61,612	61,997	0.6	54,248	−12.5	46,492	−14.3
意大利语	80,322	70,982	−11.6	56,743	−20.1	45,182	−20.4
阿拉伯语	35,228	33,526	−4.8	31,554	−5.9	22,918	−27.4
拉丁语	32,446	27,209	−16.1	24,810	−8.8	19,472	−21.5
韩语	8449	12,256	45.1	13,936	13.7	19,270	38.3
俄语	26,740	21,979	−17.8	20,353	−7.4	17,598	−13.5
古希腊语	21,515	16,961	−21.2	13,264	−21.8	11,433	−13.8
圣经希伯来语	13,764	12,596	−8.5	9570	−24.0	10,442	9.1
葡萄牙语	11,273	12,407	10.1	9827	−20.8	7684	−21.8
现代希伯来语	8307	6743	−18.8	5576	−17.3	4125	−26.0
其他	37,613	33,833	−10.0	33,568	−0.8	31,302	−6.8
总计	1,673,566	1,561,176	−6.7	1,418,584	−9.1	1,182,562	−16.6

根据"过程—人—背景—时间"生物生态模型,考察个体的发展要关注其所处的背景,而对背景的考察涉及微观、中观、外观和宏观四个相互关联的系统。虽然影响高校外语注册人数的因素有很多,但宏观系统的变化,如美国高校对学生入学和毕业的外语要求的变化,是影响大学甚至是中小学中文学习者人数变化的重要因素。据调查,自1995年到2010年15年间,要求本科生选择英语以外语言课程才能毕业的四年制高校比例持续下降。具体数据见图9.2。

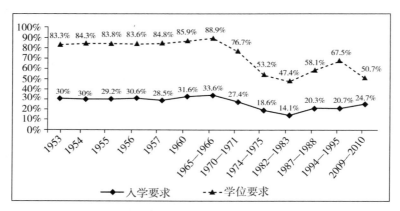

图 9.2　对外语有要求的四年制高校比例(Lusin,2009)

如图9.2所示,在2009—2010学年,美国只有50.7%的高校对获得学士学位有外语要求,相较1994—1995学年的67.5%减少了近17%。

美国高校对在读学生的外语学习要求不断降低,而入学时对学生有外语学习要求的高校则呈现出不同的情况。对录取学生有外语要求的高校比例由1994—1995学年的20.7%增加到2009—2010学年的24.7%,增长了4%。从历史发展来看,在1965—1966学年,对学生入学时有外语要求的高校数量最多,比例占到了33.6%。而在此之后,提出外语要求的高校数量急剧减少,1982—1983学年降到了历史最低点,学校减少了近20%,仅有14.1%的学校对外语学习提出要求。在此期间,美国高校对在校学生的外语要求也在不断下降,有外语成绩才能获得学位的高校数量从1965—1966学年最高峰的88.9%急剧减少到1982—1983学年的47.4%,数量减少了近一半。1982—1983学年之后,入学有外语要求的高校数量又逐步上升,但总体来看并不多。1965—1966学年起,美国对在读学生的外语有要求的高校数量持续下降,已经接近1982—1983学年的最低点。整体来看,美国高校对学生外语要求普遍不高,且标准不断降低。与之相应,全美提供世界语言(world language)课程的中学数量也大幅减少,从1997年的75%减少到2008年的58%。① 同一时期开设英语以外语言课程的小学的比例也从31%降至25%。目前美国公立小学外语教育的前景尤其黯淡,只有15%的公立小学提供英语以外的语言课程。但这并不表明外语不再重要,一些私立小学看到了广泛的社会需求,开设外语课程的比例上升,超过了50%。②

美国外语学习者人数持续减少的另一个重要原因是经费问题。近年来美国教育预算不断缩减,科学、技术、工程和数学(STEM)教育是国家优先考虑的问题。在经济大萧条时期,语言课程尤其容易受到影响——许多管理人员面临艰难的预算决策,为了保留其他学科而牺牲了语言课程和要求。③ 虽然1958年《国防教育法》中外语被作为"新三艺"提出并且获得了丰厚的经费支持(详见第三章),但当面临经费缩减时,人们还是会将语言课程看作是其他课程的补充和附属而被首先削减。

外语师资严重短缺也是美国外语教学发展的最大障碍之一。据美国教育部统计,2020—2021学年,全国有39个州报告其缺乏合格的外语教师,无法满足教学需求。④ 因该数据完全依靠各州自行上报,因此真实的教师短缺情况或许更为严重。为了应对这一状况,各学区不得不采取减少课程、合并班级、削减课前或课后的增益项目等措施。⑤ 各州之间教师认证要求的不一致阻碍了各地区之间教师的流动,这也造成了美国地区性的外语师资的短缺。因此,缺乏合格的中文教师也成为美国为汉语课程建

---

① American Academy of Arts & Sciences (2016).
② American Academy of Arts & Sciences (2017).
③ 同上。
④ 数据来源:https://tsa.ed.gov/#/reports,访问日期:2021年12月12日。
⑤ American Academy of Arts & Sciences (2017).

立有效渠道的主要障碍。① 虽然美国有很多华人,但由于传统上汉语市场不佳,多数说中文的人也没有接受过汉语教师资格培训。找不到合格的汉语教师,是很多对中文教学感兴趣的学校无法开设中文课程的重要原因。

外语学习与不同时期个体所处的时代背景密切相关。从美国外语学习者人数的变化可以看到,与不同时期相对应的宏观系统的变化对个体外语学习状况有着直接且系统性的影响。受国家政策、经济状况等外部环境影响,美国高校对外语学习要求的降低,不仅削弱了高校学生外语学习的积极性,也直接影响到中小学外语课程的开设。国家外语教育方面的决策及社会经济状况制约了学习者在外语学习方面的选择。不过不同地区或群体的情况差异很大,我们需要对各层级系统进行更为细致的考察和分析。

1.2 中文学习者的分布状况

从2021年美国高校外语注册情况来看,注册人数最多的外语是西班牙语,其次为法语、日语、德语,中文学习人数排在第五位(美国手语除外)(详见表9.1)。

2009年到2013年间,中文学习人数增加了0.6%,而整体外语注册人数平均减少6.7%。到2016年,中文学习人数减少了12.5%(平均值为-9.1%)。而到了2021年,又减少了14.3%(平均值为-16.6%)。

12年间,中文学习者人数锐减了24.5%。在大学外语学习者普遍减少的情况下,虽然中文学习者也出现了较大幅度的缩减,中小学外语课程开设数量也有所减少,但美国高中中文课程注册人数的增加以及开设中文课程的高中数量的增加,是美国较少被教授语言教育的一个主要特点。②

美国高中中文课程的注册人数成为所有注册旗舰语言③的学生中所占比例最大的语言,在较少被教授语言课程中占比也最大,为总数的

---

① Asia Society (2005).
② American Councils (2017).
③ 旗舰语言包括:阿拉伯语、汉语、印地语/乌尔都语、韩语、波斯语、葡萄牙语、俄语、斯瓦希里语和土耳其语。

80%。见图9.3：

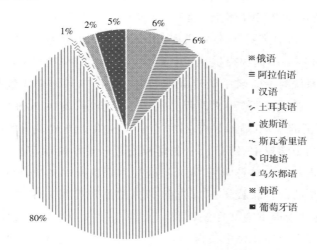

图 9.3　较少被教授语言中的中文注册情况①

同时,高达72%的美国高中提供中文课程或在线教学,在较少被教授语言课程中同样占比最大,为72%。总的开设情况见图9.4：

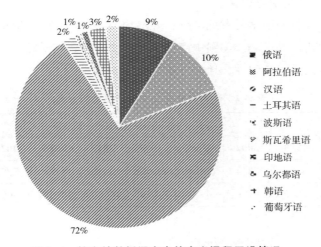

图 9.4　较少被教授语言中的中文课程开设情况

---

① 图9.3和9.4均基于American Councils(2017)数据做出。

一项针对美国正式教育系统(K-16)的调查显示,中文教学在49个州(南达科他州除外)和哥伦比亚特区的学校系统中普遍存在。全美大约有1145所学校和学区提供中文课程,中文注册学生人数超过46,735名。其中,大约22%的高中提供AP中文和文化课程,5%提供IB课程。目前全国高中系统有935名中国专兼职教师,其中70%为全职教师,30%为兼职教师。893所学校中文课程分成了不同级别,其中76%的学校提供1—4个级别的中文课程,另有24%的学校提供4级或以上的中文课程。所调查的高中学校中,约有86%的学校通过开设学科课程教授中文,8%的学校报告称还通过暑期班、课外班或周六班教授中文(学校可能同时开设不同类型的课程教授语言);约有67%的学校提供传统课堂的中文课程,22%的学校提供中文在线课程。大约98%的学校报告说,他们与另一所当地高中合作开设中文课程,21%与社区大学合作,6%与大学校园合作。① 学习者年龄在不断降低,这一时期美国中文教育呈现低龄化趋势,幼儿园的中文教育不断升温。以佐治亚州的幼儿园中文教学为例,2009年该州有7个幼儿班140名学生学习中文,至2011年,共有110个班2303名学生学习中文。②

美国高校外语学习者地域分布并不均匀,多分布在东北部、太平洋海岸和南大西洋等区域。美国中南部区域中文学习者相对较少。这与高校的分布情况具有一致性。地域分布情况见表9.2:

表9.2 美国高校注册中文学生地域分布③

地区	年份							
	1998	2002	2006	2009	2013	2016	2020	2021
中西部	3795	5314	8922	10,176	10,808	8784	5265	6979
东北部	8210	9155	14,234	17,199	17,238	15,657	5097	12,907

---

① American Councils (2017).
② Yanhua Meng (2018).
③ 数据来源:https://apps.mla.org/cgi-shl/docstudio/docs.pl?flsurvey_results,访问日期:2023年11月21日。

续表

地区	年份							
	1998	2002	2006	2009	2013	2016	2020	2021
太平洋海岸	10,303	11,923	14,786	15,776	13,627	12,228	6388	9445
落基山	1914	2029	3408	3394	4040	3153	1950	3566
南大西洋	3147	4294	7213	10,086	11,911	10,001	6116	9227
中南部	1087	1438	2819	3245	3460	3283	1827	3148

我们可将各区域中文学习者分为三个梯队。

第一梯队是东北部和太平洋海岸地区。中文学习者人数在2009年之前呈持续增长的状态,学习者人数增长较快。尤其是东北部地区,在2002—2009年间,中文学习者几乎增加了一倍。2009—2013年间,东北部地区中文学习者人数虽然仅增加了39人,但仍保持增长趋势。而太平洋海岸地区自2009年到2020年,中文学习者人数持续减少。第二梯队包括中西部和南大西洋地区。中文学习人数总体而言少一些,学习者人数却是不断增长,尤其是在2002年之后,增幅较大。2013年后,中文学习者人数也和第一梯队一同出现了下降趋势,但降幅略小。第三梯队是落基山和中南部地区。中文学习者人数相对不多,且增长速度较慢,2013年之后,比起第一、二梯队,仅有小幅减少,人数基本保持稳定状态。受新冠疫情影响,2020年美国中文教学遭受严重冲击,各地区中文学习人数锐减,尤其是处于第一梯队的东北部和太平洋海岸地区,中文学习人数甚至不足顶峰时期的三分之一。从2021年初夏开始,美国各大州相继解除疫情全面管制,各地中文教学逐步恢复,中文学习者人数随之出现了一定程度的增加。地域分布显示如图9.5。

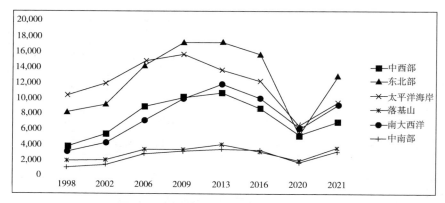

图 9.5 美国高校中文注册学生地域分布

从学校地理位置来看,学校分布同样有着显著的地域特点。太平洋海岸和东北部各州开设中文课程的高中数量明显较多,与美国高校中文注册学生分布情况一致。而中西部和落基山地区开设中文课程的高中数量相对较少,在调查中,南达科他州甚至没有收到有高中开设中文课程的报告。中南部和南大西洋地区的一些州也有相当数量的高中开设了中文课程。[①]

以上分析表明,地理和人口构成对民众外语学习产生了重大影响,如一些海岸和移民定居历史悠久的地区移民人口较多,少数民族社区较为集中,地方民众在学习少数民族语言方面表现得更加活跃。

1.3 中文学习者的类型

在生物生态模型中,"人"是个体发展中最重要的部分,在相同时间、背景条件下,个体性别、文化背景、微观系统的差异都可能使个体发展结果大相径庭。美国各州中文学习者分布地域差异显著,不同学段教学和学习状况也有着较大不同。学习者在学习动机、语言水平、文化背景方面情况多样,使得美国各地中文教学表现各异。

美国中文学习者可以从多个角度分为不同的类型,最常见的分类依据是学习者的族裔背景。温晓虹(2012)将学习者细分为华裔、亚裔和非

---

① 美国各州开设中文课程的高中数量、地理位置分布情况详见 American Councils (2017)。

亚裔三类,指出华裔和亚裔背景的学习者在融入型动机方面并无明显差别,这可能是由于二者都认同中国的文化和文化产物,也都对华裔社区的本族语者感兴趣。但从学习者构成来看,亚裔学习者中除少数日裔、韩裔和东南亚裔学生外,大部分都是华裔学习者,对于大多数非华裔的亚裔学生而言,他们在生活中并没有使用中文的环境。在学习过程中,他们或许对中华文化有一定的认同,但是在对语言的接触和使用、文化的理解等方面,他们与其他族裔的学习者并无显著差别。Kondo-Brown(2005)指出,在没有听说环境中成长起来的继承语学习者在语言学习方面和外语学习者并无显著的差异。仅与所学语言有个人联系而完全不具备该语言能力的学习者,从语言教学方面来讲,他们与外语学习者并无本质区别。[1]

华裔和非华裔学习者的差异主要体现在三个方面。第一是生活语言环境,即学习者所处的微观系统有着显著不同。华裔在生活中普遍存在一定的中文环境。中文通常是他们的家庭语言,也是其常用的社区语言。大多数华裔在生活中至少有一定的家庭中文环境,而非华裔生活通常并不具备中文环境。第二是中文语言能力,即学习者本身在语言能力方面就已经存在差异。在正式开始中文学习之前,华裔一般具有一定的中文听说能力。他们大多能够进行日常的中文交流,多数华裔至少能够听懂中文,而非华裔在学习汉语之前基本上不具备任何中文语言能力。第三是学习动因。华裔多是出于实际交流的需要,对华人族群的认同也促使他们学习中文,其学习动机受时代和社会背景的影响相对较小,而非华裔则更多是出于兴趣和实际的工作需求等,这类动机与社会经济发展、与中国关系等时代背景密切相关。基于此,从"背景、时间、人"三方面综合考量,我们认为将中文学习者分为华裔和非华裔两类较为恰当,而将亚裔作为一个独立的中文学习者类型,研究意义并不明显。

美国有"两级两立"教学体制的限制,"两级"指学前教育到高中毕业阶段(K-12)和大学教育阶段。美国的幼儿园、学前班阶段都不以教育为目的,因此在语言教育方面,不论是母语还是外语,教师一般都不进行有

---

[1] Peyton, Ranard & McGinnis (2001).

意识的教学,仅限于日常输入和随机获得。"两立"是指美国教育分为公立和私立两大系统。公立学校的语言教育受政府语言政策的严格限定,其双语课程和标准考试中的阅读部分都有明确的指标。① 学校作为微观系统的重要组成部分,对个体发展有着重要且深远的影响,因而我们也可以根据学段将美国中文学习者划分为不同的类型。不同学段的中文教育目标和语言评价标准各不相同,学习者在学习内容、学习目的以及最终所达到的语言水平上存在较大差异。另外,不同学段的中文师资情况也有较大的差别。中小学目前所普遍面临的问题是缺少合格的中文教师,而大学中文教师虽然也存在重语言要素教学和研究而文史训练不足的问题,但从数量上看,受过专业训练的中文教师与年俱增。② 目前所见的调查报告将 K-12 和大学汉语学习者分别进行统计和分析已经是较为通行的做法。进行美国中文学习和教学研究时,可以将学习者按照中小学和大学类型划分。随着中小学中文学习者人数不断增多,甚至可以将 K-12 阶段的学习者细分为学前、小学和中学三类,对不同阶段的中文学习者予以区别,充分考虑相关因素的影响。

由于自然地理环境、社会经济发展状况、语言教学政策以及民族构成等多方面原因,美国不同地区的中文学习者分布差异很大。从历时的人数变化也可以看到,不同地区呈现出不同的特点。根据目前学习者人数的分布状况,大致可以把美国学习者按照地区划分类型。但是学习者在个体发展过程中,不仅受时代背景的制约,还受微观、中观、外观和宏观系统的交互影响,按照地域划分学习者类型所涉及影响因素相对较多。在对美国汉语学习者进行研究时,对不同地域学习者进行类型划分很难有统一的标准,因而目前很多研究采取的方法是以某一地区为整体进行案例研究。

---

① 刘乐宁(2017)。
② 周质平(2004)。

第二节 学习者学习动因和影响因素

2.1 中文学习者的学习动因

美国的教育系统管理机构所秉持的"教育地方自治""中央政府的权力必须受到限制"的理念致使联邦政府教育政策"高度受限"。在教育领域,联邦政府的作用从属于州政府,主要发挥促进民主、确保教育机会平等、提高国家生产力、加强国防等实现国家层面目标的功能。① 根据教育地方分权的管理体制,美国联邦政府不制定统一的教育目的、教育标准和教育专业人员的从业标准,除根据法律实施的项目外也没有全国统一的教育预算。各州在移民构成、社会经济状况、教育发展等方面有很大差别,因而不同地域、不同教育阶段的中文学习者学习动机呈现出自由多样的状况。另外,中文教育处于多元驱动的时代,有政治驱动,有经济驱动,也有文化传播驱动以及企业投资驱动,等等。② 总的来说,中文学习者的动机可以分为以下几类。

(1)个人兴趣

这是最常见的学习动机,多见于高中生和大学生。有调查显示,对中文感兴趣和进行交际是大中学生选择学习中文的两个主要原因,而对中文感兴趣是大学生学中文最主要的原因。③ 这类学生大多喜爱中文或中国文化,例如有的学生觉得中文四声听起来像唱歌,汉字看起来很漂亮;也有人为中国文化所吸引,希望能学好中文,想更深入地了解中国文化。课堂吸引力也是重要的原因,很多中小学中文课堂"以学生为中心",开展了形式多样、趣味性强的活动,孩子们因而对中文产生兴趣。

(2)父母要求

这类学习动机通常见于年龄较小的中文学习者,是小学低年级学生

---

① 许小颖(2018)。
② 刘乐宁(2017)。
③ Thomas (2010).

的主要学习动机。他们学习中文很大程度上是家长的选择。父母要求孩子学中文的原因大概如下：一是父母的工作与中国相关，对中国经济社会的发展、中文的价值比较了解；二是受教育水平较高的家长大多看好中文的前景，希望增强孩子在未来的竞争力；三是社区华人较多，生活中有一定的中文氛围，学中文能够让孩子参与到华人组织的活动中。

（3）学业需要

近年来，越来越多的美国公立中小学开设中文课，大学中文课程也越来越受到关注。2003年，美国大学理事会将中文列为新通过的四种AP课程之一，标志着中文进入美国主流课堂。2010年，美国俄勒冈州通过议会立法推动中文教学进入中小学课堂。美国纽约州长岛的一些公立小学，还将中文列为必修课。很多大学中文学习者所学专业与中国文学、哲学相关，出于阅读文献和研究的需要，他们也会主动选择学习中文。

（4）职业期待

随着中国社会的发展，越来越多的美国人对中国将来在世界上的影响和地位持积极态度，相信学习中文有助于将来获得更多更好的职业发展机会。中文被作为一种实用性的语言工具。大学管理者也意识到，掌握中文不仅对相关学科的学习与研究具有重要价值，也会为学生未来就业和现实生活提供便利。很多大学中文项目致力于提高中文的实用价值，在听说读写译等语言技能方面制订了培养目标和具体要求，课程设置进行了相应的调整和设置。①

（5）他人影响

有一部分学生，尤其是年龄较小的学习者并无明确的中文学习目的，他们可能仅仅是因为受到周围师友的影响，如喜欢某个中文老师，或是为了能和选中文课程的朋友在一起。高中或大学阶段的学习者，有相当一部分是由于他们在日常生活、工作中经常接触到华人，希望能与之交流而选择学习中文。

从上述动机的不同类型可以看到，学习者的中文学习过程正是个体

---

① 孟艳华（2015）。

发展中人、背景、时间和过程四个部分相互作用的结果。个体自身对中文兴趣的不同也造成了不同年龄阶段学习者在兴趣动机方面的差异,必须将学习者学业和职业方面动机放在相应时代的宏观系统之中进行研究。

2.2 教育体制产生制约作用

美国各学段开设中文课程的学校在不断增多,据明尼苏达大学语言习得研究中心统计,截至 2014 年,美国共有 1147 所大专院校开设了中文课程。美国中文教育总体来看发展较快,但是各州之间发展很不均衡。教育主要是州和地方的职责,教育财政的结构反映了美国各州和地方在教育中的主导地位。[①] 由于各级学校外语教育的主要权利掌握在各州甚至是各学区教育委员会手中,因此各学段外语教学状况差别很大。各州和学区的教育部门、教师、家长甚至学生自己都扮演着语言教育政策的角色,致使美国语言教育政策缺乏一定的连贯性,不同学段的外语教学之间缺乏衔接,这也造成了美国各学段外语学习缺乏连续性的问题。[②] Lambert(1994)对美国教育体制对外语学习所带来的负面影响进行了形象的描述:

> 如果纵向来看我们的外语教育体制,学生们和老师们如同聚集在两座不相链接的金字塔中,一座在高中,另一座在大学。而我们正试图在小学建起第三座孤立的金字塔。每座塔中的师生们都极力专注于前一、二年级的外语学习,而与此同时,美国外语学习的注册率却一落千丈……这种结构有一大重要的副产品,那就是当两座金字塔衔接之时便出现了一个很大的断层,高中毕业生无法顺利地继续大学的外语学习,其中最为极端的案例表明美国高中阶段和大学阶段的外语教育不具任何关联性。

尽管这样的情形后来有了很大改变,如前文所述,外语教学在大纲、标准的制定以及测试等方面都有了长足的进步,但在实际教学中,并不是

---

① 许小颖(2018)。
② 张桂菊(2013)。

都能得到贯彻,指导作用有限。美国大部分学校的中文教学并没有统一的大纲和教学的相关规定,在中文教学大纲编写、课程设计、教材选择、课时安排以及评价标准方面,不同地区甚至同一地区的不同学校都存在着较大的差异。资金支持、师资力量以及学生来源方面的差异导致中文教学质量参差不齐。不同学段之间相对孤立的状况导致学生中文水平差异巨大,进入高校后,高校很难根据前期的学习时长来判断他们应该接受何种水平的中文教育。这给大学阶段的中文教育带来了消极的影响,如哥伦比亚大学招收了很多高中 AP 中文课程成绩不错的学生,但实际上质量并不高,这既影响了大学中文项目的生源,又对教学造成了一些干扰。[①] 不少美国高校教师表示,很多学生在中小学阶段学习了多年中文,但是到了大学仍然无法进行交流,最终不得不从初级开始学习。缺乏统一的外语政策和规划,造成美国各学段、各学校之间外语教育课程内容和标准互不关联,教学质量良莠不齐。个体发展过程中虽不直接参与宏观系统,但宏观系统会通过与其他系统的互动对个体产生间接影响。高中阶段中文教学目标和评价指标与大学对外语的要求不一致,导致学习者对中文学习的期待与实际学习效果之间产生落差,学习信心受到打击,也会对中学生的中文学习产生负面影响,降低了学生的内在学习动机。

2.3 中文学习者学习影响因素

学习者的动机呈现出多样的状态,影响中文学习的因素主要有以下几个方面。

(1)特定历史时期的影响

美国中文教学在不同时代受到了不同力量的推动,因而中文学习者学习动机与时代特点有直接的关系。19 世纪开始到 20 世纪 40 年代以前,中文学习者人数很少,最早是传教的需要,中文被视为传教士的语言。随着越来越多的人对东亚文化,特别是中国文化产生浓厚兴趣,中文要为汉学研究提供服务,促使汉语学习的需求增大。但当时学习者学习的多

[①] 刘乐宁(2017)。

是文言,学习内容属于汉学范畴。

第二次世界大战期间,美国政府对于外语学习的态度发生了根本转变。为满足战争对外语的需要,美国政府委托大学制订了以培养军事人才为目标的军队特别训练计划(ASTP),在多个高校开设了"陆军特训班"(详见第五章)。战后进入冷战时期。美国中文学习者的动机主要源于国家需要,中文的交际作用受到重视,中文学习内容从文言转变为现代汉语。1958年《国防教育法》颁布以来,美国政府以国家安全为中心,出台了一系列推动外语学习的政策和法规,特别是加大了对包括中文在内的关键语言的资金支持。这一举措,极大提升了中文学习者的动机,带来了学习者人数的持续增长。

进入21世纪以来,随着国际形势的变化和中国影响力的增强,推动美国中文教学的力量已不限于美国内部。中国孔子学院在世界范围内推广传播中文及中国文化,在相当一段时期内对美国中文教学的发展起到了较大的推动作用。许多美国人看好中文所带来的机遇,其学习动机也由纯粹的个人兴趣逐渐向实用和多样化转变,以工作为目的的工具型动机越来越突出。中国经济的迅猛发展所创造的工作机会,中国国力迅速增强所带来的变化,成为美国学生学习中文、了解中国的主要动机。[①]

(2)相关政策的干预

美国国会和联邦政府虽然没有独立的语言政策,但有关语言的具体政策在教育政策中有所反映。[②]

美国制定的一系列教育相关法案,直接或间接地影响了中文学习者的学习动机。1958年《国防教育法》颁布,中文成为关键语言之一。政策和资金方面的支持大大促进了中文教育的发展。虽然这一时期中文在实用性和职业前景方面并不具有太大吸引力,但政府的支持和资金的投入使得很多对中国文化感兴趣或希望挑战自己的年轻人有了学习中文的动机。例如有学习者回顾,虽然20世纪60年代学习中文几乎是闻所未闻

[①] 张莉(2015)。
[②] 胡壮麟(2018)。

的,而且中文与大多数职业无关,但由于美国国会通过了《国防教育法》,60年代起200多所美国中小学得以开设中文课程,因而自己能够从高中开始学习中文。① 20世纪70年代开始,美国高校中文教学进入快速发展时期。尽管美国政府对语言和区域研究的资助有所缩减,但美国民众对中文学习的热情并未减弱。②

2007年,以国家安全和繁荣为目标的"旗舰语言项目"启动,政府拨款1.14亿美元鼓励民众学习包括中文在内的8种语言。随后开展的星谈计划对高中或中小学任职的外语教师提供课程开设、师资培训的免费资助。在AP中文项目、旗舰语言项目、星谈计划等各种项目的影响下,作为国家战略关键语言之一的中文学习者日增,在美国成为继西班牙语、法语之后的第三大外语③。

当然,特定时期美国的教育政策也会对外语教育产生消极作用。例如2002年布什总统颁布实施的《不让一个孩子掉队法》(即《英语习得法案》)就对少数族裔的民族语言学习造成了负面影响。一项对全美5000多所学校的外语教育调查表明,该法案出台后,语言少数族裔学生的双语教学受到极大的冲击,外语教学也受到了较大的影响。④ 1997年至2008年间,中学外语教学保持相对平稳的状态,但提供外语教学的小学却明显减少了。⑤

除了显性的政策之外,宗教文化、政治领导人的意志、教育组织等所体现出的隐性外语教育政策,对美国外语教育的发展影响至深。⑥ 例如,虽然美国出于国家安全和战略考虑而将汉语、阿拉伯语等设为"关键语言",在政策和资金方面对这些语言的教学和学习予以支持,但1890年至2000年,从美国公立学校高中生外语课程修读比例历时变化看,几乎都

---

① Gorman(2019).
② 盛译元(2016)。
③ Yanhua, Meng (2018).
④ 转引自张桂菊(2013)。
⑤ 张桂菊(2013)。
⑥ 罗辉(2019)。

与西班牙语、法语、德语同步,这表明美国高中生修读的外语基本上都是西班牙语、法语、德语,而非美国联邦政府强调的与国家安全和国家战略相关的"关键语言"。① 可见隐性的语言政策对学习者的影响力在某种程度上甚至高于显性的语言政策。

(3)当地华人的影响

除了对中文前景的考虑之外,部分中文学习者是由于受到了周围华人的影响,尤其在加利福尼亚、纽约等华人人口较多的州,这种中文学习动因更为明显。美国现代语言协会对美国各州大学1998年到2021年中文注册人数统计(前十)见表9.3。

表9.3 1990—2016年美国大学中文注册人数(前十)②

地区	年份							
	1998	2002	2006	2009	2013	2016	2020	2021
加利福尼亚	8093	9663	12,216	12,464	10,804	10,079	5184	8082
纽约	3228	3243	4813	6299	6743	6231	1157	5049
马萨诸塞	1941	2175	3398	3627	3472	3013	1261	3030
得克萨斯	705	930	1847	2118	2266	2326	1219	2297
宾夕法尼亚	1273	1562	2585	3152	3012	2748	1154	1974
北卡罗来纳	480	666	1116	1370	1793	1715	1343	1726
佐治亚	330	658	848	1323	1803	1743	1276	1463
弗吉尼亚	686	675	1350	1552	1673	1558	1035	1417
犹他	653	731	928	492	1117	598	990	1288
伊利诺伊	598	905	1697	1747	1775	1144	823	1255

美国各州五岁以上中文使用人数统计(前十)见表9.4。

---

① 许小颖(2018)。
② 表9.3和9.4中各州顺序按照学习者人数降序排列,为节省篇幅,此处只展示人数排名前十位的数据。

表 9.4　美国各州 5 岁以上中文使用者人数统计（前十）①

州名	人数	占比
加利福尼亚	544,008	32.27%
纽约	282,875	16.78%
得克萨斯	93,084	5.52%
新泽西	75,127	4.46%
马萨诸塞	67,525	4.01%
伊利诺伊	58,802	3.49%
宾夕法尼亚	48,031	2.85%
华盛顿	46,445	2.76%
马里兰	43,727	2.59%
佛罗里达	35,578	2.11%

从表 9.3 可以看出，从 1998 年到 2013 年间，除加利福尼亚、马萨诸塞和宾夕法尼亚州外，各州大学中文学习者数量呈持续增长趋势，如果将各州大学中文注册人数与各州中文使用者人数进行对比可以发现，大学中文注册人数较多的州和中文使用者数量较多的州存在一致性。对两组数据进行相关性检验可以发现，大学注册人数与州中文使用者人数的相关系数均达到 0.87 以上，呈现出显著相关。详见表 9.5。

表 9.5　中文学习者人数和中文使用者人数相关性

	中文使用者人数	2021 年	2020 年	2016 年	2013 年
皮尔森相关	1	.945**	.873**	.961**	.956**
显著性（双尾）		.000	.000	.000	.000
数量	51	51	51	51	51

**．相关性在 0.01 层上显著（双尾）。

---

① 数据来源于美国社区调查，是基于 2006—2010 年五年公共用途微观数据样而得到的估计值。详见网址：https://apps.mla.org/cgi-shl/docstudio/docs.pl?map_data_results，访问日期：2021 年 11 月 20 日。

可见，华人数量的多少与当地中文学习者人数有直接关系。华裔、中国人和亚裔人口的不断增加对他们的子女学习中文无疑起到了促进作用。① 很多美国中文教师也表示，不少人学习中文是因为他们周围有很多华人，或者在生活工作中经常与华人接触。

另外，华人或中资企业的投资对当地中文教育的发展也有着较为明显的促进作用。当地雇员在工作中与华人或中国人接触，对中国文化和语言产生兴趣，有的同时也会带动其家人学习中文。正如前文所言，美国的中文教育发展较好的地区集中在美国东西两岸，中文在很多大学中成为仅次于西班牙语的第二大外语，但是在中西部情形则大为不同，中文可能还是排在日语之后的外语，其中一个重要原因是这一区域有大量的日资企业投资，雇用了很多美国当地人，这些企业注重培养员工对企业的忠诚和热爱，在日企工作的美国雇员会间接地影响他们的家人对日本文化和语言的态度。②

第三节 华裔学习者的学习特点

3.1 华裔学习者学习动机类型

对于家庭语言只有英语的美国人来说，要使一门外语达到专业水平，一般需要多年认真的学习，包括到目的语国家进行强化学习。尽管国家安全语言计划（尤其是国家安全教育项目）一直在努力提高美国人的外语水平，但由于需要学生及其家庭投入大量的时间和资金，因而只有极少数的学生参与到国家安全语言项目中。③ 而美国移民及其后代，想要完全掌握英语和其民族语言所花时间和资金则要少得多，因此帮助移民及其后代掌握两种语言是提高美国外语语言能力的一种经济有效的方式。华裔作为中文学习者重要群体，自然也是美国提升国民外语能力不可忽视

---

① 温晓虹(2011)。
② 刘乐宁(2017)。
③ National Foreign Language Center (2009).

的群体。

据美国人口统计局统计,截至 2016 年,美国华人人口约 5,081,682 人。① 2009—2013 年人口统计局社区调查数据显示,美国民众中以中文为家庭语言的人口达到了 2,896,766 人,②虽然华人在美国各州分布并不均匀,但就语言使用总人数看,主要语言为中文的民众占到了总人口的 0.9％,中文成为仅次于英语(79.7％)和西班牙语(12.6％)的第三大家庭语言。③ 2014 年,中文已经取代法语成为美国第二大继承语(Heritage Language)。④ 继承语使用者数量与美国大学中文注册人数直接相关。2002—2006 年美国大学注册人数增长最快的语言就是该时期移民家庭使用较多的语言,如阿拉伯语增长 127％、中文 51％、他加禄语 37％、韩语 37％。⑤ 美国华裔是新增中文学习者中重要的群体。

相对于一般中文学习者,华裔在学习中文过程中更多地受到家人和朋友的影响。华人历来有重视教育的传统,几乎所有的海外华人家长都会将子女送到社区中文学校学习中文。进入高中或大学后,相当一部分华裔学生也会选择中文课。华裔中文学习者有着相同族裔背景,中文是他们的民族语言,因而学习动机相对集中,主要包括以下几种。

第一,交流需求。交流需求通常是华裔最初且最主要的中文学习动机之一。生活中使用中文的对象通常是家人、朋友和社区的其他华人。多数美国华人家庭,尤其是近几十年的新移民家庭仍与中国的亲友保持着相对密切的联系,日常生活中普遍存在一定的中文环境。对于年龄较小的华裔,中文往往是他们从小接触的家庭语言,与同在美国的父母、亲戚或朋友交流成了他们学习中文的最主要动机。相关研究也显示,美国继承语学习者"与美国的家人和朋友交流"的动机显著高于"与国外的亲

---

① 数据来源:https://en.wikipedia.org/wiki/Chinese_Americans,访问日期:2021 年 11 月 21 日。
② 数据来源:https://en.wikipedia.org/wiki/Chinese_language_and_varieties_in_the_United_States,访问日期:2021 年 11 月 21 日。
③ American Academy of Arts & Sciences (2016).
④ Fee, Rhodes & Wiley (2014).
⑤ Nagano (2015).

戚或朋友交流"的动机。① 不过这种实用性的动机也会成为华裔学习者继续学习中文的阻碍。到了中级水平,不少学生认为能够运用语言,满足基本语言交际的目的即可,于是就不愿继续选修中文课了。②

第二,对民族文化的认同和探索。这也是华裔中文学习者的主要动机之一。随着年龄的增长,多数华裔会对自身来源产生兴趣,希望能够更好地了解自己祖先和族群的文化。中文作为华人的民族语言,是维系个体与华人社团的纽带。华裔中文学习者学习中文的过程也是其民族认同和自我认同的建构过程。民族文化认同的学习动机会随着年龄的增长和学习的深入而逐渐凸显。对于大学阶段的华裔中文学习者来说,这种动机较为常见,中文学习不仅可以满足他们大学的成绩要求,同时还可以探索个人、家庭、文化和语言之间的联系。③

第三,满足学业相关需求。这一动机往往出现在华裔中文学习的初级阶段。由于他们日常生活中有一定的语言环境,在中文学习初期已经具有一定的听说能力,因此学习初级阶段的中文课程不需要花费太多时间和精力,但是到了中高级阶段,学习内容逐渐由口语转向书面语,他们在学习过程中意识到,正式的中文课程远比他们想象的要求高,因而对于那些不愿意在学习中付出努力的华裔来说,可能无法继续中文学习。④

第四,职业需求。这是华裔学习中文的另一个重要动机。对于大学阶段的华裔中文学习者来说,他们希望提升中文水平,以获得更多更好的就业机会。有研究显示,61.9%的华裔表示职业需求是其学习中文的主要原因。⑤

不同年龄段的华裔学习者的主要动机各不相同,随着年龄的增长和心智的成熟,其中文学习动机也会随之发生变化。

---

① Carreira & Kagan (2011).
② 温晓虹(2013)。
③ 梁霞(2020)。
④ Wen (1997).
⑤ Carreira & Kagan (2011).

3.2 华裔语言和族群认同特点

(1) 华裔学习者的语言特点

由于生活中有一定的中文(包括方言)使用环境,美国华裔中文学习者大多数具有一定的中文语言能力,但在语言技能方面存在着明显的不均衡现象。有调查显示,美国华裔听力水平略高于口语水平,阅读和写作水平没有显著区别,听说水平高于读写水平。与东南亚华裔相比,美国华裔中文水平总体偏低。① 相对于非华裔学习者,初学中文时华裔通常表现出理解能力强、课堂参与度高、表达效果好等优势,家庭中自然习得的不完全的中文能力显然会使华裔学习者信心提升,但在进一步学习的过程中,华裔最初的语言优势逐渐减弱。

虽然很多华裔具有一定的中文听说能力,但通常使用中文场合非常有限,一般仅限于家庭或华人社区等非正式的场合,因此表达基本局限于日常生活的口语层面,普遍存在词汇量小、表达方式单一等问题。大多数华裔学习者仅是为了交流沟通,因而在学习过程中比较容易满足于日常交流目的的达成,从而忽视了读写能力的提升,直接影响书面语的学习。另外,很多华裔从小在家庭中接触到的是汉语方言。受此影响,他们常常会出现一些顽固的语音问题,如舌尖前音"z、c、s"和舌尖后音"zh、ch、sh"不分、前后鼻音不分等,语音"化石化"现象比较突出。发音方面的问题也会进一步影响他们对普通话语音的辨识,从而影响听力能力的提升。

(2) 对文化和族群的认同

美国华裔学生学习中文的最大动力来自传承族群传统文化的兴趣,这种动机在高中以上华裔中文学习者中尤为常见。Wen (2011) 考察了美国不同文化族裔的中文学习者的学习态度与学习动机,发现有背景的学习者认为学习自己民族的传承语言是自我认同(self-identity)的一个重要组成部分,属内在动机。不同于以交流为目的的动机,对文化和族群

---

① 魏岩军、王建勤、魏惠琳(2013)。

的认同是华裔在中文水平达到中高级阶段后的主要学习动机,由于是内在学习动机,因而持续时间更久。对华人文化和族群的认同与华裔中文水平之间存在相互促进的关系,也为华裔中文学习提供了持续的动力,促进了中文水平的提高,而中文水平的提高又加深了华裔对华人文化和族群的了解,因之增强了对文化和族群的认同。

美国华裔对中文的认同与语言保持相关最高,但对母语文化、族群认同和价值观认同与母语保持几乎不相关。研究者指出,造成这种对中文"单向认同"的主要原因可能是美国华裔中文学习者为了融入美国主流社会,在文化、族群和价值观认同上更倾向于主流社会,从而忽略或放弃对母语社团文化、族群和价值观的认同。另外,由于中国经济的发展,中文价值的提高,华裔学习中文的工具性动机较强,而对母语社团文化、族群以及价值观认同较低。但这种缺乏文化和族群认同的工具型动机难以保证华裔中文学习的持续性,最终会影响他们中文的保持和发展。

3.3 华裔学习者中文学习影响因素

(1) 相关政策的影响

中文作为美国少数族裔的民族语言,学习者的学习动机直接受到美国语言和教育政策的影响。1882年,美国国会通过《关于执行有关华人条约诸规定的法律》(即《排华法案》),华人受到排挤,移民限制条件很多,直到1943年才被宣布废除。1906年颁布的《国民法》还明文规定:移民只有在具备英语语言能力后,才能加入美国国籍。对移民语言的一系列限制措施极大地影响了华人移民后代学习中文的意愿。20世纪上半叶,很多州以法律的形式要求公立学校和私立学校都要使用英语作为教学媒介语,这样的美国化运动也限制了移民语言的保持和发展。第二次世界大战之后,虽然美国华人移民的社会和政治地位不断提升,但华裔学习中文的意愿却持续下降,年轻一代的华人为美国主流文化所吸引,将英语作为主要的交际语言,华人父母也并不重视对孩子的中文教育。[①] 华裔中

---

① Liu (2010).

文学习动机的衰减影响了这一时期的中文学习人数,虽然华人人口持续增长,但是美国中文学校学生人数却并没有大幅增加。例如,20世纪30年代到50年代,旧金山华人人口翻了一番,但1957年旧金山中文学校的学生仅比1935年增加了16%(1935年为1848人,1957年为2144人)。①

　　20世纪50年代之后,美国民权运动兴起,少数族裔民族意识增强,他们追求平等,要求提高社会地位。1965年,美国国会通过了《移民和国籍法》,之前针对华人的歧视性条款得以真正废除,华人移民的数量迅速增加。1968年,美国《双语教育法》开始实施,联邦政府允许通过双语教育的方式来满足少数族群学生语言发展的需要。《双语教育法》的出台,结束了一直以来仅在教会或私立学校使用双语进行教学的历史,给予了在全国范围内的公立学校中开展双语教育的合法地位,并以法律的形式保障了少数种族语言与英语在新教学方式中具有同等的地位。② 上述因素提升了华裔中文学习者的学习动机,促进了华裔的中文学习,华裔中文学习者人数增加明显。1996年美国634所语言学校中大约有82,675名华裔中文学习者,到了2005年增加到140,000人。③

　　但同时也必须看到,虽然《双语教育法》将双语教育合法化,一直以来,双语教育所采取的主要是过渡性和浸入式的双语教育方式,其目的是提高英语能力有限学生(limited English proficiency)的英语水平。这也是美国社会所能接纳的双语教育方式,其真正的意图最终是为了使少数民族学生成功地过渡到主流语言——英语。④ 所以即使在美国双语教育蓬勃发展的20世纪50年代至80年代,公立学校的中文教育也仅是华裔学生快速提高英语能力,完成从中文向英语过渡的过程,事实上阻碍了他们中文能力的保持和发展。

　　从20世纪80年代开始,双语教育逐渐式微。2002年《不让一个孩子掉队法》(即《英语习得法》)签署,《双语教育法》最终废除,标志着双语

---

① Lai(2004).
② 周玉忠(2011)。
③ Liu(2010).
④ 周玉忠(2011)。

教育政策终结。该法的目的是提高英语熟练程度有限人群的英语能力，要求所有学生一律参加有统一标准的考试，把考试结果作为考核学校教育水平的依据。① 统一的考试标准和评价方式强化了英语在教育中的地位，其结果是学校和学生都将通过英语考试作为学习的目标，极大排挤了少数民族学生民族语言的生存空间。这种强化英语语言，以统一为目的的语言政策削弱了少数民族学生民族语言的学习动机，很多华裔子女虽然被父母要求学习中文，但其自身的学习意愿却并不强烈。

从殖民地时期至今，美国以少数民族语言为媒介获取教育语言权利的结果，体现为一系列官方和非官方政策的大杂烩，时至今日，美国少数族群儿童保持其语言权利仍主要靠个人的活动，希冀依靠联邦出台相关教育政策实现其语言权利发展几无可能，只能通过特许学校的双向沉浸项目、独立的社区组织以及个人等方式来实现。② 华裔子女的中文学习目前仍然以华人社区开办的中文学校为主。

（2）家庭和社区的语言环境

在美国，除英语之外的继承语者使用和发展继承语的机会非常有限，而这有限的机会很多来自少数族群社区中的相关机构。③ 华裔最直接接触的环境即其所生活的家庭和社区。家庭和社区的语言使用状况对其中文学习、保持和发展有着重要的影响。对于大多数华裔家庭来说，中文（包括普通话和方言）常常是家庭成员，尤其是父母和孩子之间的主要交流语言。一项对美国华裔家庭语言的调查发现，海外华裔群体中，只要父母操中文（无论是普通话还是广东话），那么父母与子女间的交流就会以中文为主，英语在家庭中使用的比例就不会很高。④ 家庭语言环境对华裔中文的学习和发展至关重要。第一代和第二代华人移民家庭普遍保留有一定的中文环境，与父母、亲人的交流需求往往是华裔子女最初的中文学习动机。

---

① 周玉忠(2011)。
② 詹姆斯(2014)。
③ Brecht & Ingold (2002)。
④ 张会(2015)。

由于美国学校统一的评价标准,少数族裔儿童在入学之后语言转用现象非常普遍,华裔子女亦是如此。由于美国的教育语言是英语,加上在校时间远远多于居家时间,于是中文作为交际工具的作用被大大削弱。华裔儿童会倾向于使用在学校里学到的语言进行沟通,首先在儿童之间会将英语作为共同语,继而扩展到与成人包括父母的沟通领域。[①] 在此情况下,家庭所在社区的语言环境对华裔孩子语言的保持和发展起着重要作用。在华人比较多的社区,华人经常组织的社区活动使得孩子在家庭之外有了使用中文的机会。这些地区往往会有一些华人创办的中文学校或周末班,这也为华裔孩子提供了学习和使用中文的机会和环境。据统计,仅全美中文学校协会会员学校就达到五百多所,分布在美国近五十个州,涵盖几乎所有大中城市,会员学校在校学生人数达十万以上,教师八千余名。[②] 中文学校对华裔学生学习中文起到了积极的促进作用。

美国的中文学校多为华人自发组织,除了极个别学校外,大多数规模都比较小。中文学校的发展面临着一系列的问题和挑战。首先是师资问题,很多中文学校的老师都是当地华人兼职,甚至有一些是家长志愿者,他们普遍未接受过中文知识和教学技能的专业培训,教学质量和效果堪忧。其次是资金问题,在教学场地和教学设备上投入有限,直接影响了学生的学习体验和学习效果。再次是教材问题,缺乏适合美国华裔学习者使用的中文教材。师资、资金和教材等方面的欠缺直接影响了华裔中文学习者的学习动机。

通过对学习者的梳理可以看到,近年来大学中文学习者注册人数不断减少,而中小学开设中文课的学校却越来越多,中文教学呈现出低龄化的趋势。资金和师资短缺是目前中文教学发展的主要障碍。美国的中文学习者主要分布在东西海岸和传统华人移民聚居的区域,不同的地域特点和文化背景也造成了中文学习者学习动因的多样化。非华裔学习者学习中文多是出于兴趣或受周围人的影响。随着中国经济的发展,中文在

[①] 张会(2015)。

[②] 数据详见:http://www.csaus.org/FHFRONT/csaus/about.jsp,访问日期:2021年11月21日。

美国外语教育中的重要性逐渐提升,学习者的学习动机也逐渐向学业、职业等工具型动机转变。随着华人移民的增多,华裔中文学习者也成为中文教学不可忽视的重要群体。相对于非华裔,他们的家庭和社区环境使得他们的语言学习动机多集中于交流的需要。在生活中获得的听说能力以及他们对华人族群的认同影响着他们中文学习的动机、态度和目标,在对华裔学习者进行研究时要综合考虑个人、家庭、社区和社会等各方面的因素。

综上所述,特定时期的社会发展状况、国家战略和政策等宏观系统关系到一定时期的外语教育导向和规模。但对于个体而言,个体本身的差异,个体与直接接触的微观系统的交互,不同层级系统之间的互动对个体发展的影响同样值得重视。鉴于美国"两级两立"教育体系的特点,各地区社会、经济发展和族群构成不平衡的特点,在进行美国中文传播研究过程中,我们不应将美国中文教学简单地一概而论,而应具体考虑学习者所处的时代和环境,重视时间、人、背景的相互作用,这样才能更为清晰地把握美国中文教学的时代脉络,从而科学地呈现美国中文教学的发展轨迹。

第十章 结 语

汉语作为外语在美国的发展过程中,从萌芽到成长再到成熟,影响社会的重大事件是背后的根本原因。这些重大事件带来国际环境、语言政策、社会需求等多方面的变化,这些变化对语言教学产生了直接或间接的影响,汉语作为外语在美国的发展留下了独特的轨迹。

本研究并非单纯的汉语传播研究,也非单纯的汉语语言研究及汉语教学研究,而是着眼于汉语作为外语在美国主流社会中的发展历史和现状,从跨学科角度,在语言传播理论、人类发展理论及多元文化教育理论指导下,依据Cooper框架中"何人采纳了何种语言,何时、何地、为何以及采用何种方式",以及Bronfenbrenner人类发展理论模型中"过程、人、背景和时间"等方面确定研究思路和研究内容,并以多元文化教育理论来分析美国这一多语言和多文化移民国家的中文教育,对与之相关的标准、大纲、测试、课程设置、教学方式等方面进行深入探讨。

美国影响外语教学的重大社会事件、美国的语言政策特别是外语教育政策对中文教学产生决定性影响,本研究通过对官方文件、研究文献进行挖掘、梳理,在一些史料上多角度小心求证,对不同教学机构进行个体纵向和整体横向对比,并对一些数据进行整理统计,主要发现和观点如下。

(一)对美国的中文教学过程做了新的分期

以重大事件带来语言政策变化作为分期依据,共分为五个阶段:酝酿期(1830—1877)、成长期(1877—1941)、促发期(1941—1958)、成熟期(1958—2000)、兴盛期(2001年以后)。这个分期有助于我们清晰把握汉语在美国作为外语的发展脉络,了解不同时期的时代特征及中文教学特点,使相关研究更为细致、科学。

(二)早期汉语进入美国高校得益于个人的努力推动

本研究通过分析早期美国人学习汉语的契机、环境、方式,高校设置汉语讲席的初衷、动机、过程,发现能够认清形势、有着冷静头脑及坚定意志的个人起了极为重要的作用,如汉语进入耶鲁大学得益于校友容闳、汉学家卫三畏、图书馆馆长范内姆等人的不懈努力,而汉语成为哈佛大学课程也离不开商人鼐德、埃利奥特校长的积极推动。此外汉语成为高校课程受到社会需求的影响,财力和人选因素也至关重要。正因如此,美国各高校设置中文教职时间不一,设置之后走向各异,但都主要服务于汉学需求,反而促进了美国的汉学发展。

(三)早期即存在学习环境与学习效果关系之争

在哈佛大学设置中文教职过程中,鼐德一派主张先在美国打好基础再到中国来,这样可以节约时间,沟通交流更为便捷,而打好基础的最好方式是聘请中国老师前往美国任教。杜维德和赫德则不以为然,认为美国学习中文环境不足,应该来华后集中学习,效果更佳。最终妥协的杜维德并没有改变自己的观点,而是出于对母校的信任以及顾及母校发展,方才同意帮助物色中国教师前往美国任教。

(四)语言成为战略资源保证了中文教学的持续发展

本研究聚焦于外语发展规律以及汉语作为外语在美国的发展过程。影响汉语在美国发展的关键因素是重大事件带来的社会需求,社会需求决定了外语发展的程度。本研究基于语言地位及语言政策动因,论证了语言成为美国国家战略资源的过程,在此大背景下,中文作为美国战略外语之一而得到国家层面的支持,从而保证了中文教学在外语教学中的地位。

(五)重大事件促进了美国中文教学向成熟发展

语言教学发展会受到财力、人力、物力的限制,美国二战期间国家对语言教学投入大量人力物力，ASTP 的设立促进了听说法教学的发展，使得一批名校在中文教学方面跃进发展。1958 年《国防教育法》的推出，外语成为"新三艺"之一而得到了前所未有的支持，中文教师学会得以建立，优质教材获得出版，师资培训因之加强，中文教学迎来繁荣局面。70 年代中美建交，促进了中美汉语教学双方的合作，教学和研究环境都大为改善，学习者也有了更多的实践机会。"9·11"恐怖袭击事件之后，美国以国家安全为导向制定外语政策，在美国高校的师资培养和学生学习方面制定政策，投入经费积极支持，客观上也保证了中文教学的可持续发展。

（六）美国在外语教学法方面做出了重要贡献

美国的外语教学法在时局多变的历史进程中并未止步不前，而是不断应对新的变化进行创新，适应了社会对于语言教学的要求。听说法适应战时美国对听说能力的迫切需求，而优先听说能力的培养；认知法充分运用了成人已有的知识结构，发挥了成人的主观能动优势；全身反应法则特别适合儿童的年龄和认知特点；体演文化法则是将语言和文化视为一体。这些教学法的产生和发展与语言学、心理学发展相契合，针对不同的人群特点而发挥其最大价值。

美国在外语教学法方面能够在语言学成果、心理学成果指导下不断寻求变化，适应新的教学目标和要求，这些教学法对世界外语教学做出了重要贡献，美国中文教学界也因之能够保持教学活力，不断提高教学效能。

（七）美国中文测试涵盖面广且走向体系化

本研究梳理了美国现有的具有重要影响的中文测试发展过程，分析了外语能力量表、《大纲》与《标准》之间的关系以及它们对大规模中文测试所起的重要指导作用。美国中文测试涵盖面较广，既有面向成人的，也有面向在读学生的，既有水平测试也有成绩测试。此外，也分析了现行单项技能和多项技能（包括综合技能）测试，很多考试富有权威性。考试种类丰富，除常规考试外，还详细介绍了较少被关注的职业考试。通过描述汉语测试的发展背景以及分析大规模汉语测试的相关特征，说明了美国中文测试走向体系化的趋势。

（八）美国的中文教学体系有赖于多种要素共同支撑

高校早期开设中文课程种类少，师资力量薄弱。随着时代推进，课程体系逐渐完善。语言类课程包括不同等级水平，针对华裔和非华裔的特点开设"双轨制"教学。不少学校还开设了中国文学、历史、艺术等人文科学课程。AP中文项目更是激发了美国中学生学习汉语的动力。师资培养有多条渠道并自成体系，一方面部分高校开设硕士项目，另一方面星谈计划等项目系统地提升教师专业素质。美国在中文教学方面形成了自己的特色，其中以"明德模式"最具代表性。近年来在教学模式及教育技术上不断更新。课程、教师、测试、教材、教学法、教学资源等构成了中文教学体系要素，从而使中文教学保持活力，整体运转较好。

（九）统一的学习标准及专业平台保证了教学质量

美国的中文教学是美国整体外语教育中的一部分，通过国家层面的政策推动（如 Title VI 项目、领航项目），在教学目标方面遵循 ACTFL 等组织提出的外语学习标准与原则，同时不断探索适合于中文特点的教学，凝聚内在力量。美国中文教师学会自 1962 年成立至今，60 余年来为美国中文教学发展做出了不可磨灭的贡献：为美国中文教师的教学和研究交流搭建平台，举办会议、活动，创办刊物，设置奖项，鼓励中文教师积极创新，参与学术研究。此外，美国不同的汉语项目适合不同层面对汉语人才的需求，同时又存在互相对话的空间，共同促进中文教学的良性发展。

（十）汉语继承语学习者的学习动机与族群认同表现独特

美国的高校开设外语语种丰富，选择人数较多的主要为欧洲语言，2016 年的数据显示中文学习者的人数排在第 6 位。[①] 学生在选择语种时有较多的可选性，有的高校甚至不要求必须有外语成绩，因此学生也可以不学习外语。选择中文的学习者动机多是出于个人兴趣、学业需要、职业期待或他人影响等。而华裔继承语学习者值得关注。2014 年，中文继承语使用广泛，排在第二位。与非华裔相比，华裔继承语学习者多数从小就

---

① 美国现代语言协会定期报告高校外语学习人数，本研究采用 2021 年的报告数据。具体参见：https://apps.mla.org/flsurvey_search?_ga=2.28743292.1576208611.1724208770-283692168.1724208763，访问日期：2023 年 11 月 20 日。

具备了一定的听说能力,需要单独进行针对性教学。而华裔学习者学习动机与族群认同相关。族群认同比较高者属于内在动机,会促进学习者中文水平的提高,中文水平的提高又会增强其文化与族群认同。而对文化和族群认同比较低的学习者,仅持工具动机,从而影响其中文保持和发展。

  本研究从美国本土外语教育视角出发,注重其内生性、原发性发展路径,涉及多种相关因素,一定程度上拓宽了国际中文教育的研究领域,并为域外中文教学研究提供了一个研究范本。我们期望能为汉语教学、语言政策、社会语言学、经济语言学、跨文化教育及跨文化交际等相关问题的研究者提供参考,并为国家制定相应的语言及文化政策提供依据。

参考文献

中文著作及译著

艾布拉姆·德·斯旺[荷兰]著,乔修峰译,《世界上的语言——全球语言系统》[M],广州:花城出版社,2008。

丹尼斯·埃杰[英]著,吴志杰译,《语言规划与语言政策的驱动过程》[M],北京:外语教学与研究出版社,2012。

龚献静,《第二次世界大战后美国高校外语教育发展研究》[M],青岛:中国海洋大学出版社,2013。

顾利程,《美国汉语教学动态研究》[M],北京:北京语言大学出版社,2019。

孔陈焱,《卫三畏与美国汉学研究》[M],上海:上海辞书出版社,2010。

雷孜智[美]著,尹文涓译,《千禧年的感召——美国第一位来华新教传教士裨治文传》[M],广西:广西师范大学出版社,2008。

黎天睦[美],《现代外语教学法——理论与实践》[M],北京:北京语言学院出版社,1987。

梁霞,《美国大学汉语教育研究》[M],北京:北京语言大学出版社,2020。

刘美慧、游美惠、李淑菁,《多元文化教育》[M],台北:高等教育文化事业有限公司,2016。

美国911独立调查委员会撰,黄乐平、蔡永强、张龙秋等译,《揭秘9/11:美国遭受恐怖袭击国家委员会最后报告》[M],北京:中央编译出版社,2005。

彭靖,《尘封的历史——汉学先驱邓嗣禹和他的师友们》[M],北京:中国财富出版社,2020。

钱存训,《留美杂忆——六十年来美国生活的回顾》[M],合肥:黄山书社,2008。

乔明顺,《中美关系第一页——1844年〈望厦条约〉签订的前前后后》[M],北京:社会科学文献出版社,1991。

秦希贞,《中美跨文化交际误解分析与体演文化教学法》[M],北京:外语教学与研究出版社,2017。

沙振舜、韩丛耀编著,《中华图像文华史(图像光学卷)》[M],北京:中国摄影出版社,2016。

苏金智,《赵元任传》[M],南京:江苏文艺出版社,2012。

苏·赖特[英]著,陈新仁译,《语言政策与语言规划——从民族主义到全球化》[M],北京:商务印书馆,2012。

卫斐列[美]著,顾均、江莉译,《卫三畏生平及书信:一位美国来华传教士的心路历程》[M],桂林:广西师范大学出版社,2004。

温晓虹,《汉语作为第二语言的习得与教学》[M],北京:北京大学出版社,2012。

吴承义,《美国国防语言战备研究》[M],北京:军事科学出版社,2014。

武和平、武海霞编著,《外语教学方法与流派》[M],北京:外语教学与研究出版社,2014。

杨步伟,《杂记赵家》[M],桂林:广西师范大学出版社,2014。

姚道中,《美国中文教学研究》[M],北京:华语教学出版社,2015。

詹姆斯·托尔夫森[美]著,俞玮奇译,《语言教育政策:关键问题》(第二版)[M],北京:外语教学与研究出版社,2014。

张宏生编著,《戈鲲化集》[M],南京:江苏古籍出版社,2000。

赵新那、黄培云编,《赵元任年谱》[M],北京:商务印书馆,2001。

郑曦原编,李方惠、胡书源、郑曦原译,《帝国的回忆——〈纽约时报〉晚清观察记(1854—1911)》[M],北京:当代中国出版社,2018。

周有光,《逝年如水:周有光百年口述》[M],杭州:浙江大学出版社,2015。

周玉忠主编,《美国语言政策研究》[M],北京:外语教学与研究出版社,2011。

周玉忠、王辉主编,《语言规划与语言政策:理论与国别研究》[M],北京:中国社会科学出版社,2004。

中文论文(期刊、会议)

蔡永良、王克非,中美外语教育理念差异比较[J],《外语教学》,2017,38(03):1—6。

曹贤文,明德模式与中国大陆高校基础汉语教学常规模式之比较——兼谈汉语教学的精英模式与大众模式的差异和互补[J],《暨南大学华文学院学报》,2007(04): 17—21。

曹晓飞,唐少莲,美国《国家安全教育法》的颁布及其影响[J],《重庆高教研究》,2015, 3(04):95—100。

常宝儒,美国汉语教学和汉语研究概况[J],《语言教学与研究》,1979(01):152—158。

陈东东,美国政府的举措对中文教学发展的影响——来自西东大学的故事[A],载 Vivian Ling (ed.) *The Field of Chinese Language Education in the U.S.: A Retrospective of the 20th Century*(《二十世纪美国中文教学界的回顾》)[C],纽约: Routledge,2018a:107—113。

陈东东,走出逆境、为中文教学界创业:纪念德范克(1911—2009)[A],载 Vivian Ling (ed.) *The Field of Chinese Language Education in the U.S.: A Retrospective of the 20th Century*(《二十世纪美国中文教学界的回顾》)[C],纽约:Routledge, 2018b:411—415。

陈珊珊,《语言自迩集》对日本明治时期中国语教科书的影响[J],《吉林大学社会科学学报》,2009,49(02):117—123。

陈新仁,美国语言政策的历史沿革与启示[J],《外语研究》,2017(01):22—26,31。

陈雅芬,走入主流:美国大学先修(AP)中文考试2007—2010结果分析[J],《台湾华语教学研究》,2011(01):57—71。

戴曼纯,以国家安全为导向的美国外语教育政策[J],《外语教学与研究》,2012,44 (04):585—595,641。

戴曼纯,国家语言能力的缘起、界定与本质属性[J],《外语界》,2019(06):36—44。

邓亮,裨治文《广东方言撮要》数学相关内容述要[J],《中国科技史杂志》,2016,37 (02):189—197。

邓嗣禹,美国陆军特训班给予吾人学习西语的教训[J],《东方杂志》第43卷第8号: 37—41。

丁安琪,美国星谈语言教师培训项目论析[J],《云南师范大学学报(对外汉语教学与研究版)》,2010,8(01):35—38。

董玲,美国外语教学法的发展及其影响因素剖析[J],《外国中小学教育》,2011(03): 44—48。

范玲娟,周玉忠,美国殖民时期语言政策评述[J],《宁夏大学学报(人文社会科学版)》,2007(06):153—155。

方哲,传道者王方宇[J],《世界博览》,2018(16):84—89。

费正清、吴莉苇,新教传教士著作在中国文化史上的地位[J].《国际汉学》,2003(02):119-131。

甘耀稷,华人文杰王方宇在美国[J],《炎黄春秋》,1997(01):70-72。

高莉、王春辉,美国"国家安全语言计划"之"星谈"项目[J],《北华大学学报(社会科学版)》,2017,18(05):22-27。

龚献静,Title VI 项目对美国高等外语教育的影响与启示[J],《外语界》,2010(04):67-75。

顾钧,鸦片战争以前来华美国人的汉语学习[J],《江苏大学学报(社会科学版)》,2012,14(04):41-44。

关诗珮,威妥玛汉字字母化的追求——论新发现威妥玛誊抄马礼逊《广东省土话字汇》及裨治文《广东方言汇编》手稿[J],《汉学研究》,2016,34(04):263。

郭凤鸣,基于国家文化安全的美国外语规划演进研究[J],《思想战线》,2018,44(02):138-146。

韩宝成,国外语言能力量表述评[J],《外语教学与研究》,2006,38(06):443-450,480。

韩家炳,美国1958年《国防教育法》颁布的原因[J],《安徽史学》,2015(03):108-114。

何宝璋,美国地区性中文教师学会:教授汉语、传播中国文化的实干家[A],《世界汉语教学学会通讯》,2009(03):25-26。

何宝璋,新时代的美国汉语教学[J],《世界华文教学》,2019(01):15-17。

何文潮,从美国中文领航项目看高水平的中文教育项目[J],《对外汉语教学与研究》,2015(01):9-16。

侯且岸,美国汉学史研究之反思[J],《国际汉学》,2021,(03):116-124,206。

胡文仲,关于我国外语教育规划的思考[J],《外语教学与研究》,2011,43(01):130-136,160。

胡壮麟,美国新世纪的语言规划和语言政策[J],《浙江外国语学院学报》,2018,(02):1-8。

华裔美籍教授戴祝念[J],《浙江学刊》,1985(03):21。

黄伯飞,四十年代以来在美国所用的汉语汉文教材[J],《语言教学与研究》,1980(04):135-139。

吉晖,美国K-12关键语言教育现状及启示[J],《外语研究》,2019(04):63-67。

贾爱武,以国家安全为取向的美国外语教育政策[J],《比较教育研究》,2007(04):13-18。

江新、邢滨钰,美国中小学沉浸式汉语教学的实证研究现状和教学启示[J],《汉语应用语言学研究》,2017(00):60—69。

姜丽萍、王立、王圆圆,美国《21世纪外语学习标准》发展研究[J],《世界汉语教学》,2020,34(02):275—286。

康晓亚,从汉语旗舰语言项目解读美国语言政策[J],《前沿》,2013(08):141—142。

孔令跃、赵鹏飞,美国沉浸式汉语教学课堂奖励研究——以犹他州Syracuse小学为例[J],《国际汉语教学研究》,2018(03):80—87。

李霄翔、黄虹,双语教育的经济动因探析[J],《学海》,2007(02):190—193。

李英哲,我所亲历的美国中文教育发展和美中交流互动[J],《中美人文学刊》,2018(02):30—45。

李永宏,美国外语教师培养新标准的内容、特点及启示[J],《教学与管理》,2018(27):122—124。

李中山,美国中文领航项目对国际汉语教学项目推广的启示——以旧金山州立大学中文领航项目为例[J],《云南师范大学学报(对外汉语教学与研究版)》,2014,12(06):83—89。

理查德·T·汤姆逊[美]、鲁健骥,美国汉语教学综述[J],《语言教学与研究》,1980(04):12—20。

梁德惠,美国汉语沉浸式学校教学模式及课程评述[J],《课程·教材·教法》,2014,34(11):121—124。

林勇、宋金芳,语言经济学评述[J],《经济学动态》,2004(03):65—68。

凌志韫,地缘政治变化对美国中文教育发展的影响[J],《中美人文学刊》,2018(02):13—29。

刘乐宁,国际汉语教学的重镇——美国哥伦比亚大学[J],《云南师范大学学报(对外汉语教学与研究版)》,2013,11(02):2,99。

刘乐宁,美国的汉语教学或教育的现状和前景[J],《国际汉语教学研究》,2017(03):25—30。

刘若云、徐韵如,对外汉语基础语法认知法教学初探[J],《暨南大学华文学院学报》,2003(04):39—44。

刘艳芬、周玉忠,美国20世纪双语教育发展状况解析[J],《外语学刊》,2011(04):117—120。

刘元满、邵明明,中华人民共和国成立初期国际中文教育起点研究[J],《湖北民族大学学报(哲学社会科学版)》,2022(01):151—159。

娄开阳,论美国明德汉语教学模式的特点——兼论我国对外汉语教学模式的构成要素[J],《辽宁师范大学学报(社会科学版)》,2016,39(05):116－121。

娄开阳、吕妍醒,美国明德汉语教学模式课堂操练方法的类型及其理据[J],《语言教学与研究》,2011(05):72－78。

娄毅,关于 AP 汉语与文化教材文化内容设计的几点思考[J],《语言文字应用》,2006(S1):93－98。

陆效用,美国 21 世纪的"5C"外语教育[J],《外语界》,2001(05):22－27,72。

罗辉,美国隐性外语教育政策及其对外语教育发展的影响[J],《外国语言与文化》,2019,3(03):136－144。

罗青松,美国《21 世纪外语学习标准》评析——兼谈《全美中小学中文学习目标》的作用与影响[J],《世界汉语教学》,2006(01):127－135。

吕必松,汉语语法难点释疑"序",载郑懿德、马盛静恒、刘月华、杨甲荣《汉语语法难点释疑》[M],北京:华语教学出版社,1992。

马盛静恒,我从事对外汉语教学的心路历程[A],载 Vivian Ling（ed.）*The Field of Chinese Language Education in the U.S.: A Retrospective of the 20th Century*（《二十世纪美国中文教学界的回顾》）[C],纽约:Routledge,2018:256－264。

马晓雷、梁晓波、庞超伟,《美国国防语言转型路线图》的政策议程分析——基于多源流模型的视角[J],《外语研究》,2018(01):1－7,112。

孟庆波,《美国东方学会会刊》中的汉语研究(1843—2012)[J],《古汉语研究》,2014(02):82－91,96。

孟庆波、刘彩艳,美国的汉学及中国学发展历程概述[J],《河北联合大学学报(社会科学版)》,2013,13(03):77－82。

孟艳华,美国大学中文项目的课程设置现状与启示——基于 30 所大学的定量分析[A],《汉语应用语言学研究(第 4 辑)》[C],北京:商务印书馆,2015:158－170。

闵人,王方宇生平简介[J],《中国书法》,1986(04):45,46－47。

戚立夫、巩树森,美国国防教育法案[J],《外国教育情况》,1982(01):66－68。

亓华、李雯,中美联办普北班中、高年级课堂话语互动模式研究[J],《北京师范大学学报(社会科学版)》,2009(06):111－118。

任友梅、杨双扬,美国国内的汉语教材[J],《国外汉语教学动态》,2003(03):32－39。

荣司平,论多元文化教育的基本理念[J],《青海师范大学学报(哲学社会科学版)》,2010,32(05):132－135。

汝淑媛,美国明德中文暑校的教学理念特点与教学策略评介[J],《国际汉语教学动态与研究》,2006(02):76－83。

商艳涛、杨恒,全身反应法(TPR)在印度尼西亚幼儿汉语教学中的应用[J],华南师范大学学报(社会科学版),2014(02):130—135。

沈永年,评 Defrancis 主编的《ABC 汉英词典》之不足[J],《外语与外语教学》,2000(11):45—46。

盛炎,赵元任先生对汉语教学的贡献[J],《语言教学与研究》,1987(03):109—116。

盛炎,评狄佛朗西斯的汉语教材[J],《世界汉语教学》,1989(02):121—127。

盛译元,美国高校汉语教学发展历程研究[J],海外华文教育,2016,(05):613—617。

施光亨、杨俊萱,新中国对外汉语教学 40 年大事记(续一)[J],《世界汉语教学》,1990(03):159—165,187。

施仲谋,明德中文暑校经验的启示[J],《世界汉语教学》,1994(01):76—78。

司甜,美国小学汉语沉浸式课堂的教师话语研究[J],《国际汉语教学研究》,2018(03):71—79。

苏炜,耶鲁的中文典藏与"东学西渐"的足迹——耶鲁中文典藏大展侧记[J],《书屋》,2020(04):47—50。

孙云鹤,美国双语/多语教育政策的变迁、反思及其启示[J],《湖南师范大学教育科学学报》,2019,18(06):92—99。

谭树林,卫三畏与中美文化交流[J],《齐鲁学刊》,1998(06):114—118。

滕延江,美国外语资源中心研究服务国家战略调查及启示[J],《语言政策与语言教育》,2018(02):11—20,116。

王春辉,当代世界的语言格局[J],《语言战略研究》,2016,1(04):69—82。

王建勤,语言问题安全化与国家安全对策研究[J],《语言教学与研究》,2011(06):31—37。

王克非,外语教育政策与社会经济发展[J],《外语界》,2011(01):2—7。

王蕾,德范克系列阅读教材字词复现率及文本难度考察——兼议汉语教材评估中科学性的衡量[J],《汉语国际教育学报》,2020(01):132—146。

王澧华,《语言自迩集》的编刊与流传[J],《对外汉语研究》,2006(00):182—195。

王添淼、尹雪雪,美国"星谈"教师培训项目及其启示[J],《外国教育研究》,2014,41(07):63—70。

王学松,对外汉语教学"课堂教学与师资培养质量保障双效模式"[J],《中国高等教育》,2008(05):55—56。

王英杰,美国州域语言路线图研究[J],《外语研究》,2014(04):44—48。

魏岩军、王建勤、魏惠琳,美国华裔母语保持与转用调查研究[J],《华文教学与研究》,

2013(01):46—53。

温晓虹,美国中文教学面临的挑战与对应策略[J],《世界汉语教学》,2011,25(04):538—552。

温晓虹,汉语为外语的学习情感态度、动机研究[J],《世界汉语教学》,2013,27(01):73—85。

温晓虹,美国汉语国际传播:学生、课程、教师[J],《汉语国际传播研究》,2017(01):11—25,154—155。

温云水,民国时期汉语教学史料探究[J],《世界汉语教学》,2005(02):98—102。

文秋芳,美国国防部新外语战略评析[J],《外语教学与研究》,2011,43(05):738—747,800—801。

文秋芳、苏静,军队外语能力及其形成——来自美国《国防语言变革路线图》的启示[J],《外语研究》,2011(04):1—7,112。

吴丹,全身反应法(TPR)在沉浸式汉语教学中的应用[J],《文化学刊》,2015(02):153—155。

吴格非,美国高等教育国际化转型背景下的外语政策与全球公民教育[J],《外语研究》,2017(01):59—65。

吴义雄,未刊文献中所之容闳[J],《广东社会科学》,2014(05):121—132。

吴原元,试析1949年前美国高校的中国知识教育[J],《江西师范大学学报(哲学社会科学版)》,2008,41(04):97—102。

吴原元,中美建交前美国汉语教育史述略[J],《华文教学与研究》,2010(04):11—18。

夏红卫,文化交流逆差下的跨文化传播典范——中国执教美国第一人戈鲲化的传播学解读[J],《北京大学学报(哲学社会科学版)》,2004(01):113—119。

肖华锋,Title Ⅵ与战后美国外语发展战略[J],《外国语言与文化》,2020,4(03):41—51。

肖钟,燕东园内访邓懿[J],《世界汉语教学》,1987(01):61—62。

徐英,冷战以来美国的语言战略变迁[J],《美国研究》,2018,32(01):7,103—126。

许霄羽,哈佛大学汉语教学的世纪变迁与启示——以东亚系为参照[J],《中国大学教学》,2018(05):90—96。

许小颖,美国外语教育状况与"高度受限"的联邦政府外语政策[J],《语言战略研究》,2018,3(05):46—60。

央青,美国犹他州汉语沉浸式教学模式——以 Uintah Elementary School 为例[J],《民族教育研究》,2016,27(04):130—136。

杨石泉,美国汉语教学印象[J],《语言教学与研究》,1985(01):55-56。

杨心彤,浅谈美国《排华法案》的订立与废除[J],《文教资料》,2017(30):81-82。

姚道中,美国汉语测试简介[J],《世界汉语教学》,2007(03):21-22。

姚道中,AP中文与电脑测试[A],载张普、徐娟、甘瑞瑗主编《数字化汉语教学:进展与深化》[C],北京:清华大学出版社,2008:14-17。

姚道中,美国汉语教学的走势[J],《世界汉语教学学会通讯》,2009(02):8-10。

姚道中,超越美国的AP中文[J],《汉语国际传播研究》,2011(01):44-50。

姚道中,夏威夷大学和美国的中文教学[J],《华文教学与研究》,2014(01):9-14。

姚道中,由SAT到AP中文测试[A],载姚道中《美国中文教学研究》[C],北京:华语教学出版社,2016:101-110。

姚道中、姚张光天,美国汉语教学历史回顾与现状[A],载张海惠主编《北美中国学——研究概述与文献资源》[C],北京:中华书局,2010:773-784。

张桂菊,美国语言教育政策的科学性——兼论双语与外语教育政策的异曲同工之妙[J],《当代外语研究》,2013(05):38-42,78。

张宏生,卫三畏与美国汉学的起源[J],《中华文史论丛》,2005(80):53-82。

张会,美国华裔儿童家庭语言状况调查与思考[J],《国际汉语教学研究》,2015(03):67-73。

张莉,美国大学生汉语学习动机与成绩的相关分析——以美国哥伦比亚大学学生为例[J],《华文教学与研究》,2015(03):6-10,28。

张蔚磊,美国21世纪初外语教育政策述评[J],《外语界》,2014(02):90-96。

张喜荣、田德新,美国明德学院的中文教学[J],《世界汉语教学》,2004(01):108-110。

赵志超,我所认识的杨觉勇教授[A],载 Vivian Ling (ed.) *The Field of Chinese Language Education in the U. S.: A Retrospective of the 20th Century*(《二十世纪美国中文教学界的回顾》)[C],纽约:Routledge,2018:436-438。

郑安中、陈姮良、郭誉玫,星谈项目(STARTALK Program)与汉语教师的转型与重塑,《美国中文教师学会会刊》,2015年10月。

周质平,美国汉语教学的隐忧[J],《国外汉语教学动态》,2004(01):41-44。

周质平,美国中文教学史上的赵元任(上)[J],《国际汉语教学研究》,2015(01):90-96。

周质平,美国中文教学史上的赵元任(下)[J],《国际汉语教学研究》,2015(02):83-92。

朱瑞平,美国"AP汉语与文化"课程及考试设计的"文化"考量[J],《中原华语文学报》,2008(02):25-35。

资中筠,洛克菲勒基金会与中国[J],《美国研究》,1996(01):58-89。

邹甜甜、周正履,美国外语教学"5C"标准和文化因素[J],《西安文理学院学报(社会科学版)》,2013,16(02):92－94。

研究生论文

崔凯,美国《外语教师培养标准》研究[D],华东师范大学,2010。
郭培清,艾森豪威尔政府国家安全政策研究[D],东北师范大学,2003。
孔陈焱,卫三畏与美国早期汉学的发端[D],浙江大学,2006。
李艳红,美国关键语言教育政策的战略演变[D],北京外国语大学,2015。
梁海珍,裨治文的《广州方言中文文选》研究[D],广州大学,2017。
吕妍醒,国际汉语教师短期培训模式研究[D],中央民族大学,2012。
宋海英,美国《国防教育法》研究[D],西北师范大学,2017。
肖顺良,美国汉语传播研究[D],中央民族大学,2015。

报刊

陈怀宇,哈佛陆军特训班与中国学家[N],《文汇报》,2013年12月16日第15版。
顾钧,普林斯顿大学早期的中国研究[N],《中华读书报》,2013年1月2日第19版。
顾钧,费正清早年的求学之路[N],《中华读书报》,2017年3月1日第17版。
姜锋,用语言打开"心灵之锁"[N],《人民日报》,2015年8月13日第17版。
陆俭明,语言能力事关国家综合实力提升[N],《人民日报》,2016年2月17日第7版。
彭靖,赵元任、胡适:二战期间美国陆军特训班中的中国学者[N],《澎湃新闻》,2018年10月7日。
彭靖,赵元任档案中的冰山一角[N],《澎湃新闻》,2020年4月1日。
邵滨、刘帅奇,说说"国际中文教育"[N],《语言文字报》,2020年12月2日第2版。
王鼎钧,我的回忆录可能是一场熊熊大火[N],《时代周报》,2014年7月3日。
吴浩,我眼中的徐国琦与中美共有历史研究[N],《中华读书报》,2019年7月3日第17版。
杨觉勇,我拍到了日本秘密档案(口述历史)[N],《环球时报》,2005年12月2日。

英文文献

Agard, F. B., R. J. Clements, W. S. Hendrix, E. Hocking, S. L. Pitcher, A. van Eerden & H. G. Doyle. A Survey of Language Classes in the Army Specialized Training Program. *The Modern Language Journal*, 1945, 29(2):155-160.

American Academy of Arts and Sciences. *The State of Languages in the US: A Statistical Portrait*. Retrieved from https://www.amacad.org/sites/default/files/publication/downloads/State-of-Languages-in-US.pdf, 2016.

American Academy of Arts and Sciences. *America's Languages: Investing in Language Education for the 21st Century*. Retrieved from https://www.amacad.org/sites/default/files/publication/downloads/Commission-on-Language-Learning_Americas-Languages.pdf, 2017.

American Council on the Teaching of Foreign Languages (ACTFL). *ACTFL Proficiency Guidelines 2012*. Retrieved from https://www.actfl.org/sites/default/files/guidelines/ACTFLProficiencyGuidelines 2012.pdf, 2012a.

American Council on the Teaching of Foreign Languages (ACTFL). *ACTFL Performance Descriptors for Language Learners*. Retrieved from https://www.actfl.org/sites/default/files/publications/ACTFLPerformance_Descriptors.pdf, 2012b.

American Council on the Teaching of Foreign Languages (ACTFL). *ACTFL Oral Proficiency Interview Familiarization Guide*. Retrieved from https://www.actfl.org/sites/default/files/assessments/OPI% 20Familiarization% 20Guide% 202020. pdf, 2020a.

American Council on the Teaching of Foreign Languages (ACTFL). *ACTFL Writing Proficiency Test Familiarization Guide*. Retrieved from https://www.actfl.org/sites/default/files/assessments/2020% 20WPT% 20Familiarization% 20 Guide.pdf, 2020b.

American Councils. *The National K-16 Foreign Language Enrollment Report*. Retrieved from https://www.americancouncils.org/sites/default/files/FLE-report.pdf, 2017.

Asia Society. *Expanding Chinese-language Capacity in the United States: What would it Take to Have 5 Percent of High School Students Learning Chinese by 2015?*. Retrieved from https://asiasociety.org/sites/default/files/E/expanding chinese.pdf, 2005.

Bachman, L. F. & A. Palmer. *Language Assessment in Practice*. Oxford, 2010.

Bachman, L. F. & J. E. Purpura. Language Assessments: Gate-keepers or Door-openers?. In B. Spolsky and F. M. Hult (eds.) *The Handbook of Educational Linguistics*. Blackwell, 2008:456-468.

Bachman, L. F. & S. J. Savignon. The Evaluation of Communicative Language Proficiency:

A Critique of the ACTFL Oral Interview. *The Modern Language Journal*, 1986, 70 (4): 380-390.

Banks, James A. *An Introduction to Multicultural Education* (5th edition), Pearson, 2014.

Belkin, I. *Has Learning Chinese Made a Difference in my Career? My Life?*. Retrieved from http://pib.princeton.edu/sites/pib/files/princetonconfbe lkin_law-and-polisci.pdf, 2016.

Brecht, R. D. & C. W. Ingold. *Tapping a National Resource: Heritage Languages in the United States*. ERIC Clearinghouse on Languages and Linguistics. Retrieved from https://www.govinfo.gov/app/details/ERIC-ED464515, 2002.

Bronfenbrenner, U. Developmental Ecology through Space and Time: A Future Perspective. In P. Moen, G. H. Elder Jr. & K. Lüscher (eds.) *Examining Lives in Context: Perspectives on the Ecology of Human Development*. American Psychological Association, 1995:619-647.

Bronfenbrenner, U. Environments in Developmental Perspective: Theoretical and Operational Models. In S. L. Friedman & T. D. Wachs (eds.) *Measuring Environment across the Life Span: Emerging Methods and Concepts*. American Psychological Association, 1999:3-28.

Brooks, N. Teaching Culture in the Foreign Language Classroom. *Foreign Language Annals*, 1968, 1(3):204-217.

Canale, M. & M. Swain. Theoretical Bases of Communicative Approaches to Second Language Teaching and Testing. *Applied Linguistics*, 1980, 1(1):1-47.

Carreira, M. & O. Kagan. The Results of the National Heritage Language Survey: Implications for Teaching, Curriculum Design, and Professional Development. *Foreign Language Annals*, 2011, 44(1):40-64.

Carroll, B. J. How to Develop Communicative Language Tests. *World Englishes*, 1981, 1(1):35-38.

Chalhoub-Deville, M. & G. Fulcher. The Oral Proficiency Interview: A Research Agenda. *Foreign Language Annals*, 2003, 36(4):498-506.

Clark, J. L. D. & R. T. Clifford. The FSI/ILR/ACTFL Proficiency Scales and Testing Techniques: Development, Current Status, and Needed Research. *Studies in Second Language Acquisition*, 1988, 10(2):129-147.

Cooper, R. L. *Language Spread: Studies in Diffusion and Social Change*. Indiana University Press, 1982.

Crystal, D. *English as a Global Language (2nd edition)*. Cambridge University Press, 2003.

Cumming, A. Assessing Integrated Skills. In A. J. Kunnan (ed.) *The Companion to Language Assessment*. John Wiley & Sons, 2014, 1:216-229.

Educational Testing Service. *Chinese (Mandarin): World Language*, 2018.

Elisseeff, S. & J, R. Ware. Foreword. *Harvard Journal of Asiatic Studies*, 1936, 1(1):1-5.

Fee, M., N. C. Rhodes & T. G. Wiley. Demographic Realities, Challenges, and Opportunities. In T. G. Wiley, J. K. Peyton, D. Christian, S. C. K. Moore & N. Liu (eds.) *Handbook of Heritage, Community, and Native American Languages in the United States: Research, Policy, and Educational Practice*. Routledge, 2014: 6-18.

Fleming, W. D. Japanese Students Abroad and the Building of America's First Japanese Library Collection, 1869—1878. *Journal of the American Oriental Society*, 2019, 139(1):115-142.

Fox, J. Large-scale Assessment. In A. J. Kunnan (ed.) *The Companion to Language Assessment (Vol. 2)*. John Wiley & Sons, 2014.

Galal, W. Performed Culture: Learning to Participate in Another Culture. In R. D. Lambert & E. Shohamy (eds.) *Language Policy and Pedagogy*. John Benjamins, 2000.

Galeano, R. A. & K. M. Torres. Teaching Culture in U. S. Foreign Language Classrooms: Meeting Goals of Intercultural Competence? *The Journal of Language Teaching & Learning*, 2014, 4(2):63-75.

Gorman, T. "You're Never Coming Back …" and Other Tales from my Journey to China. In P. Link (ed.) *Wittgenstein, A One-way Ticket, and Other Unforeseen Benefits of Studying Chinese*. The Chinese University of Hong Kong Press, 2019: 221-242.

Grant, C. A. & G. Ladson-Billings (eds.) *Dictionary of Multicultural Education*. Oryx Press, 1997.

Herzog, M. *An Overview of the History of the ILR Language Proficiency Skill Level Descriptions and Scale*. Retrieved from https://www.govtilr.org/Skills/IRL%20Scale%20History.him.

Hockett, C. F. & Z. Fang. *Spoken Chinese*. Henry Holt and Company, 1944.

International and Foreign Language Education, Office of Postsecondary Education, U. S. Department of Education. *International and Foreign Language Education Annual Report*. Retrieved from https://www2. ed. gov/about/offices/list/ope/iegps/2017ifleannualreport. pdf,2019.

James E. Dew & Vivian Ling. The Inter-University Program (IUP): The Thirty-Four Years in Taipei. *The Field of Chinese Language Education in the U.S.* Routledge, 2018:140-161.

Kaulfers, W. V. Wartime Development in Modern-language Achievement Testing. *The Modern Language Journal*, 1944, 28(2):136-150.

Klenowski, V. & C. Wyatt-Smith. *Assessment for Education: Standards, Judgement and Moderation*. SAGE, 2014.

Kondo-Brown, K. Differences in Language Skills: Heritage Language Learner Subgroups and Foreign Language Learners. *The Modern Language Journal*, 2005, 89(4):563-581.

Kramsch, C. The Proficiency Movement: Second Language Acquisition Perspectives. *Studies in Second Language Acquisition*, 1987, 9(3):355-362.

Kunnan, A. J. Large Scale Language Assessments. In E. Shohamy & N. H. Hornberger (eds.) *Encyclopedia of Language and Education (2nd edition)*. Springer, 2008, 7:135-155.

Kunnan, A. J. Large-Scale Language Assessment: Empirical Studies. In E. Hinkel (ed.) *Handbook of Research in Second Language Teaching and Learning*. Routledge, 2016:476-489.

Lai, H. M. *Becoming Chinese American: A History of Communities and Institutions*. Altamira Press, 2004.

Lambert R D. Problems and Processes in U.S. Foreign Language Planning. *The Annals of the American Academy of Political and Social Science*, 1994, 532(1): 47-58.

Li, Y., X. Wen. & T. Xie. CLTA 2012 Survey of College-level Chinese Language Programs in North America. *Journal of the Chinese Language Teachers Association*, 2014, 49(1):1-49.

Liskin-Gasparro, J. E. The ACTFL Proficiency Guidelines: Gateway to Testing and Curriculum. *Foreign Language Annals*, 1984, 17(5):475-489.

Liskin-Gasparro, J. E. The ACTFL Proficiency Guidelines and the Oral Proficiency

Interview: A Brief History and Analysis of their Survival. *Foreign Language Annals*, 2003, 36(4):483-490.

Liu, N. *Chinese Heritage Language Schools in the United States*. Heritage Briefs Collection, Center for Applied Linguistics. Retrieved from https://www.cal.org/heritage/pdfs/briefs/chinese-heritage-language-schools-in-the-us.pdf, 2010.

Liu, Y. Assessing Chinese in the USA: An Overview of Major Tests. In D. Zhang & C-H. Lin (eds.) *Chinese as a Second Language Assessment*. Springer, 2017:43-65.

Looney, D. & N. Lusin. *Enrollments in Languages Other than English in United States Institutions of Higher Education, Summer 2016 and Fall 2016: Final Report*. Modern Language Association of America. Retrieved from https://www.mla.org/content/download/110154/2406932/2016-Enrollments-Final-Report.pdf, 2019.

Lusin, N. *The MLA Survey of Postsecondary Entrance and Degree Requirements for Languages Other than English*, 2009-10. Modern Language Association of America, 2009.

Lusin, N., T. Peterson, C. Sulewski & R. Zafer. *Enrollments in Languages Other than English in US Institutions of Higher Education*, Fall 2021, Modern Language Association of America, 2023.

MasterWord Services. *Health Care Interpreter Assessment*, 2013.

Morrow, K. Communicative Language Testing: Revolution or Evolution? In C. J. Brumfit & K. Johnson (eds.) *The Communicative Approach to Language Teaching*. Oxford University Press, 1979:143-157.

Nagano, T. Demographics of Adult Heritage Language Speakers in the United States: Differences by Region and Language and their Implications. *The Modern Language Journal*, 2015, 99(4):771-792.

National Foreign Language Center. *Report of the Task Force on the Preservation of Heritage Language Skills in Maryland*. Retrieved from https://www.nflc.org/resources/report-task-force-preservation-heritage-language-skills-maryland, 2009.

Paul S. Ropp. Pioneering Chinese Studies in the Era before Chinese Language Curriculum Existed in American Academia. *The Field of Chinese Language Education in the U.S.* Routledge, 2018:1-20.

Peyton, J. K., D. A. Ranard & S. McGinnis (eds.) *Heritage Languages in America: Preserving a National Resource*. Center for Applied Linguistics, 2001.

Plakans, L. Assessment of Integrated Skills. In C. A. Chapelle (ed.) *The Encyclopedia of Applied Linguistics*. John Wiley & Sons, 2013:205-212.

Salaberry, R. Revising the Revised Format of the ACTFL Oral Proficiency Interview. *Language Testing*, 2000, 17(3):289-310.

Savignon, S. J. Evaluation of Communicative Competence: The ACTFL Provisional Proficiency Guidelines. *The Modern Language Journal*, 1985, 69(2):129-134.

Schwartz, R. B. & M. Robinson. Goals 2000 and the Standards Movement. *Brookings Papers on Education Policy*, 2000:173-214.

Spolsky, B. *Language Policy*. Cambridge University Press, 2004.

Stansfield, C. W., D. M. Kenyon & X. Jiang. *The Preliminary Chinese Proficiency Test (Pre-CPT): Development, Scaling and Equating to the Chinese Proficiency Test (CPT)*. Center for Applied Linguistics, 1992.

The College Board. *Chinese Language and Culture Course Description (May 2007, May 2008)*. Retrieved from https://secure-media.collegeboard.org/apc/ap06_chinese_coursedescription.pdf, 2006.

The College Board. *AP Chinese Language and Culture Free-response Questions*. Retrieved from https://apcentral.collegeboard.org/pdf/ap19-frq-chinese-language.pdf, 2019a.

The College Board. *AP Chinese Language and Culture Scoring Guidelines*. Retrieved from https://apcentral.collegeboard.org/pdf/ap19-sg-chinese-language.pdf, 2019b.

The College Board. *AP Chinese Language and Culture Course and Exam Description*. Retrieved from https://apcentral.collegeboard.org/pdf/ap-chinese-language-and-culture-course-and-exam-description.pdf?course=ap-chinese-language-and-culture, 2020.

Thomas, J. A. How do I Satisfy the General Education Language Requirement? University Students' Attitudes toward Language Study. *Foreign Language Annals*, 2010, 43(3): 531-551.

Velleman, B. L. The "Scientific Linguist" Goes to War. *Historiographia Linguistica*, 2008, 35(3):385-416.

Vivian Ling. *The Field of Chinese Language Education in the U.S.: A Retrospestive of the 20th Century*. Rouledge, 2018.

Wang, G. Research on Teaching Chinese in Forty-five Universities: Analysis of Survey Results. *Journal of the Chinese Language Teachers Association*, 1989, XXIV(3):101-113.

Wen, X. Motivation and Language Learning with Students of Chinese. *Foreign Language Annals*, 1997, 30(2):235-251.

Wen, X. Chinese Language Learning Motivation: A Comparative Study of Heritage and Non-heritage Learners. *Heritage Language Journal*, 2011, 8(3):333-358.

Yanhua Meng. Analysis of Policy Changing in the History of Chinese Teaching in the USA. *Sinología Hispánica*, 2018, 5(2):49-62.

Yu, G. From Integrative to Integrated Language Assessment: Are We There Yet?. *Language Assessment Quarterly*, 2013, 10(1):110-114.

北大对外汉语研究丛书
赵杨　主编

《趋向补语认知和习得研究》
杨德峰　著

《语言结构异态形式功能研究》
王海峰　等　著

《国际比较视角下的国际中文教师专业发展模式研究》
王添淼　著

《汉语二语者书面语体习得研究》
汲传波　著

《基于语料库的汉语作为第二语言虚词运用特征研究》
李海燕　等　著

《汉语作为外语在美国发展的综合研究》
刘元满　等　著